Mittendrin
Neue Theaterstücke aus China

3.-

Mittendrin

Neue Theaterstücke aus China

Herausgegeben von Chen Ping und
Hans-Georg Knopp

Theater der Zeit

Die Herausgabe dieses Werks wurde gefördert durch das Ministerium für Kultur der Volksrepublik China

Mittendrin
Neue Theaterstücke aus China
Herausgegeben von Chen Ping und Hans-Georg Knopp

Verlag Theater der Zeit
Verlagsleitung Harald Müller
Winsstraße 72 | 10405 Berlin | Germany
www.theaterderzeit.de

Lektorat: Kathrin Mergel
Umschlagabbildung: „Bernstein“ von Liao Yimei, Premiere 2005 in Hong Kong unter der Regie von Meng Jinghui, Foto: Meng Jinghui Studio
Umschlaggestaltung: Sibyll Wahrig
Satz: Bild1Druck, Berlin
Printed in Germany
ISBN 978-3-95749-051-3

Inhalt

Vorwort

Für China war das moderne Sprechtheater ein vollständiger „Import". Im Jahr 1907 gründete eine Gruppe chinesischer Studenten, die in Japan studierten, eine Theaterkompagnie in Tokio und eine weitere in Shanghai. Sie spielten sogenanntes „Neues Theater" (*xin xi*) oder „Kultiviertes Theater" (*wenming xi*), welches aus mehreren Akten, lediglich einem ungefähren Entwurf der Handlung und improvisiertem Spiel bestand. Dies gilt gemeinhin als der Beginn des chinesischen Sprechtheaters.

Die Vierte-Mai-Bewegung (*Wusi yundong*) im Jahr 1919 stellte die Übernahme westlicher Kultur, einschließlich der Literatur und des Theaters, als eine geschichtliche Notwendigkeit dar und war von enormer Bedeutung für die kulturelle Entwicklung Chinas. Für die Mitglieder dieser Bewegung stand außer Frage, dass gesellschaftliche Reformen in China notwendig waren, weshalb Henrik Ibsen und sein gesellschaftskritisches Theater zum ersten gehörten, was von der kulturellen Elite Chinas vorgestellt und empfohlen wurde. Auch andere Strömungen des modernen westlichen Theaters wie Symbolismus, Futurismus und Expressionismus wurden in China eingeführt. 1928 übersetzte der Dramatiker Hong Shen das englische „drama" als „Sprechtheater" (*huaju*) ins Chinesische. Damit war für die moderne westliche Schauspielkunst eine akkurate chinesische Bezeichnung gefunden.

Zwischen den zwanziger und späten vierziger Jahren des letzten Jahrhunderts erlebte China unruhige Zeiten, die von Bürgerkrieg, japanischer Invasion und einer desolaten wirtschaftlichen Lage bestimmt waren. Das moderne chinesische Theater war in dieser Zeit von linken Strömungen beherrscht: Die Kommunistische Partei Chinas forderte ein „Proletarisches Theater" und vor allem der revolutionäre Kampf und der Krieg gegen Japan bestimmten zu jener Zeit die Themen. Zugleich sorgte der Einfluss von Ibsens „Nora oder Ein Puppenheim" dafür, dass einige junge Autoren wegweisende Stücke gegen das feudalistische System schufen. Der berühmteste unter ihnen war Cao Yu, der mit seinen in den dreißiger Jahren entstandenen Stücken „Gewitter" (*Leiyu*), „Sonnenaufgang" (*Richu*) und „Wildnis" (Yuanye) das moderne Drama in China maßgeblich weiterentwickelte. Die vierziger Jahre waren geprägt von herausragenden Vertretern des Realismus, wie beispielsweise Guo Moruo, Yang Hansheng, Xia Yan und Wu Zuguang. Nach der Gründung der Volksrepublik China im Jahr 1949 wurde der Aufbau von Theatern sowie die theatralische Ausbildung und das Schreiben und Aufführen von Stücken von staatlicher Seite großzügig unterstützt, woraufhin das moderne Sprechtheater eine Blütezeit erlebte. Lao Shes 1957 entstandenes und 1958 uraufgeführtes Stück „Teehaus" (*Chaguan*) stellte einen Meilenstein in der Weiterentwicklung des Theaters im „neuen China" dar. Da viele westliche Länder die Volksrepublik damals noch nicht anerkannten, hatte vor allem der Austausch mit der Sowjetunion großen Einfluss auf die Theaterpraxis in China. Konstantin Sergejewitsch Stanislawskis Theorien waren die Grundlage für die Schauspiel-Ausbildung und der Realismus wurde zur Hauptströmung des dramatischen Schaffens. Nach Ausbruch der sogenannten Kulturrevolution im Jahr 1966 erlebte das chinesische Theater seine zehn dunkelsten Jahre: Nur einige wenige Werke, deren Inhalte vermeintlich den Idealen der Revolution entsprachen, wurden zur Aufführung freigegeben, die große Mehrheit der Stücke durfte aus politischen Gründen nicht gespielt werden.

Ende der siebziger Jahre belebte die Reform- und Öffnungspolitik nicht nur die chinesische Wirtschaft, sondern legte auch eine solide Basis für eine florierende Kunst- und Kulturlandschaft. Es begann eine Zeit des Experimentierens in vielerlei Richtungen und zugleich wurden auf den Bühnen zahlreiche westliche Klassiker gezeigt, was wiederum das theatralische Schaffen beeinflusste. Anfang der achtziger Jahre leitete Lin Zhaohua mit seiner Inszenierung von Gao Xingjians Stück „Alarmsignal" (*Juedui xinhao*) einen Boom der kleinen Bühnen (*xiao juchang*) ein. In den neunziger Jahren hatte sich das Sprechtheater auf kleiner Bühne bereits über das ganze Land verbreitet und wurde zu einem wichtigen Baustein für die zeitgenössische chinesische Theaterwelt. Bis heute profitiert die Theaterlandschaft Chinas von dieser Tendenz und weist nicht zuletzt ihretwegen eine besondere Vielfalt auf: Zahlreiche Regisseure haben als Alternative zu den staatlichen Bühnen kleine Studios gegründet, wo sie zusätzlich zu ihrer Tätigkeit für die Staatstheater ihre ganz eigenen Stücke erarbeiten können. In den letzten zehn Jahren gab es besonders viele junge Künstler, die ihre eigenen Ensembles gründeten, Stücke ganz unterschiedlicher Art schrieben, an zahlreichen verschiedenen Orten zur Aufführung brachten und damit ein sehr junges Publikum anzogen. Auf internationalen Theaterfestivals in Beijing und Shanghai werden inzwischen häufig deutsche und andere europäische Stücke gespielt, während chinesische Stücke immer öfter Gastspiele bei europäischen Festivals geben.

Der vorliegende Band versammelt fünf Theaterstücke von vier unterschiedlichen Autoren. Die Auswahl der Texte folgte nicht zuletzt dem Anspruch, zumindest punktuell einen Eindruck der letzten dreißig Jahre der chinesischen Theatergeschichte zu vermitteln. So stammt jeweils ein Stück aus den achtziger und aus den neunziger Jahren des vorigen Jahrhunderts, woran sich chronologisch drei Texte aus dem neuen Jahrtausend anschließen.

Der älteste unter den vier ausgewählten Autoren ist Sha Yexin, der 1939 in Nanjing geboren wurde. Neben Theaterstücken verfasste er Romane, Gedichte, Essays und Kritiken. Er schreibt mit scharfer Feder, besitzt einen kritischen Geist und hat keine Angst vor Emotionen, was seine Werke zugleich kontrovers, aber auch durchaus erfolgreich macht. Das Stück „Jesus, Konfuzius und John Lennon" von 1987 ist sein wichtigstes Werk. Es beschreibt, wie Gott Jesus, Konfuzius und John Lennon – Figuren aus verschiedenen Epochen, Ländern und Kulturkreisen – auf eine Mission zurück zur Erde schickt. Dort besuchen sie das „Goldmenschenland“ und das „Land der Purpurmenschen“ (wobei ersteres für den Materialismus steht und letzteres für den Totalitarismus) und lernen in beiden die Nöte der Menschen kennen. Jesus’ Menschenliebe, Konfuzius’ Ideal der goldenen Mitte und Lennons Rebellentum und Unangepasstheit geraten dabei immer wieder in Konflikt, was für zahlreiche komische Szenen sorgt.

Mit seiner Darstellung des Goldmenschenlands und des Purpurmenschenlands gelingt es Sha Yexin, dem universellen Konflikt menschlicher Gesellschaften Ausdruck zu verleihen – dem Widerstreit zwischen Geist und Materie. Sein Stück wirft Fragen auf wie: Wie sollen die Menschen ihr Leben verbessern? Wie sieht die ideale Gesellschaftsform aus? Wie sollte das Verhältnis zwischen den materiellen und den geistigen Grundbedürfnissen des Menschen aussehen? Besonders eindrücklich ist dabei die allgegenwärtige Ironie, während die absurde Handlung ein Gefühl von Vertrautheit vermittelt. Nach der Uraufführung am Shanghaier Volkskunsttheater im Jahr 1988 wurde das Stück sofort ein großer und lange diskutierter Publikumserfolg.

Eigentlich hätte „Jesus, Konfuzius und John Lennon“ schon vor mehr als zwanzig Jahren auch dem deutschen Publikum vorgestellt werden sollen. 1989 lud Renate Klett es zum Hamburger Festival „Theater der Welt“ ein, infolge der Demonstrationen auf dem Platz des Himmlischen Friedens wurde die Aufführung in Deutschland dann jedoch nicht realisiert. 1996 planten die bayerische Staatskanzlei, Hahn Produktion und das chinesische Kulturministerium in München ein Kulturfestival mit dem Titel „China heute“, auf dem wiederum Sha Yexins Stück aufgeführt werden sollte. Als jedoch die Münchener Stadtregierung, das Goethe-Institut und das Beck Forum auf einer Pressekonferenz zwei politische Diskussionsveranstaltungen mit Dissidenten ankündigten, machte die chinesische Seite einen Rückzieher und das Festival fand nicht statt. So verhinderten unglückliche Umstände innerhalb von sieben Jahren zwei Gelegenheiten für eine Aufführung in Deutschland, was sowohl für den Autor als auch die Theater eine große Enttäuschung bedeutete. Dass das Stück nun in Deutschland publiziert wird, ist immerhin eine kleine Wiedergutmachung.

Von Guo Shixing wurden zwei Stücke ausgewählt, da er ohne Zweifel einer der einflussreichsten zeitgenössischen Dramatiker in China ist, dessen Schaffenskraft zudem bis heute ungebrochen ist. Alle seine Stücke wurden sowohl in als auch außerhalb Chinas aufgeführt. Guo Shixing studierte Journalismus und arbeitete lange als Reporter der „Beijing Evening News“, wo er unter anderem Kritiken zu Literatur und darstellender Kunst verfasste. Ermutigt von Lin Zhaohua begann er, auch selbst Stücke zu verfassen. Bis heute schrieb er mehr als zehn Stücke, worunter die „Trilogie der Müßiggänger“, bestehend aus „Fischmenschen“ (*Yuren*, 1989), „Vogelmenschen“

(*Niaoren*, 1991) und „Der Go-Mensch" (*Qiren*, 1995), am erfolgreichsten war. Alle Teile der Trilogie wurden am Beijinger Volkskunsttheater (*Beijing Renmin Yishu Juyuan*) und am Zentralen Experimentaltheater (*Zhongyang Shiyan Huajuyuan*, dem heutigen Nationalen Sprechtheater, *Guojia Huajuyuan*) unter der Regie von Lin Zhaohua aufgeführt, am häufigsten „Vogelmenschen".

Guo Shixing wurde stark beeinflusst von Friedrich Dürrenmatt. Seine Stücke sind voller paradoxer Färbungen, Dilemmata und schwarzer Ironie angesichts einer absurden Welt. Sein einzigartiger Stil, sein sprachlicher Witz und seine breite Perspektive hatten einen entscheidenden Einfluss auf die Entwicklung des chinesischen Theaters weg vom Realismus und hin zu mehr Vielfalt. Das Publikum war seinen Stücken gegenüber sehr gespalten: Die Reaktionen reichten von euphorischer Begeisterung bis hin zu kontroversen Diskussionen.

Anhand eines Go-Meisters, der im Alter über sein dem Spiel verschriebenes Leben nachdenkt, zeigt „Der Go-Mensch" den vorbestimmten und außergewöhnlichen Lebensweg eines Genies, dessen individuelles Schicksal ihn zu brillanten Leistungen auf dem Spielbrett, aber auch zu Einsamkeit unter den Menschen führt. Das Stück führt ein in die geistige Welt eines Go-Großmeisters und die Ideale, die sein Leben bestimmen. In den vom wirtschaftlichen Boom und materialistischen Werten beherrschten neunziger Jahren war „Der Go-Mensch" zweifellos ein selten zu hörender Ruf nach mehr Beschäftigung mit dem Geistigen. Seine Premiere hatte das Stück 1996 in einer Produktion des Zentralen Experimentaltheaters, aber ebenso wie „Jesus, Konfuzius und John Lennon" verpasste es die Gelegenheit, auch in München aufgeführt zu werden.

„Die Frösche" lässt sich mit keinem anderen Stück in Guo Shixings Œuvre vergleichen. Es spielt in einem Friseursalon an der Meeresküste: Ein Kunde verlangt vom Friseur eine möglichst aktuelle Frisur, auf der Suche nach einem zu den internationalen Geschehnissen passenden Haarschnitt verwerfen sie ihre Ideen jedoch immer wieder aufs Neue. Ein Reisender macht Halt im Salon, um sich auszuruhen und ebenfalls die Haare schneiden zu lassen, aber da sich der Friseur und sein Kunde nicht einig werden können, kommt er nicht dazu. Diese Situation wiederholt sich mehrfach, der Reisende muss immer wieder unverrichteter Dinge abziehen. Zeit und Ort der Handlung werden nicht genau bestimmt und auch die drei Männer sind eher symbolische Figuren. In ihren Dialogen wird Bezug genommen auf die großen globalen Probleme und Fragen der Gegenwart und Zukunft: ökologisches Ungleichgewicht, globale Erwärmung, Terrorismus, Feminismus und Unfruchtbarkeit. Guo Shixing schrieb das Stück im Auftrag einer japanischen Theatertruppe, weshalb er sein vertrautes chinesisches Umfeld verließ und aus einer neuen und internationaleren Perspektive zu schreiben versuchte. Die Frisur, die niemals fertig wird, erinnert freilich an Becketts Godot, der bei allem Warten ebenso wenig erscheint.

Befragte man heute chinesische Jugendliche nach ihrem favorisierten Theaterautor, würde man unweigerlich den Namen Liao Yimei zu hören bekommen. Sie ist Absolventin der Zentralen Theaterakademie Beijing und arbeitete als Lektorin bei einem Verlag, bevor sie freie Autorin wurde. Zusammen mit ihrem Mann, dem Regisseur Meng Jinghui, ist sie ein Idol für Chinas Jugend und hat zahlreiche Fans. Ihr wichtigstes Werk ist die „Pessimismus-Trilogie" mit den Stücken „Rhinoceros in Love" (*Lianai de xiniu*, 1999), „Bernstein" (*Hupo*, 2005) und „Soft" (*Rouruan*, 2010). Alle drei wurden von Meng Jinghui inszeniert. „Rhinoceros in Love" war das erfolgreichste Stück und wurde seit 1999 bereits mehr als 1.800 Mal gespielt. Viele der jungen Zuschauer können den Text der männlichen Hauptrolle des Ma Lu sogar auswendig mitsprechen. Liao Yimeis Stücke handeln von der Gefühlswelt und den Sehnsüchten der heutigen chinesischen Jugend und zeichnen die Konflikte nach, die der rasche gesellschaftliche Wandel in ihnen auslöst.

„Bernstein" erzählt eine bizarre Liebesgeschichte. Nach dem Tod von Xiaoyous großer Liebe wird das Herz des Verstorbenen dem intelligenten, aber zynischen Gao Yuan implantiert, was eine seltsame Verbindung zwischen der Trauernden und dem Empfänger des Transplantats schafft. Neben diesem Hauptstrang spielen aber auch die Kritik an Materialismus, der Schaffung von Medienstars und der Mittelmäßigkeit des Massengeschmacks eine Rolle. Im Januar 2015 wurde „Bernstein" im Rahmen der Lessingtage am Thalia Theater in Hamburg aufgeführt.

Der Realismus hat im modernen chinesischen Theater immer eine wichtige Rolle gespielt und bis heute sind die meisten der auf chinesischen Bühnen gespielten Stücke dieser Richtung zuzuordnen. Meng Bing gilt unter den zahlreichen Autoren des Realismus als einer der wichtigsten. Er ging als junger Mann zur Armee und wurde dort aufgrund seiner Begeistung für das Theater an die Zentrale Theaterakademie geschickt. Nach seinem Abschluss wurde er Autor der Sprechtheatertruppe einer Beijinger Militäreinheit, später ihr Leiter. Sein 1983 geschriebenes Stück „Feste der Freude, Feste der Trauer" (*Hong bai xi shi*) gilt als eines der besten zeitgenössischen chinesischen Dramen. Es wurde am Beijinger Volkskunsttheater unter Regie von Lin Zhaohua aufgeführt. Obwohl seine Stücke „linientreu" sind, bestehen sie nicht aus Lobhudeleien, sondern sind bestrebt, die Schicksale und Wertekonflikte unterschiedlichster Menschen in einer sich schnell wandelnden Gesellschaft zu erkunden und dabei messerscharfe Fragen zu stellen.

Das im Jahr 2007 fertig gestellte Stück „Auf zum letzten Gefecht" ist inspiriert von einer wahren Geschichte, die der Familie eines Freundes des Autors widerfahren war. Dabei geht es ganz offen um Korruption als gesellschaftliches Problem. Anhand einer Reihe von Vorfällen am chinesischen Neujahrsabend in der Familie He schildert Meng Bing die Schwierigkeiten dreier unterschiedlicher Generationen in einer Gesellschaft im Übergang. „Auf zum letzten Gefecht“ wurde im Mai 2009 am Nationalen Sprechtheater uraufgeführt. Die scharf formulierten Dialoge und die offene Kritik an der grassierenden Korruption machten das Stück zu einem besonderen Ereignis, das großen Beifall beim Publikum fand. Während heute die Antikorruptionskampagne der chinesischen Regierung in vollem Gange ist und bereits viele hohe Kader angeklagt und bestraft worden sind, hatte Meng Bing dieses Thema bereits vor fast zehn Jahren auf die Agenda gesetzt und damit Scharfblick und Mut bewiesen.

Bei dieser Gelegenheit möchten wir den Autoren Sha Yexin, Guo Shixing, Meng Bing und Liao Yimei für die Bereitstellung ihrer Stücke danken; ebenso den Übersetzern Anna Stecher, Rebecca Ehrenwirth, Ingrid Fischer-Schreiber und Stefan Christ für ihre Übertragungen ins Deutsche. Wir freuen uns sehr über die gelungene Zusammenarbeit mit *Theater der Zeit*, die die Publikation dieses Buchs ermöglicht hat.

Chen Ping und Hans-Georg Knopp
(Aus dem Chinesischen von Stefan Christ)

Sha Yexin

JESUS, KONFUZIUS UND JOHN LENNON

Drama in vier Akten

(1987)

Aus dem Chinesischen von Anna Stecher und Rebecca Ehrenwirth

PERSONEN

JESUS
KONFUZIUS
JOHN LENNON
GOTT
DARLING
MR. HOUSE
MARY
MINISTER
KRANKENSCHWESTER
EINIGE JOURNALISTEN, POLIZISTEN, BÜRGER, SOLDATEN UND ANDERE

ERSTER AKT

Dieses Stück erzählt von Gott und seinen drei Gesandten. Die Zeit, in der die Geschichte spielt, ist schwer zu bestimmen. Denn wie jeder Christ weiß, wurde die Zeit von Gott erschaffen, zugleich ist Gott größer als jegliche Zeit, daher ist es unmöglich, Gottes Zeit zu berechnen. Sie kennt weder Vergangenheit noch Gegenwart noch Zukunft, sondern nur absolute unveränderbare Ewigkeit. Für einen Dramatiker bringt dies so einige Schwierigkeiten mit sich, daher bleibt mir nichts anderes übrig, als mich vom großen altrömischen Gelehrten des Christentums, Augustinus, belehren zu lassen.
In seinen „Bekenntnissen" erklärt er mir: „Die Menschen können immer noch sagen, die Zeit besteht aus Vergangenheit, Gegenwart und Zukunft, und da man an dieses Lügenmärchen gewohnt ist, werde ich die Dinge auch so nennen." Der Dramatiker ist ein einfacher Mann, daher lasse ich das Stück, wie man es gewohnt ist, einfach in der Gegenwart spielen. Ich bin Augustinus wirklich sehr dankbar, denn ohne ihn wäre das Stück gleich am Anfang gestorben. Sobald es fertig ist, werde ich mich zum Christentum bekehren!
Nachdem die Frage der Zeit geklärt ist, soll nun der Ort bestimmt werden. Der Ort, an dem der erste Akt spielt, ist das Paradies, das himmlische Jerusalem, die heilige Stadt, in der Gott Jahwe wohnt. Ich selbst war zwar noch nie im Paradies, doch aus der „Offenbarung" im Neuen Testament kann man erfahren, dass das Paradies ein viereckiger Würfel ist, fünfzehn Meilen lang, breit und hoch. Auf allen vier Seiten befindet sich eine Mauer, die Mauer ist natürlich auch viereckig und sechzig Meter hoch. In der „Offenbarung" steht außerdem, dass die Mauer aus Gold und Jade gemacht und ihr Fundament mit allen nur möglichen Edelsteinen geschmückt ist. Das Stadttor ist aus Perlen gemacht, ein wahres Perlentor. Darauf steht in goldenen Zeichen geschrieben: „Wie glücklich sind doch die Menschen, die ihre Kleider rein gewaschen haben; sie haben das Recht die Früchte des Lebensbaumes zu essen und dürfen durch dieses Tor die Stadt betreten." Die Straßen im Inneren der Stadt sind aus reinem Gold und zugleich durchsichtig wie Glas. Der Fluss des Lebens glänzt wie Diamant; er fließt von Gottes Thron herab in die Straßen der Stadt. Auf beiden Seiten des Flusses wachsen Lebensbäume, die jedes Jahr zwölfmal Früchte tragen, und ihre Blätter können die zehntausend Länder heilen. Ich bin fest davon überzeugt, dass das Paradies so wunderbar ist. Kein Wunder, dass die Menschen nach dem Tod alles dafür tun, um in den Himmel zu kommen, und ihn nie wieder verlassen wollen. Wie man sehen kann, ist das Paradies wirklich eine wunderbare Welt.
Sobald sich der Vorhang hebt, klingt aus der Höhe der Schall einer Posaune herunter, wunderbar, himmlisch. So eine Melodie gibt es wirklich nur im Himmel, wo auf Erden sollte man sie hören? Unter dieser himmlischen Musik und unter hellem Glanz öffnet

sich nach und nach das Himmelstor und zeigt die schillernde Pracht der heiligen Stadt, wirklich genau wie in der „Offenbarung" beschrieben – nur dass der Baum des Lebens und der Fluss des Lebens ein bisschen verschmutzt sind. Dann zeigen sich zwei Throne in den Wolken, einer aus Jaspis, einer aus Rubin, der eine der Sitz Gottes, der andere der Sitz von Jesus. In diesem Augenblick sind sie noch frei. Zum Schluss ist eine große Menschenmenge zu sehen, auch genau wie in der „Offenbarung": „Die Zahl ist schwer zu bestimmen, sie kommen aus allen Ländern, allen Sippen, allen Sprachen, sie stehen vor dem Thron und dem Lamm, in weißen Gewändern und mit Palmzweigen in den Händen." Sie sind große Persönlichkeiten aus der Geschichte, die bereits in den Himmel gekommen sind, darunter sind: Archimedes, Sokrates, der Erste Kaiser von China, Aesop, Caesar, Konfuzius, Laozi, Kalidasa, Hua Tuo, Li Bai, Murasaki Shikibu, Valmiki, Homer, Dareios der Große, Dante, Bacon, Avicenna, Goethe, da Vinci, Raphael, Martin Luther, Saint-Simon, Kant, Shakespeare, Hegel, Newton, Darwin, Peter der Große, Beethoven, Cao Xueqin, Li Shizhen, Kolumbus, Galileo, James Watt, Washington, Lincoln, Lomonossow, Lakshmibai, Nobel, der Meiji Kaiser und so weiter. Es sind noch viele andere große Persönlichkeiten dabei und man möge verzeihen, dass sie hier nicht einer nach dem anderen aufgezählt werden. Da muss ich schnell auf ein technisches Problem hinweisen, so viele Figuren müssen nicht unbedingt von Schauspielern gespielt werden, die meisten von ihnen haben keinen Text und können mit Holz, Pappe oder Kunststoff dargestellt werden, es genügt, ihre Namen auf die Körper zu schreiben. Sie sind schon längst in den Himmel gekommen und Heilige geworden, daher kann ihr normaler Körper aus Fleisch und Blut durch andere Materialien ersetzt werden. Doch genug der überflüssigen Worte, zurück zur wahren Geschichte. Nachdem die Himmelsmusik verhallt ist, halten alle atemlos inne und warten voller Ehrfurcht auf die Ankunft Gottes und Jesu. Galileo blickt mit dem von ihm erfundenen ersten Fernrohr der Geschichte in die Ferne.

GALILEO *(flüstert)* Herr Beethoven ...
Beethoven reagiert nicht.
GALILEO *(etwas lauter)* Herr Beethoven!
Beethoven reagiert immer noch nicht.
GALILEO *(klopft Beethoven auf die Schulter, mit lauter Stimme)* Herr Beethoven!
BEETHOVEN Ah, Herr Galileo, was sagen Sie?
GALILEO Warum ist Gott noch nicht hier?
BEETHOVEN Du zahlst mir ein Bier? Oh, vielen Dank, ein andermal.
GALILEO Nein, ich sagte, es ist Zeit für das Morgengebet, warum geht hier nichts avanti? Wir warten schon ewig!
BEETHOVEN Oh, du hast eine gute Flasche Chianti und wartest auf mich?

GALILEO Oh, du taube Nuss!

BEETHOVEN Kaktus? Wie soll denn ein Kaktus ins Paradies kommen?

Galileo schwankt zwischen Lachen und Weinen, wendet sich an Newton.

GALILEO Herr Newton!

NEWTON Stehe zu Ihren Diensten.

GALILEO Verzeihen Sie, wie spät ist es?

NEWTON Sie stellen eine Frage, die mich auch sehr interessiert.

GALILEO Was meinen Sie damit?

NEWTON Vor zweieinhalb Jahrhunderten verwechselte ich meine Taschenuhr mit einem Ei und kochte sie im Labor! *(zieht die Taschenuhr heraus)* Seit damals frage ich mich ständig, wie spät es denn sein könnte.

GALILEO Der eine hört nichts, der andere hat eine kaputte Uhr. Ah! Da frage ich doch besser Herrn Einstein, den klügsten Kopf unseres Jahrhunderts. Herr Einstein!

Einstein wendet Galileo den Rücken zu, zeigt keine Reaktion.

GALILEO Herr Einstein!

Einstein reagiert immer noch nicht.

Galileo klopft Einstein auf die Schulter.

Einstein dreht sich herum, ohne jegliche Regung im Gesicht, mit stumpfem Blick und starrem Körper, das Kinn nach vorne gestreckt, den Mund leicht geöffnet.

GALILEO Herr Einstein, ich bin Galileo, erkennen Sie mich nicht?

Einstein regt sich nicht.

GALILEO Herr Einstein, sind Sie krank?

NEWTON Nach Einsteins Tod entnahm der Pathologe Thomas Harvey sein Gehirn und schnitt es in Scheiben, um es der Forschung zur Verfügung zu stellen. Daher ist Herr Einstein heute ein hirnloser Mensch!

GALILEO Was?! Das muss Gott gemeldet werden, wir müssen sein Hirn zurückholen!

NEWTON Schon vor zwanzig Jahren habe ich für Herrn Einstein eine Meldung an Gott gesandt, doch er hat bis heute nicht geantwortet.

GALILEO Und warum?

NEWTON Er meinte, er muss die Sache untersuchen.

GALILEO Ich habe vor fünf Jahren einen Antrag auf vollständige Rehabilitation eingereicht, auch darauf hat Gott bis heute nicht geantwortet.

NEWTON Hat dich Papst Johannes Paul II. nicht bereits im Jahr 1980 rehabilitiert? Die Untersuchungskommission hat doch einstimmig anerkannt, dass beide Verurteilungen durch die Inquisition in den Jahren 1616 und 1633 nicht rechtmäßig waren.

GALILEO Das ist noch keine vollständige Rehabilitation, Papst Johannes Paul II. beharrte immer noch darauf, dass mein sogenannter Stolz und meine Eingebildetheit falsch gewesen seien. Deshalb habe ich Gott ersucht, mich vollständig zu rehabilitieren. Nun ist es wirklich Zeit für das Morgengebet, wo bleibt er denn nur?

NEWTON Vielleicht spielt er gerade mit Jesus Tennis.

GALILEO Er spielt mit Jesus Tennis?

NEWTON In letzter Zeit ist Gott nicht immer frohen Mutes, daher spielt er Tennis, um seine schlechte Laune zu vertreiben.

GALILEO Gott ist nicht frohen Mutes? Warum denn das?

NEWTON Das ist nicht so leicht zu sagen.

Aus der Ferne erklingt der Ruf „Gott ist gekommen“.

Alle springen auf und warten.

Die Himmelsmusik braust abermals auf.

Gott trägt einen Heiligenschein um den Kopf, den Tennisschläger in der Hand, tritt zusammen mit Jesus auf.

Ein Engel reicht Gott eine Dose Coca-Cola. Gott öffnet sie, leert sie in einem Zug, wischt sich den Schweiß von der Stirn.

Jesus nimmt den Tennisschläger von Gott in Empfang, übergibt ihn einem Engel.

Gott und Jesus setzen sich jeder auf seinen Thron.

GOTT *(majestätisch und ein wenig verärgert)* Ich bin das Alpha, der Beginn; ich bin das Omega, das Ende. Ich bin der Allmächtige in Vergangenheit, Gegenwart und Zukunft.

DIE SEELEN *(unisono den Herrn preisend)* Herr, wir loben dich, wir verehren dich. Wir preisen deinen Namen in Ewigkeit, wir loben deinen Namen in Ewigkeit. Herr, erbarme dich unser, gib uns deinen Segen, dass die Welt von deiner Gnade erfahre, dass die zehntausend Länder sich an deine Güte erinnern. Wir loben dich, wir preisen dich. Du hast die Welt erschaffen, alles auf der Welt geschieht nach deinem Willen. Wir preisen dich, wir loben dich, vom Sonnenuntergang bis zum Sonnenaufgang, von jetzt bis in Ewigkeit.

JESUS Kinder, Bürger des Paradieses, das Morgengebet ist hiermit zu Ende!

GALILEO Herr, bitte warte einen Augenblick! Mein Ansuchen um vollkommene Rehabilitation ist seit fünf Jahren in Bearbeitung, ich ersuche Gott, es möglichst schnell zu beantworten.

NEWTON Meine Petition für Herrn Einstein, auf Rückgabe des Gehirns, wartet schon seit zwanzig Jahren, auch diese möge Gott schnellstmöglich ansehen.

JESUS Heute kümmert sich Gott nicht um Staatsangelegenheiten!

DIE SEELEN Was? Er kümmert sich nicht um Staatsangelegenheiten?

JESUS Es ist zu heiß, Gott hat beschlossen, sich einen Monat lang in ein Feriendorf zurückzuziehen.

Die Seelen reden wild durcheinander.

GALILEO Gott, mein Vater, im Paradies häufen sich ungelöste Fälle, die auf Ihr heiliges Urteil warten; zudem gab es in letzter Zeit einige Zwischenfälle, die auch noch auf Ihren Entscheid warten. Ich befürchte wirklich, dass es böse Folgen haben könnte, wenn Sie jetzt so einfach gehen.

GOTT *(mit ernster Miene)* Gerade all diese unangenehmen Dinge sind für mich unerträglich und ich muss mich davon erholen.

JESUS Vorgestern prügelten sich die Maler darum, wer die Madonna malen darf. Giotto, Raphael, da Vinci, Tizian, Rubens, Rembrandt, Reynolds, Millet, van Gogh, Cézanne und noch ein paar andere. Der kämpferische Goya aus Spanien verpasste Michelangelo sogar eine blutige Nase.

GOTT Im Himmel herrscht ein Überschuss an Talenten und die Arbeitsmöglichkeiten sind rar, nur daher kommt es zu diesen Streitereien. Letzten Monat stritten sich Bach, Chopin, Mozart und Liszt darum, wer die Hymne schreiben soll. Liszt war der Meinung, er habe das „Christus"-Oratorium komponiert und sei somit am besten qualifiziert. Die Klage kam bis zu mir!

JESUS Es gibt noch Schlimmeres: Die Menschheit hat bereits damit begonnen, in den Himmel einzudringen. Vor zwanzig Jahren landete ein Amerikaner namens Armstrong mit seinem Apollo-Raumschiff auf dem Mond. Sie hissten dort eine Fahne und stahlen 22 Kilo Mondgestein, zudem vertrieben sie die Mondgöttinnen Diana und Chang'e, sodass die beiden Damen sich bis heute hier aufhalten und nirgendwo Ruhe finden. Gerade kamen beide unter Tränen zu Gott und flehten ihn an, er möge ihnen doch im Himmel eine Wohnung zuweisen. Doch es gibt hier kaum noch Platz, schon lange gibt es Beschwerden, wo sollten die beiden also wohnen? Aufgrund dieser Ereignisse läuft Gott in den letzten Tagen immer mit gerunzelter Stirn herum und braucht nun wirklich ein paar Tage Urlaub.

GALILEO Was wird dann aus meinem Ansuchen um vollkommene Rehabilitation?

NEWTON Und aus Einsteins Petition um Rückgabe des Gehirns?

Die Seelen flüstern wild durcheinander.

JESUS Silentium! Der Himmel braucht Ruhe! Gott braucht Ruhe! Wenn ihr alle so weitermacht und Gott weiterhin mit euren lästigen Dingen bedrängt, wird Gott euch bestrafen!

Die Seelen verstummen sofort, vollkommene Stille.

JESUS Gott, unser Vater! Der Wolkenwagen steht bereit, um dich ins Feriendorf zu bringen, darf ich bitten!

Eine Person ruft „Gott bricht auf!“
Die Himmelsmusik erklingt wieder.
Die Seelen geben Gott das Geleit.
Plötzlich verändert sich die Himmelsmusik, aus Musik wird Lärm.
Die Seelen sind überrascht.
Auch Gott und Jesus halten inne, stehen überrascht still.
Das Geräusch wird lauter und lauter, es ist der Lärm eines Raumschiffs, so schrill, dass es in den Ohren schmerzt.

DIE SEELEN *(erschrocken)* Ein Raumschiff, ein Raumschiff!

Das Raumschiff kreist im Himmel über dem Paradies, der Fahrtwind lässt einen wilden Sturm aufkommen, der Himmel verdunkelt sich, schwarze Rauchwolken steigen auf, die Throne werden erschüttert, Gott, Jesus und die Seelen werden vom Sturmwind hin- und hergebogen.

DIE SEELEN *(verzweifelt)* Gott, rette uns, rette uns!

Das Raumschiff dreht eine Runde im Himmel über dem Paradies und verschwindet wieder. Bevor es verschwunden ist, fällt etwas herab und schlägt auf dem Boden auf. Die Seelen werden nervös. Auf einmal ruft einer: „Eine Zeitbombe!“ Alle kreischen auf, weichen zurück, jeder starrt von Furcht ergriffen auf das Ding, das regungslos daliegt. Kurze Stille.

GOTT Das ... Was ist das denn?

JESUS *(vorsichtig)* Meine Herren, wer von Ihnen möchte sich das ansehen?

Vollkommene Stille.

JESUS Herr Galileo ...

GALILEO Es ist doch besser, wenn sich Herr Newton darum kümmert. Er hat Interesse an herunterfallenden Dingen. In jenem Jahr beobachtete er, wie ein Apfel vom Baum fällt – und entdeckte die Schwerkraft.

DIE SEELEN Richtig, Herr Newton, bitte sehen Sie sich das an!

JESUS Herr Newton ...

NEWTON Na gut! Für die Wissenschaft bin ich bereit mein Leben hinzugeben!

Newton nimmt eine heroische Haltung ein, tritt auf das Ding zu, das vom Raumschiff gefallen ist, hebt es langsam auf, betrachtet es genau.

JESUS Herr Newton, was ist das?

NEWTON So etwas habe ich noch nie gesehen ...

JESUS Bitte sehen Sie es sich noch einmal genau an!

NEWTON Oh, es handelt sich um einen Apfel.

DIE SEELEN Ein Apfel?!

GALILEO Kann es sein, dass Sie nur Äpfel herunterfallen sehen?

NEWTON Es ist wirklich ein Apfel.

JESUS Was sind das für Äpfel, die so eine Form haben?

NEWTON Eine Apfeldose.

DIE SEELEN Apfeldose?!

NEWTON Eine leere Dose. Die Raumfahrer haben die Äpfel gegessen und die Dose weggeworfen.

GOTT *(erzürnt)* Diese Übermütigen! Sie wagen es, das Paradies als Müllhalde zu benutzen! Das können wir nicht dulden! Ich werde nicht in Urlaub gehen!

JESUS Ihr werdet nicht gehen?

GOTT Ich werde sie bestrafen.

DIE SEELEN *(entsetzt)* Die Menschheit bestrafen!

Konfuzius stürmt mit zerzausten Haaren und panischem Blick auf die Bühne, Kopf und Körper stinken nach faulen Eiern.

KONFUZIUS *(fällt auf den Boden)* Bitte rettet mich alten Herrn!

JESUS *(hilft Konfuzius schnell auf)* Verehrter Herr Konfuzius, was ist denn passiert?

KONFUZIUS Ich war gerade dabei, mit meinen 72 Schülern im Aprikosenschrein über das Dao zu diskutieren. Da waren plötzlich Schreie zu hören, die lauter und lauter wurden. Dann sahen wir, dass eine riesige dunkle Gruppe von Demonstranten vom Fegefeuer auf uns zurollte!

DIE SEELEN Demonstranten?!

KONFUZIUS Demonstranten. Als sie mich und meine Schüler beim Studieren sahen, zogen sie uns einfach mit in ihre Menge. Yan Hui änderte keine Miene. Doch Zi Lu wurde wütend und kam mit ihnen in Konflikt, das verärgerte sie und sie warfen mit faulen Eiern nach uns. Dann kam es auch noch zu einer Schlägerei, und nun fühle ich alter Herr mich müde wie ein Hund, der sein Zuhause verloren hat ...

JESUS Wie viele waren es denn?

KONFUZIUS Zwischen zwanzig- und hunderttausend, schwer zu schätzen.

JESUS Aha, und was waren das alles für Menschen?

KONFUZIUS Mein Schüler Zi Ruo weiß über vieles Bescheid. Seiner Meinung nach waren unter den Demonstranten ausschließlich Bewohner des Fegefeuers, allesamt Prominente, die in den letzten Jahren gestorben sind. Gandhi und Nehru aus Indien, Churchill, Shaw aus dem Britischen Empire, Charles de Gaulle und Jean-Paul Sartre aus Frankreich, der Maler Picasso, der Ministerpräsident des Königreichs Schweden Olof Palme, der Kampfkunststar Bruce Lee aus unserem Land sowie der große Schauspieler Charlie Chaplin, der Boxer Joe Louis, oh, und auch jene Maihaoyifu ...

GALILEO Maihaoyifu?

NEWTON Er muss McAuliffe vom Raumschiff Challenger meinen.

GOTT Wer sind ihre Anführer?

KONFUZIUS Ein Mann und eine Frau.

DIE SEELEN Ein Mann und eine Frau!

KONFUZIUS Der Mann ist der 35. Präsident der Vereinigten Staaten von Amerika, Herr Kennedy, die Frau ist seine Geliebte, die weltberühmte, superheiße Filmschauspielerin Marilyn Monroe. Sie marschierten tatsächlich Arm in Arm am helllichten Tage, wo bleibt bloß der Anstand! Da war noch einer ganz vorne, er trug ein Spruchband, vermutlich auch einer der Köpfe der Demonstranten, mit schulterlangem Haar. Ob Mann oder Frau, ist schwer zu sagen, er hatte einen großen Schinken dabei.

GOTT Ob Mann oder Frau, ist schwer zu sagen, und er hatte einen großen Schinken dabei?

KONFUZIUS Ganz genau.

GOTT Was stand auf dem Spruchband?

KONFUZIUS Das war Englisch, das verstehe ich nicht.

Aus der Ferne sind Slogans zu hören, die immer näher kommen und den Himmel erbeben lassen.

JESUS Ah, die Demonstranten stehen vor dem Tor des Paradieses!

GOTT Bringt zunächst jenen ... jenen Vertreter mit dem Schinken herein.

Zwei Engel machen sich auf den Weg.

KONFUZIUS Als ich das Amt des Justizministers im Staate Lu bekleidete, versammelte der Großmeister Shaozheng Mao auch schon einmal Anhänger in Gruppen. Sie demonstrierten und stifteten Unruhe und schließlich ließ man mich sie bestrafen!

Die zwei Engel bringen John Lennon herein.

Frech und stolz reckt Lennon sein Spruchband in die Höhe, auf dem Rücken trägt er seine Gitarre.

Die Slogans wogen vor den Toren des Paradieses auf und ab.

JESUS Wie heißt du?

LENNON Lennon.

JESUS Woher kommst du?

LENNON Aus England.

JESUS In welchem Jahr geboren?

LENNON 1940.

JESUS In welchem Jahr gestorben?

LENNON 1980.

JESUS Geschlecht?

LENNON Männlich.

JESUS Männlich?

LENNON *(knöpft sich die Hose auf)* Glaubst du wohl nicht? Dann schau doch selbst nach!

JESUS Hier ist kein Chaos erlaubt! Du bist also ein Mann, warum trägst du ein Blumenhemd und lange Haare?

LENNON Das war sehr modern – in den 1960er Jahren.

JESUS Beruf?

LENNON Beatle.

JESUS Beatle?

LENNON Ich bin ein Rocksänger! Ach so, Beatle heißt Käfer.

GALILEO Rockmusik? Käfer? Herr Konfuzius, kannst du das kurz erklären?

KONFUZIUS Obschon ich alter Herr die Namen vieler Vögel, Tiere und Pflanzen kenne, habe ich noch nie etwas von diesem Käfer gehört. Fragen wir doch Herrn Darwin, er kennt sich in der Biologie besser aus.

DARWIN Ein Käfer ist ein Insekt, das zur Ordnung der Coleoptera gehört, wie zum Beispiel der Bockkäfer, der Blatthornkäfer, Glühwürmchen und dergleichen. Doch soweit ich weiß, können Käfer nicht rocken, sondern nur krabbeln, außerdem wäre mir nichts von ihrem musikalischen Talent bekannt.

Die Seelen lachen laut auf.

LENNON Ihr wisst wirklich überhaupt nichts über mich!

KONFUZIUS Den Edlen kümmert es nicht, dass die Menschen ihn nicht kennen. Es kümmert ihn, dass er die Menschen nicht kennt.

LENNON Was, was? Was sprichst du denn für eine Sprache?

KONFUZIUS Altchinesisch! Der Edle sorgt sich nicht darum, ob andere ihn kennen oder nicht, sondern darum, dass er die anderen nicht kennt.

LENNON Doch gerade ihr kennt die anderen nicht, und mich kennt ihr auch nicht. Ich bin Sänger der Rockband Käfer, und zudem Rhythmus-Gitarrist und Keyboarder. Vier waren wir insgesamt und wirbelten durch die ganze Welt. Wir verkauften 10 Millionen Schallplatten, hatten unzählbar viele Fans, wir erhielten die British Empire Medaille und bei meinem Begräbnis folgte mir ein Trauerzug, der den von Kennedy noch übertraf. Daher kann ich stolz sagen: „Auf der Erde bin ich beliebter als Jesus!"

GOTT Hochmütiger!

LENNON Fuck, das ist wirklich so! Oh, wahrscheinlich glaubt ihr mir nicht, solange ich nur darüber spreche. Ich werde also ein Lied für euch singen, das ist mein berühmtestes, mit dem Titel „Imagine". Ich hoffe, es gefällt euch:
Imagine there's no heaven / It's easy if you try / No hell below us / Above us only sky / Imagine all the people / Living for today ...

Imagine there's no countries / It isn't hard to do / Nothing to kill or die for / And no religion too / Imagine all the people / Living life in peace ...

Lennon spielt Gitarre und singt, locker und spitzbübisch, voll von kindlichem Charme. Während er selbst völlig in seiner Musik versinkt, steht sein Publikum im Paradies gleichgültig da.

JESUS Herr Beethoven, was halten Sie von ... Ach, Sie sind ja taub. Herr Mozart! Was halten Sie von Herrn Lennons Musik?

MOZART Musik kann nur bei Hofe, in der Kirche, im Wohnzimmer oder im Konzertsaal leben, das hier ist wüstes Geschrei von der Straße.

Die Seelen lachen.

LENNON *(zornig)* Fuck, ihr Idioten! Ihr versteht das wohl nicht, denn ihr wart nie auf LSD.

JESUS LSD?

DARWIN Das ist ein Halluzinogen.

GALILEO Ah, eine Droge!

LENNON Genau, manche Menschen nennen es so. Doch sie macht dich offen und viel sensibler, und wenn du dann meine Musik hörst, wirst du ihre Schönheit spüren ...

GOTT Das ist ein Verbrecher! Es darf nicht zugelassen werden, dass er im Paradies Werbung für Drogen macht! Befragt ihn, warum er Probleme macht und demonstriert!

JESUS Antworte!

LENNON Wir demonstrieren nur und machen keine Probleme!

KONFUZIUS Und weshalb habt ihr dann mit faulen Eiern nach uns geworfen?

LENNON Dein Schüler Herr Zi Lu hat angefangen zu streiten.

JESUS Die Sache mit den Eiern soll später vorgebracht und untersucht werden. Doch zunächst möchte ich wissen: Warum demonstriert ihr?

LENNON Weil es keine andere Form gibt, in der wir unsere Wünsche ausdrücken können. Im Paradies gibt es keine Zeitungen, keine Werbung, kein Fernsehen und auch keine Wandzeitungen wie in China, daher bleibt uns nur die Demonstration.

JESUS Was für Wünsche wollt ihr denn ausdrücken?

LENNON *(zeigt auf das Spruchband)* Lest unser Motto!

JESUS Ich kann nur Latein, Griechisch und Hebräisch.

LENNON Gott ist doch allmächtig.

GOTT *(sieht auf das Spruchband)* „Wir wollen ins Paradies!"

LENNON Genau, wir haben genug vom Fegefeuer! Seit jeher war es so, dass alle Menschen, die auf der Erde starben, drei Jahre ins Fegefeuer kamen. Dort taten sie Buße und wuschen ihre Seelen rein. Dann kamen sie ins Paradies – oder in die Hölle. Doch wir alle, die im letzten halben Jahrhundert gestorben sind, sind schon seit zwanzig, dreißig Jahren im Fegefeuer. Bis heute wurde nicht über uns gerichtet, nun wollen wir sofort ins Paradies!

GOTT Diesen Wunsch kann ich nicht erfüllen.

LENNON Und warum nicht?

GOTT Weißt du, wie groß das Paradies ist?

LENNON Ich habe die Bibel gelesen, das Paradies ist ein Würfel, fünfzehn Meilen lang, breit und hoch.

GOTT Weißt du, wie viele Menschen heute im Paradies sind?

LENNON Keine Ahnung. Ich weiß nur, dass du bei der Erschaffung der Welt zwei Menschen erschaffen hast, aus dem Lehm hast du Adam gemacht und aus einer seiner Rippen Eva.

GOTT Doch dann haben die beiden den verbotenen Apfel gegessen und wurden von mir aus dem Garten Eden vertrieben, sie waren fruchtbar und vermehrten sich. Bis heute sind daraus ...

JESUS *(blättert im Buch des Lebens)* Gestern waren es 23 Milliarden 654 Millionen 819 Tausend 754 Menschen, oh, ich habe Frau Hyman vergessen, die amerikanische Tennisspielerin, dann sind es insgesamt 23 Milliarden 654 Millionen 819 Tausend 755 Menschen.

LENNON Auf der Erde haben über 23 Milliarden Menschen gelebt?

JESUS Da sind die fünf Milliarden, die heute auf der Erde leben, noch gar nicht inbegriffen.

GOTT Von den 23 Milliarden Menschen, die bereits gestorben sind, kamen aufgrund ihrer Sünden elfeinhalb Milliarden in die Hölle und die anderen elfeinhalb Milliarden kamen alle in den Himmel, weil ihre Seelen rein gewaschen worden waren oder weil sie Gutes für die Menschheit getan hatten. Doch das Paradies ist eben nur ein Würfel von fünfzehn Meilen, wie sollen darin elfeinhalb Milliarden Menschen Platz haben?

JESUS Schon längst ist das Paradies total überfüllt, es mangelt an Wohnungen, es gibt ständig Verkehrsstaus, Nahrungsmittel und Arbeit werden knapp. Das ist auch der Grund, warum ihr nach den 1950er Jahren Verstorbenen nicht im Himmel seid.

LENNON Doch auch Herr Einstein starb 1953, warum durfte er dann ins Paradies?

JESUS Wie viele Einsteins gibt es auf der Erde? Er ist einzigartig.

LENNON Naja, wie viele Charles de Gaulles gibt es auf der Welt, wie viele Kennedys, Zhang Daqians, Palmes, Bruce Lees? Und wie viele Lennons? Jeder von uns ist einzigartig. Wir alle sind Lieblingskinder Gottes und haben es verdient, Bewohner des Paradieses zu werden!

GOTT *(ein wenig verärgert, zweifelnd)* Du zählst dich dazu?

LENNON Ich bin ein Superstar der Popmusik, das Symbol der Jugendkultur der 1960er Jahre. Mit meinen Liedern habe ich mich gegen den Vietnamkrieg gestellt, ich habe für den Frieden plädiert, ich habe für Liebe und Freundschaft gesungen. Wer sollte ins Paradies kommen, wenn nicht ich?

GOTT „Imagine there's no Heaven, it's easy if you try". Wenn es so ist, warum willst du denn an diesen Ort, den es gar nicht gibt? Die Hölle hingegen gibt es zweifellos, vielleicht ist das ja der Ort, an den du hingehörst!

LENNON Ich ... ich ... ich protestiere!

JESUS Du wagst es, gegen Gott zu protestieren!

LENNON Das ist mein Recht!

JESUS Das hier ist der Himmel!

LENNON Im Himmel muss es doch mehr Demokratie geben als auf der Erde!

Vor dem Tor des Paradieses ebbt der Sprechgesang der Demonstranten auf und ab.

JESUS Schluss mit diesem Klamauk, kehrt sofort ins Fegefeuer zurück!

LENNON Das ist kein Klamauk!

JESUS Das ist illegal.

LENNON Wir führen nur deinen Auftrag aus!

JESUS Wo habe ich denn gesagt, dass ihr auf den Straßen demonstrieren sollt?

LENNON Im zehnten Kapitel des Lukasevangeliums hast du gesagt: „Das Reich Gottes ist euch nahe, wenn ihr dort nicht aufgenommen werdet, dann geht auf die Straßen!"

JESUS *(sprachlos)* Das ...

LENNON Zudem hast du gesagt: „Ich sage euch, worum ihr bittet, wird euch gegeben werden; was ihr sucht, werdet ihr finden; wenn es kein Tor gibt, wird eines gemacht werden." Heute nun klopfen wir ans Tor des Paradieses, warum macht ihr denn nicht auf?

Der Sprechgesang vor dem Paradies wird lauter und lauter.

JESUS „Wer von Gott kommt, muss auf Gottes Wort hören." Und da Gott euch zur Rückkehr aufruft, sollt ihr zurückgehen. Mit denen, die ihn verehren, wird Gott Mitleid haben, und diejenigen, die sich ihm entgegenstellen, wird Gott bestrafen.

KONFUZIUS Ist man im Kleinen nicht nachsichtig, so stört man große Pläne.

LENNON Ich kann die Menge nicht beruhigen!

Vor dem Paradies erklingen wiederum laute Rufe: „Wir wollen ins Paradies!", „Wir werden kämpfen, bis das Ziel erreicht ist!", „Es lebe die Freiheit!"

JESUS Wahrlich ich sage euch, wenn Gott wütend wird, wird sein Zorn auf Wirbelstürmen und Wolkenbrüchen daherkommen. Wenn er das Meer rügt, wird es austrocknen; wenn er die Bäume rügt, wird jedes Holz in Baschan, Karmel und den Wäldern Libanons verfaulen. Wenn er zornig wird, werden die hohen Berge erzittern, und die niedrigen werden sofort zu Staub zerfallen. Wer sollte seinem Zorn standhalten?! Verlorene Lämmer, ihr bewegt euch durch die Dunkelheit, so kommt ihr nicht durch die Himmelstür, kehrt um!

LENNON *(entschlossen)* Nein, wir sind fest überzeugt!

GOTT Hört her! Ich werde wütend und werde euch bestrafen: Euch, die ihr demonstriert und Chaos verursacht, euch, die ihr Dosen auf das Paradies werft, und euch alle, die ihr noch auf Erden lebt!

JESUS *(erschrocken)* Was?! Mein Vater, du willst alle Menschen bestrafen?!

GOTT Alles Übel kommt von den Menschen. Wenn die Menschen ausgelöscht sind, gibt es auch kein Übel mehr. Ich bereue es wirklich, sie damals erschaffen zu haben! Als erstes werde ich alle Demonstranten und Unruhestifter in das Flammenmeer aus Feuer und Schwefel werfen!

Die Demonstranten vor dem Paradies schreien erschrocken auf und stieben in alle vier Himmelsrichtungen auseinander, wobei sie rufen: „Gott wird uns bestrafen!", „Schnell, lauft davon, schnell!".

KONFUZIUS *(zu Lennon)* Was stehst du noch hier herum?

LENNON Ich bin bereits einmal gestorben, daher fürchte ich mich auch vor dem zweiten Mal nicht.

GOTT Dann werde ich es vierzig Tage und Nächte lang regnen lassen, dass der gesamte Erdball überflutet wird. Alles wird von Wasser bedeckt sein, Wohnungen, Bäume, Berge, alles Übel, alles Unrecht, jeglicher Übermut, jeder, der Apfeldosen ins Paradies wirft; alles Leben aus Fleisch und Blut, alle Menschen, die auf der Erde leben!

LENNON Meine Frau und mein Sohn leben immer noch auf der Erde, sie sind unschuldig!

MOZART Oje, zu meinem zweihundertsten Todestag wird gerade ein gigantisches Mozart-Konzert vorbereitet, damit ist es nun wohl vorbei.

NEWTON Wo soll ich denn nach Einsteins unglaublichem Gehirn suchen, wenn alle Menschen vernichtet werden?

GALILEO Wer wird mich vollkommen rehabilitieren, wenn der Vatikan in Rom zerstört wird?

KONFUZIUS Gott, der Menschliche, liebt die Menschen, Regierende müssen Nachsicht walten lassen. Wenn Gott die Welt zerstört, wird zwar das Übel ausgelöscht, doch die Zivilisation wird auch zugrunde gehen, werden dadurch nicht

Jade und Stein gleichermaßen zu Asche gemacht? Ich hoffe, dass Gott dreimal überlegt, bevor er sich zum Handeln entschließt.

NEWTON Was Herr Konfuzius sagt, ist wahr. Auf der Erde gibt es Sünden, unter den Menschen Schimpf und Schande, doch es gibt auch Pyramiden und Wolkenkratzer; die Chinesische Mauer, Farbfernseher, die „Eroica"-Symphonie von Beethoven, die Olympischen Spiele, die Mona Lisa, Henry Moore, es gibt „Hamlet", Disneyland, französische Mode, chinesisches Essen, die Hagia Sophia, Klimaanlagen ...

GOTT Was ist denn bitte eine Klimaanlage?

NEWTON Das ist eine Maschine, die die modernen Menschen erfunden haben. Sie kann Kälte erzeugen oder Wärme und die Temperatur im Inneren eines Raumes verändern. Wenn es zum Beispiel irgendwo so heiß ist wie hier, kann sie es kühl machen.

GOTT Wirklich? So ein wundersames Ding soll es geben?

NEWTON In Wirklichkeit ist alle Zivilisation der Welt deine Schöpfung, dein Werk, warum willst du sie vernichten?

JESUS Mein Vater, du ...

DIE SEELEN Mildtätiger Herr, verzeih den Menschen ihre Sünden!

Gott denkt schweigend nach, Stille.

GOTT Nein, keiner kann mich von meinem Entschluss abbringen, keiner kann sich meinem Willen widersetzen!

DIE SEELEN *(fallen auf die Knie)* Gott! Wir flehen um deine Gnade!

LENNON *(tritt mutig vor)* Keiner kann Gott von seinem Entschluss abbringen, keiner kann sich Gottes Willen widersetzen?

GOTT So ist es.

LENNON Ohne Ausnahme?

GOTT Logisch.

LENNON Und du selbst?

GOTT Was meinst du damit?

LENNON Kannst du deinen eigenen Entschluss ändern? Kannst du dich deinem eigenen Willen widersetzen?

JESUS Herr Lennon, Gott kann sich natürlich nicht seinem eigenen Willen widersetzen, Gott ist immer derselbe vom Anfang bis zum Ende!

LENNON Dann möchte ich alle darum bitten, die Bibel aufzuschlagen.

JESUS Was?

LENNON *(herausfordernd)* Schlagt die Bibel auf.

Die Seelen, Jesus, Konfuzius und die anderen ziehen die Bibel heraus.

LENNON Seite neun.

Die Seelen, Jesus, Konfuzius und die anderen blättern im Buch, keiner versteht, was Lennon im Sinn hat.

LENNON Bitte lest das neunte Kapitel aus der Genesis im Alten Testament. „Der große allmächtige Gott sprach: Ich will die Erde wegen des Menschen nicht noch einmal verfluchen. Ich will künftig nicht mehr alles Lebendige vernichten. So lange die Erde besteht, sollen nicht aufhören Aussaat und Ernte, Kälte und Hitze, Sommer und Winter, Tag und Nacht."

GOTT Was? Ich habe gesagt, dass ich künftig nicht mehr alles Lebendige vernichten will?

LENNON Das hast du Noah und seinen Söhnen gelobt, nachdem du die Welt das erste Mal überflutet hast.

GOTT Hm, ich kann mich gar nicht daran erinnern, das gesagt zu haben.

LENNON Ich möchte alle darum bitten, gemeinsam zu lesen. Der allwissende, allmächtige, ewige Gott sprach zu uns.

DIE SEELEN „Das ist das Zeichen des Bundes, den ich stifte zwischen mir und den Menschen und den lebendigen Wesen: Meinen Bogen setze ich in die Wolken; er soll das Bundeszeichen sein zwischen mir und der Erde. Erscheint der Bogen in den Wolken, dann gedenke ich des Bundes, der besteht zwischen uns, und das Wasser wird nie wieder zur Flut werden, die alle Wesen aus Fleisch vernichtet."

GOTT Erscheint der Bogen in den Wolken, dann gedenke ich des Bundes, der besteht zwischen uns?

LENNON *(überrascht)* Schaut doch, schaut, ein Regenbogen!

Im Himmel über dem Paradies erscheint ein farbenprächtiger Regenbogen.

DIE SEELEN *(jubeln)* „Erscheint der Bogen in den Wolken, dann gedenke ich des Bundes, der besteht zwischen uns, und das Wasser wird nie wieder zur Flut werden, die alle Wesen aus Fleisch vernichtet."

JESUS Mein Vater, das ...

Gott schweigt.

Die Seelen sehen Gott angespannt an.

GOTT *(schließlich warm)* Damit Gott sich nicht Gottes Willen widersetzt, nehme ich meinen Befehl zurück.

DIE SEELEN *(jubeln, singen)* Herr, ah, Herr, / deine Liebe ist groß wie der Himmel / deine Treue wie das All / deine Gerechtigkeit wie die hohen Berge / deine Weisheit ein Ozean.

GOTT Durch meine Liebe ist das Leben der Menschheit ein zweites Mal gerettet worden, doch ihre Seelen sind nicht gerettet. Um ihre Seelen zu retten ...

JESUS Was wirst du dafür tun?

GOTT Ich werde ein Inspektionsteam auf die Erde schicken!

DIE SEELEN *(überrascht)* Ein Inspektionsteam auf die Erde schicken?!

GOTT Um zu untersuchen, welche Sünden die Menschheit heutzutage begeht und wo die Gründe dafür liegen.

JESUS Mein Vater, wen willst du schicken?

DIE SEELEN Ich gehe! Ich gehe! Ich gehe!

KONFUZIUS Im Bewusstsein meiner Pflichten will ich, Kong Qiu, diese schwere Aufgabe auf meine Schultern nehmen!

JESUS Alter Herr Kong, Sie wollen gehen?

KONFUZIUS In der heutigen Welt ist mein Land das bevölkerungsreichste. 1,2 Milliarden. Da sollte doch ein Vertreter an der Untersuchung teilnehmen?

JESUS Mein Vater, in China wird Herr Konfuzius als König der Schriften verehrt, er ist Lehrer vieler Generationen, seine Lehre des Konfuzianismus ist auch in der heutigen Welt sehr einflussreich. Zudem ist sein Land das mit der höchsten Einwohnerzahl, was unter anderem ein Grund für die Überfüllung des Paradieses ist. Daher ist es durchaus angebracht, Herrn Kong an der Inspektion teilnehmen zu lassen.

GOTT Wie alt ist Herr Konfuzius?

KONFUZIUS Über 2.500 Jahre alt.

GOTT Sind Sie da nicht ein bisschen zu alt?

KONFUZIUS Es gibt hier etwas, wovon Gott nichts weiß. Ich bin jemand, der in seinem Eifer das Essen vergisst und in seiner Freude alle Trauer vergisst und nicht merkt, wie das Alter herankommt. Ich bin nicht alt!

JESUS Macht ja nichts, dass er älter ist. Du kannst noch einen mittleren Alters schicken und einen jungen, so sind im Inspektionsteam drei Generationen vereint und sie können sich gegenseitig unterstützen. Das ist doch nicht schlecht.

GOTT Gut, die anderen beiden sind dann ...

JESUS Wenn du erlaubst, bin ich einer.

GOTT Du willst gehen?

JESUS Ich bin dein Sohn, ich kenne dich am besten und werde die Untersuchung nach deinem Willen durchführen.

GOTT Ich befürchte nur, dass die Leute dann sagen, dass wieder mal alles über Beziehungen ging.

KONFUZIUS Da hast du nichts zu befürchten, um das Gerede der Menschen muss man sich nicht sorgen, Empfehlungen schließen nahe Menschen nicht aus.

JESUS Im ersten Jahr nach Christus hast du mich schon einmal auf die Erde geschickt, ich habe also Erfahrung.

GOTT Doch das letzte Mal hat Judas dich verraten und die Römer haben dich gekreuzigt. Wenn ich dich also noch mal schicke ...

JESUS Kein Grund zur Sorge. Das letzte Mal war ich zur Mission dort und hatte nur zwölf Jünger. Heutzutage gibt es auf der ganzen Welt ungefähr eine Milliarde Christen, sie sind sehr mächtig. Ich brauche nur kurz beim Papst anzurufen, schon wird er jemanden schicken, um uns zu beschützen.

GOTT Na gut. Dann soll noch ein Vertreter der Jugend mit ...

JESUS Du meinst ...

GOTT Schicken wir doch Herrn Lennon!

LENNON Ich? Echt? Wow, great!

JESUS Der?!

GOTT Er ist sehr klug und hat Gott dazu gebracht, seinen Willen zu ändern!

JESUS Aber er hat doch eine Demonstration organisiert ...

GOTT Dadurch hat er doch nur eine weitere Stärke unter Beweis gestellt, er hat Organisationstalent.

JESUS Aber dieser Aufzug ...

KONFUZIUS Der ist eigentlich nicht hinderlich. Als mein Schüler Zi Lu mich zum ersten Mal aufsuchte, trug er eine Hahnenkappe und einen Eber am Gürtel, war seltsam gekleidet und behandelte mich darüber hinaus noch rüde. Als ich ihn dann später durch die Riten erzog, korrigierte er seine Fehler.

JESUS Wenn Herr Konfuzius es schafft, Lennon zu beeinflussen, dann bin ich beruhigt.

GOTT Na gut. Dann schicke ich also euch drei als meine Gesandten, um die Welt der Menschen zu inspizieren.

LENNON *(überglücklich)* Ok!

GOTT Wann wollt ihr aufbrechen?

JESUS Jetzt gleich.

KONFUZIUS Wenn der Fürst es befiehlt, so soll man nicht warten, bis angespannt ist, sondern zu Fuß vorangehen. Wenn Gott uns auf eine Mission schickt, dann müssen wir ohne zu zögern Folge leisten und in Windeseile zur Tat schreiten.

LENNON Je schneller, desto besser!

JESUS Na dann los, auf dass Gott immer mit uns sei.

GOTT Einen Augenblick!

JESUS Was gibt es noch?

GOTT *(flüstert)* Im Paradies ist es wirklich zu heiß, bitte bring mir doch eine Klimaanlage mit.

JESUS Euer Wunsch ist mir Befehl!

Vorhang fällt.

ZWEITER AKT

Im All, grenzenlos, weit und geheimnisvoll. Galaxien, Sternbilder und Planeten drehen sich alle nach ihren eigenen Gesetzen. Die Sterne flackern wie in Gedanken versunkene Augen. Auch das Universum denkt nach: Was bin ich eigentlich? Habe ich Schuld? Konfuzius, Jesus und John Lennon reiten auf Nebelschwaden durch das All.

JESUS Das da unten ist der Mond!

LENNON Fuck, aber zumindest ein Anhaltspunkt.

KONFUZIUS Da sind wir wahrlich weit gereist.

Mit Flügeln, die herabhängen wie Wolken, steigt er in einem Wirbelwind auf, sein Rücken berührt den blauen Himmel und nichts hält ihn auf.

Konfuzius, Jesus und Lennon landen auf dem Mond. Als sie die Mondoberfläche berühren, prallen sie wie Bälle zurück.

KONFUZIUS *(erschrocken)* Oh weh, warum prallen wir ab, prallen wir ab!

LENNON Fuck, das ist echt Wahnsinn! Die Anziehungskraft des Mondes ist nur ein Sechstel so stark wie die der Erde, wir sind alle um fünf Sechstel leichter und super Hochspringer!

Die drei prallen sieben, acht Mal zurück und kommen dann zur Ruhe.

KONFUZIUS Der Edle hat für das Sitzen, Stehen, Gehen und Liegen, für alles Zeremonien und Anstandsregeln. Wie unschicklich ist es doch, so chaotisch hin und her zu springen. *(zupft seine Ärmel zurecht und richtet seine Kappe, stellt sich ordentlich hin, bemerkt plötzlich)* Da ist etwas überhaupt nicht in Ordnung, warum verhält sich mein Herz nicht nach Vorschrift?

LENNON Was ist mit deinem Herzen?

KONFUZIUS Mein altes Herz schlägt immer langsam in gewohntem Rhythmus, doch warum springt es nun umher wie ein Wildpferd?

LENNON Auf dem Mond ist der Herzschlag doppelt so schnell wie auf der Erde!

KONFUZIUS *(schüttelt den Kopf)* Welch Absurdität! Der Schlag des Herzens muss seine Ordnung haben, wie kann es sein, dass er auf einmal schnell geht und dann wieder langsam, und seinen Ernst verliert? Das deucht mich seltsam, seltsam!

LENNON *(sieht sich um)* So eine trostlose Gegend!

KONFUZIUS Weder Wu Gang ist zu sehen noch Chang'e, auch vom Jadehasen, dem Lorbeerbaum, dem Mondpalast ist keine Spur.

JESUS Das ist die Folge davon, dass die Menschen den Mond betreten haben!

LENNON Eine Bronzeplakette.

JESUS Das hier ist Wan Hu.

KONFUZIUS Oh? Ein Nachfahre des Feurigen Kaisers und des Gelben Kaisers?

JESUS Genau, dieser Krater wurde nach diesem Chinesen benannt.

LENNON Warum?

JESUS Wan Hu lebte in der chinesischen Ming-Dynastie, er hatte merkwürdige Ideen und erfand einen Weltraumsessel, mit dem er zum Mond fahren wollte. Doch gleich nach dem Start fiel er herunter und starb. Ein Verrückter. Gott gab ihm seine gerechte Strafe.

LENNON Er war kein Verrückter, sondern ein Märtyrer; der Stolz der Chinesen und der gesamten Menschheit. Ich will ein Lied für ihn schreiben!

KONFUZIUS Gab es in der Ming-Dynastie wirklich so einen komischen Kauz?

LENNON Weißt du nicht einmal, was in deinem Land passiert?

KONFUZIUS Hm ... Die Angelegenheiten der Shang-Dynastie könnte ich beschreiben; die Angelegenheiten der Yin-Dynastie könnte ich beschreiben, darüber gibt es genügend schriftliche Aufzeichnungen. Über diesen Wan Hu in der Ming-Dynastie, oder was noch später geschah, da gibt es zu wenige Aufzeichnungen, wie sollte ich das wissen? Was man weiß, als Wissen gelten zu lassen, was man nicht weiß, als Nichtwissen gelten zu lassen: Das ist Wissen.

LENNON Eine Bronzeplakette! *(hebt sie auf)* Ah, die Gedenktafel für die erste Mondlandung!

JESUS *(nimmt sie in die Hand, liest)* „Here men from the planet Earth first set foot upon the moon, July 1969. We came in peace for all mankind." Grhm! *(wirft die Plakette fort)* Was für eine barbarische Invasion!

LENNON Nicht wegwerfen! *(nimmt die Bronzeplakette und legt sie an ihren ursprünglichen Platz zurück)* Hier hat die Menschheit einen ihrer großen Schritte getan.

JESUS Und zugleich haben sie Chang'e und Diana aufgescheucht, die seither ruhelos umherziehen, und der Mond blieb verlassen und öde zurück.

LENNON Der Mond war schon immer öde, dafür ist Gott verantwortlich, er hat die wirtschaftliche Entwicklung auf dem Mond nie vorangetrieben.

JESUS Ich warne dich, Gott zu beschimpfen ist eine Sünde!

LENNON Auch Gott muss es erlauben, dass auf seine versäumten Pflichten hingewiesen wird!

KONFUZIUS Gut, gut, meine Herren, bitte streiten Sie sich nicht!

JESUS Wenn er über Gott lästert, dann kann ich nicht schweigend zuhören!

LENNON Wenn er Tatsachen verzerrt, dann kann ich nicht ruhig dastehen!

KONFUZIUS Meine Herren, bitte beruhigen Sie sich, der Edle spreche nicht hastig und ordne seinen Gesichtsausdruck, Form und Gehalt seien im Gleichgewicht!

LENNON Dann sag doch du: Wer von uns beiden hat sich falsch verhalten?

KONFUZIUS Dies ist auch das, das ist auch dies, keiner liegt falsch.

LENNON Ja wenn das so ist, was ist dann richtig und was falsch?

KONFUZIUS Das ist eben der Mittlere Weg. Zu keiner Richtung hin abweichen, das nennt man die Mitte, und das, was sich nicht ändert und wandelt, das nennt man den Weg. Das ist der gerade Weg der Welt und das festgesetzte Prinzip der Dinge.

LENNON Mit deinem Mittleren Weg ist es nicht möglich, wirkliche Probleme zu lösen. Du musst klar sagen, was los ist!

KONFUZIUS Wenn du unbedingt wissen willst, wer richtig liegt und wer falsch, dann liegt Jesus natürlich richtig und du falsch.

LENNON Warum?

KONFUZIUS Jesus ist der Sohn Gottes, das heißt, er ist der Sohn des Himmels, das heißt, er ist der Herrscher der Menschen. Der Fürst sei Fürst, der Diener sei Diener, der Vater sei Vater, der Sohn sei Sohn. Du und ich, wir müssen ihm natürlich gehorchen. Im Reich hat jeder Eltern und jeder Herrscher. Deshalb hat Jesus immer recht. Außerdem ist Jesus der Leiter unserer Inspektionsreise und du und ich, wir müssen ihm gehorchen.

LENNON Wieso sollte er unser Leiter sein? Wer hat ihn gewählt?

KONFUZIUS Wozu braucht es denn eine Wahl? Unter dreien ist bestimmt einer, von dem ich lernen kann. Und zur Frage, wer unter Ihnen mein Lehrer sein soll: Außer Jesus werde ich mich niemandem unterordnen.

LENNON Das muss man erstmal klarstellen, Jesus ist der Sohn Gottes, das ist eine Tatsache, die man wohl oder übel annehmen muss, da muss man nicht wählen. Doch Leiter eines Inspektionsteams kann jeder sein, daher muss er gewählt werden!

KONFUZIUS Vielleicht auch nicht.

LENNON Nein, er muss gewählt werden!

KONFUZIUS Nun gut, schaden wird eine Wahl auch nicht.

JESUS Nein, er darf auf keinen Fall gewählt werden!

KONFUZIUS Nicht wählen? Nun gut, dann wählen wir eben nicht.

LENNON Wie kannst du nur sagen, er muss gewählt werden und dann das Gegenteil?

KONFUZIUS Wenn der Herrscher seinem Untertan befiehlt zu sterben, wird er es nicht wagen, nicht zu sterben. Wenn Jesus sagt, wir wählen nicht, dann wählen wir nicht.

JESUS Niemand darf an meiner Autorität zweifeln oder sie in Frage stellen. Wer mich nicht respektiert, muss bestraft werden!

LENNON Dann bestraf du nur. Bye-bye!

KONFUZIUS Du gehst?!

LENNON Ich verlasse das Inspektionsteam.

KONFUZIUS Was heißt bye-bye, du kannst ja bye-bye-en, ich werde verdammt noch mal nicht bye-bye-en. *(zu Jesus)* Meiner Ansicht nach kann man auch eine Wahl machen. *(flüstert)* Du wählst dich selbst, ich wähle dich auch, dann hast du zwei von drei Stimmen und schon bist du gewählt.

JESUS Gut!

KONFUZIUS Herr Lennon, wir stimmen der Wahl zu!

LENNON Warum nicht gleich so! Die Wahl beginnt!

KONFUZIUS Auf welche Art und Weise soll gewählt werden?

LENNON Durch Abstimmung. Wer der Meinung ist, dass Jesus der Leiter des Inspektionsteams sein soll, hebe die Hand.

Konfuzius hebt sofort die Hand.

Jesus würdigt die Situation zunächst keines Blickes, doch als er sieht, dass nur Konfuzius die Hand hebt, bleibt ihm nach kurzer Überlegung nichts anderes übrig, als die Hand zu heben und sich selbst die Stimme zu geben.

Lennon lacht los und hebt überraschenderweise auch die Hand.

Konfuzius und Jesus stehen verdutzt da.

LENNON Gut, alle Stimmen sind gültig, Jesus wurde einstimmig zum Leiter des Inspektionsteams gewählt. Es darf applaudiert werden!

Konfuzius und Lennon klatschen.

Als Jesus sieht, wie die anderen klatschen, stimmt er mit ein.

KONFUZIUS Ich hätte nicht gedacht, dass du auch die Hand hebst.

LENNON Wenn ich zustimme, dann hebe ich natürlich die Hand.

KONFUZIUS Wenn du schon vorher einverstanden warst, warum musste dann eine Wahl gemacht werden? Das war doch wirklich überflüssig.

LENNON Doch das Wesen der Sache ist ein völlig anderes. Ohne Wahl bin ich dazu gezwungen, der Despotie zu folgen; durch die Wahl folge ich freiwillig der Demokratie.

JESUS Das sind übelste Reden eines Ketzers! Ihr alle sollt mir gehorchen, mich verehren und anbeten!

KONFUZIUS *(respektvoll)* Verehrter Herr Inspektionsleiter, es ist schon spät, lasst uns weitergehen!

JESUS Gut. Der blaue Planet in der Ferne ist die Erde!

LENNON *(aufgeregt)* Oh, die Erde!

KONFUZIUS Die Welt der Menschen! Wie weit ist sie noch entfernt?

LENNON Noch 380.000 Kilometer.

KONFUZIUS In wie vielen Tagen werden wir ankommen?

JESUS Wir brauchen noch vier Tage und vier Nächte.

KONFUZIUS Seit über 2000 Jahren bin ich meiner Heimat fern, mein Herz möchte pfeilschnell zurück.

LENNON Ich kann es auch nicht erwarten, zu meiner Frau und meinem Sohn zu fliegen.

JESUS Ich möchte euch ernsthaft daran erinnern, dass dies eine Dienstreise ist und kein Urlaub. Es ist nicht vorgesehen, Verwandte und Freunde zu besuchen, Ausflüge zu machen und öffentliche Gelder für Privates zu missbrauchen. Diese Reise ist aus öffentlichen Mitteln finanziert!

LENNON Aber am Wochenende kann man sich doch mit der Familie treffen?

JESUS Das ist nicht erlaubt!

LENNON Das ist ein Verstoß gegen die Menschlichkeit, ich protestiere!

JESUS Den Vorschriften ist Folge zu leisten!

LENNON Kann ich dann meine Frau zumindest mit dem Telefon anrufen?

JESUS Das ist strengstens verboten, da Geheimnisse verraten werden könnten. Ehrwürdiger Herr Kong, können Sie dafür garantieren?

KONFUZIUS Ich gehorche dem Befehl. Erstens, meine Frau Qi Quan weilt schon längst nicht mehr unter den Lebenden, daher kann ich nicht mit ihr sprechen. Zweitens, ich habe keine Ahnung, was ein Telefon ist, daher würde ich niemals wagen, es zu benutzen.

JESUS *(zu Lennon)* Und Sie, Herr Lennon?

LENNON *(gezwungen)* Ich werde Folge leisten. Lasst uns gehen!

JESUS Immer mit der Ruhe, auf der Erde gibt es mehr als 160 Länder, wo sollen wir zuerst hin?

KONFUZIUS Wir hören ganz auf Sie.

LENNON Das sollten wir diskutieren.

JESUS Wo sollen wir hin?

LENNON Wenn man aus dem All auf die Erde hinuntersieht, kann man nur die Chinesische Mauer erkennen. Daher bin ich dafür, dass wir nach China gehen!

KONFUZIUS Ins Land von Jiuzhou?

LENNON Deine Heimat.

KONFUZIUS Das ist völlig unmöglich!

LENNON Und ich dachte, dein Herz möchte pfeilschnell zurück?

KONFUZIUS Doch zugleich kommt Angst in mir auf.

LENNON Angst? Wovor?

KONFUZIUS Vor einigen Jahren wurden in meinem Land Lin und Kong kritisiert.

LENNON Lin und Kong kritisiert?

KONFUZIUS Mit Kong bin ich gemeint, wenn ich einfach so dorthin gehe, würde ich nicht direkt in ihre Falle laufen?!

JESUS Herr Kong, Sie brauchen keine Angst zu haben, jene unheilvolle Bewegung ist in China schon längst vorbei.

KONFUZIUS Und wenn sie alle sieben, acht Jahre einmal kommt?

JESUS Meines Wissens ist die chinesische Führung von heute sehr aufgeschlossen und hat mehrmals unter Beweis gestellt, dass sie nicht an Bewegungen interessiert ist. In China gehen gerade große Veränderungen vor sich, die sollten wir wirklich untersuchen.

KONFUZIUS Ich alter Mann bin immer noch beunruhigt, wir sollten besser Vorsicht walten lassen.

JESUS Ja, wohin reisen wir dann?

KONFUZIUS Hm ... Im Paradies pflegte ich eine Zeit lang engen Kontakt zu Herrn Washington, er meinte einmal, die Vereinigten Staaten des schönen Amerika gäbe es zwar erst seit 200 Jahren, doch schon heute sind sie das mächtigste Land der Welt. Ich denke, wir sollten dorthin.

JESUS Nach Amerika?

KONFUZIUS Gerne möchte ich dorthin. Damals in der Frühlings- und Herbstperiode reiste ich durch die Lehensstaaten, allein ins schöne Amerika kam ich nie. Bis heute bereue ich das sehr.

LENNON Ich will auf keinen Fall nach Amerika! Dort wurde ich erschossen und ich habe keine Lust, eine weitere Kugel abzubekommen!

JESUS Gut, dann fragen wir doch Gott um Rat.

Jesus senkt den Kopf zum Gebet und bewegt leise die Lippen.

In diesem Moment zieht über ihnen ein Flugobjekt vorbei.

LENNON Gott!

JESUS Was, ist er so schnell hier?

KONFUZIUS Wahrlich, er opfert den Geistern, als wären sie gegenwärtig. Er betet zu Gott und wie im Flug ist Gott da.

LENNON Scheint doch nicht Gott zu sein!

KONFUZIUS Das ist ein Mensch. Er trägt Gepäck.

JESUS Schnell, aus dem Weg!

LENNON Nun wartet doch einen Augenblick, vielleicht hat Gott ihn geschickt!

JESUS Und wenn nicht, verraten wir dann nicht unser Geheimnis?

LENNON Nun wartet doch, wir sollten ihn beobachten!

KONFUZIUS Er kommt direkt auf uns zu!

LENNON *(aufgeregt)* Schaut so aus, als sei es eine Frau!

JESUS Der ist am ganzen Körper eingewickelt, wie kannst du sehen, ob es ein Mann ist oder eine Frau?

LENNON Da verlasse ich mich ganz auf mein Gefühl. Es muss eine Frau sein, wir sollten sie herzlich willkommen heißen!

KONFUZIUS Auf keinen Fall darf man Gräser necken und Blumen pflücken!

LENNON Aber wir können eine neue Freundschaft schließen.

Darling landet mit einer „manövrierbaren Flugvorrichtung" auf ihrem Rücken auf der Mondoberfläche.

LENNON *(warm und herzlich)* Hello!

DARLING *(erschrocken)* Wer?!

LENNON Ah, in der Tat ist es eine Frau, und zwar eine schöne Frau.

DARLING Ihr ...

LENNON Keine Angst, wir sind ...

DARLING Seid ihr Menschen? Du siehst noch ein bisschen wie ein Mensch aus, aber so was wie die beiden da habe ich auf der Erde noch nie gesehen. Oh, seid ihr Außerirdische?

LENNON *(hocherfreut, verliert seine Furcht)* Ich bin ein Mann. Oh, du bist wirklich sehr klug, für die Menschen auf der Welt sind wir wirklich Außerirdische.

DARLING *(erfreut)* Wirklich?

LENNON Außerirdische lügen nie.

DARLING Unglaublich, ich treffe hier wirklich Außerirdische! Das ist eine Nachricht, die um die ganze Welt gehen wird, die ist Millionen wert! Oh, ich heiße Darling, ich komme von der Erde. Auf der Erde gibt es zwei Geschlechter, ich bin eine Frau.

LENNON Wir sind Außerirdische, da gibt es auch Geschlechter, ich bin ein Mann. Außeridische Männer sind bekannt für ihren Sexappeal.

DARLING Ich habe so was gespürt.

LENNON Darf man fragen, was du so machst?

DARLING Natürlich darf man. Ich bin Weltraumhostess auf einem Raumschiff. Wir experimentieren gerade mit Weltraumspaziergängen für alle. Noch in diesem Jahr wird unsere Fluggesellschaft damit beginnen, Weltraumausflüge für ganz normale Passagiere anzubieten. Dieser phantastische Plan stammt von unserem Boss, Herrn House. Oh, darf ich dir ein paar Fragen stellen?

LENNON Natürlich darfst du. Wobei, bei uns Außerirdischen gibt es eine Regel.

DARLING Was für eine Regel?

LENNON Wenn man einen Außeridischen etwas fragt, muss man ihm einen Kuss geben.

JESUS Was?

KONFUZIUS Lügner!

LENNON Und?

DARLING Es gibt nichts, was ich mir mehr wünschen würde!

Darling und Lennon küssen sich.

LENNON Wie viele Fragen hast du?

DARLING Vier.

LENNON Dann musst du mich viermal küssen, also noch dreimal!

DARLING Ich kann dich auch vierhundertmal küssen. Jede Frau auf der Welt würde darauf neidisch sein! Ich küsse einen Außeridischen!

LENNON Dann lass sie gelb und grün werden vor Neid!

Darling und Lennon küssen sich noch dreimal.

LENNON Wow, wie viele Jahre lang habe ich keine Frau mehr gespürt! Frag nur, bitte!

DARLING Also, Frage Nummer eins: Von welchem Planeten kommt ihr? Nummer zwei: Wohin wollt ihr ...

JESUS *(wirft schnell ein)* Das darf nicht verraten werden.

DARLING Das darf nicht verraten werden? Oh, brauchst du vielleicht auch einen Kuss?

JESUS Bleib, wo du bist! Seit jenem Mal, als Judas mich geküsst hat, habe ich mich nie mehr nach einem Kuss gesehnt.

DARLING Judas?

LENNON Bei den Außerirdischen gibt es auch einen Verräter namens Judas. Und die anderen Fragen?

DARLING Nummer drei: Könnt ihr für unsere Fluggesellschaft Werbung für Weltraumspaziergänge machen? Nummer vier: Könnt ihr vielleicht Reiseleiter bei uns werden?

LENNON Wir sollen Werbung machen? Und Reiseleiter werden?

DARLING Unsere Fluggesellschaft ist die größte im Land der Goldmenschen, unser Boss, Herr House, ist der reichste Mann im ganzen Land. Er wird euch bestimmt gut bezahlen.

LENNON Das Land der Goldmenschen?

DARLING In diesem Land ist alles aus Gold, die Erde und auch die Haut der Bewohner, daher heißt es das Land der Goldmenschen. Es ist das reichste, freieste und glücklichste Land auf der Welt. Macht doch bei der Werbung mit! Oh, was für eine geniale Idee: Außerirdische machen Werbung für Weltraumspaziergänge!

KONFUZIUS Welch absurde Vorstellung! Was für eine Talentverschwendung!

DARLING Oh, dieser alte Herr scheint nicht besonders glücklich zu sein? Vielleicht sollten wir uns besser kennenlernen! *(streckt Konfuzius ihre Hand entgegen)* Guten Tag!

KONFUZIUS *(wendet sein Gesicht ab)* Männer und Frauen sollen sich beim Austausch nicht berühren!

DARLING Was sagt er?

LENNON Oh, er meint, seine Hand sei zu grob, wenn er sie dir gibt, wird er dir weh tun! Wir Außerirdische haben unglaubliche Kräfte.

DARLING Oh, du möchtest ins Land der Goldmenschen? Da heiße ich dich herzlich willkommen!

LENNON Schon nur um dich zu sehen, würde ich in dieses Land kommen.

DARLING Und die beiden hier?

LENNON Ich bin hier der Leiter, sie müssen mir gehorchen.

DARLING Du bist ihr Leiter? Das ist ja super! Dann hole ich schnell mein Raumschiff und nehme euch mit.

JESUS Junge Frau, bitte warte einen Augenblick!

DARLING Was gibt es noch, Herr?

JESUS Ich muss dir ernsthaft etwas mitteilen. Nichts von dem, was du heute hier gesehen hast, darfst du in deinem Gedächtnis behalten.

DARLING Warum?

JESUS Ich sage dir, nichts von dem, was du hier gesehen hast, existiert. Es war alles ein Trugbild.

DARLING Ein Trugbild?

JESUS Glaubst du an Gott?

DARLING Ja, ich glaube an Gott.

JESUS Dann musst du auch mir glauben. Vergiss alles, was du hier gesehen hast und erzähle keinem Menschen davon. Nimm meine Worte als Auftrag Gottes, ansonsten wird Gott dich bestrafen!

DARLING Was? Das klingt ein bisschen verwirrend!

LENNON *(flüstert)* Kümmere dich nicht um ihn. Schnell, hol das Raumschiff und nimm uns mit!

DARLING *(halb zögernd)* Ihr ... ihr müsst unbedingt auf mich warten!

Darling eilt davon.

JESUS Herr Lennon, wenn du noch einmal etwas mit einer Frau anfängst und die himmlische Vorsehung preisgibst, dann werde ich Gott darüber Bericht erstatten, und er wird dich abberufen!

LENNON Fuck, ich bin ein Mann, natürlich fange ich was mit einer Frau an. Aber von der himmlischen Vorsehung habe ich nichts preisgegeben. Warum sollte ich also zurück müssen?

JESUS So, du wirst mir hier und jetzt garantieren, dass du nie wieder so einen Unfug treiben und immer meinem Befehl Folge leisten wirst, ansonsten schicke ich dich sofort zurück ins Fegefeuer!

LENNON Ins Fegefeuer? An jenen Ort zwischen Leben und Tod! *(machtlos)* Ok, ok, ich werde dir gehorchen!

JESUS Meine Herren, hören Sie mir gut zu, wir werden diesen Ort hier sofort verlassen!

KONFUZIUS Wohin soll es gehen?

LENNON Ins Goldmenschenland!

JESUS Auf ein Rendezvous mit jener goldhaarigen Dame?

LENNON Nein, weil das Land der Goldmenschen das freieste, glücklichste und reichste Land auf der ganzen Welt ist, daher sollten wir ihm einen Besuch abstatten!

JESUS Herr Konfuzius, was halten Sie davon?

KONFUZIUS Wohin es auch gehen soll, ich höre in allen Dingen auf Sie. Wenn Sie mir sagen, ich soll nach Osten gehen, werde ich sicher nicht nach Westen gehen.

LENNON *(bettelnd)* Ins Goldmenschenland, ich flehe dich an!

JESUS Ins Land der Goldmenschen ... Hm, gibt es dort Klimaanlagen?

LENNON Natürlich, im Land der Goldmenschen gibt es alles!

JESUS Na dann ... nichts wie los! Aber unsere Einreise muss unbedingt geheim erfolgen! Schnell!

Konfuzius und Jesus schweben davon.

Lennon sieht in die Richtung, in die Darling gerade verschwunden ist, zögert einen Augenblick und geht dann auch.

Der Lärm eines näherkommenden Raumschiffs ist zu hören. Es landet auf dem Mond. Darling klettert aus dem Raumschiff heraus, ein Raumfahrer folgt.

DARLING Hm, und wo sind die Außerirdischen jetzt?

RAUMFAHRER Das war wohl ein Trugbild!

DARLING Wirklich ein Trugbild?

Darling schüttelt den Kopf und reibt sich verdutzt die Augen.

Vorhang fällt.

DRITTER AKT

Das Land der Goldmenschen liegt am Meer und hat zahlreiche Beziehungen mit den anderen Ländern der Welt. Ich hatte das Glück, einmal seine Hauptstadt zu besuchen, und habe das Gefühl, es ist eine äußerst florierende und entwickelte, moderne Großstadt mit dicht stehenden Wolkenkratzern und starkem Verkehr. Bis auf die Tatsache, dass alles einheitlich golden ist – die Gesichter und die Kleidung der Leute, die Anzeigen auf der Straße, die dahinjagenden Autos, die emporragenden Hochhäuser –, sind sie doch völlig verschieden und unglaublich vielfältig. Ich war nur für ein paar kurze Tage in dieser Stadt, daher ist mein Eindruck natürlich höchst oberflächlich. Eine bessere

Kenntnis soll die Untersuchung von Jesus und seinen zwei Begleitern bringen. Ich wünsche ihnen im Voraus eine gute Inspektion.
Dies ist die prachtvolle Lobby im Erdgeschoss des Grand Hotel „Florierende Freuden" in der Hauptstadt des Landes der Goldmenschen. Hier findet gerade die „Guiness Weltrekordausstellung" statt. Es spricht Herr House, Bürgermeister der Stadt, Inhaber einer Fluggesellschaft und Milliardär. Dieser goldbehängte Dickbauch ist selbst ein Weltrekord – er hält den Weltrekord der größten Klappe, sein Mund ist so groß, dass er alles verschlingen kann. In diesem Augenblick empfängt er gerade Journalisten aller großen Presseagenturen, Fernsehstationen und Radiosender der Welt. Die Hautfarbe der Journalisten ist verschieden.

JOURNALIST A Ich bin Journalist der amerikanischen Agentur „Believe it or not". Herr House, darf ich fragen, wie lange wird die von Ihnen veranstaltete „Guiness Weltrekordausstellung" diesmal dauern?

HOUSE Nachdem es die „Weltrekordausstellung" ist, wird alles, was damit zu tun hat, ein Weltrekord sein. Daher wird diese Ausstellung die längste in der Geschichte sein,

JOURNALIST A Wie viele Tage soll sie dauern?

HOUSE *(lachend)* Tage?

JOURNALIST A Wie viele Monate?

House schüttelt verachtend den Kopf.

JOURNALIST A Sagen Sie bloß – Jahre!?

HOUSE Einige Jahre? Nein, solange ich auf dieser Erde lebe, wird sie weitergeführt. Ich bitte alle aufzupassen, dieses Jahr bin ich erst 38 Jahre alt!

Die Journalistenmenge schreit vor Erstaunen auf und fängt an zu diskutieren.

JOURNALIST B Ich bin Reporter vom europäischen Radiosender „Angeben oder nicht angeben". Meine Frage ist: Welche besonders außergewöhnlichen Ausstellungsstücke gibt es auf der Weltrekordausstellung?

HOUSE Die alleralleraußergewöhnlichsten Ausstellungsstücke sind Menschen und Dinge. Wir haben den größten Menschen der Welt, Herrn Barth aus Frankreich, er ist 2,98 m groß. Wir haben den kleinsten Menschen der Welt, Miss Manxi aus Amerika, sie ist nur vierzig Zentimeter groß. Wir haben den enthaltsamsten Menschen der Welt, ein indischer Yogameister, der 286 Tage lang nichts gegessen hat. Wir haben Baron Hutton aus England, der 197 Flaschen Bier getrunken hat, ohne betrunken zu sein und ohne sich zu entleeren.

Die Menge bricht in schallendes Gelächter aus.

HOUSE Oh, meine sehr verehrten Damen und Herren, hier kommt noch ein Weltrekord!

Die Schauspielerin Jenny kommt auf die Bühne. Die Journalisten scharen sich um sie, um sie zu fotografieren.

JENNY Hallo!

HOUSE Herzlich willkommen, Jenny! Sie sind mein allerallerkostbarstes Sammlerstück.

JENNY Herr House, ich fühle mich äußerst geehrt, Ihnen mitteilen zu dürfen, dass Sie meinen Weltrekord noch einmal ändern müssen. Ich habe mich gestern schon wieder scheiden lassen!

HOUSE Wie wunderbar! Ich gratuliere Ihnen! Da Sie schon wieder Ihren Weltrekord verbessert haben, habe ich beschlossen, Ihnen ein luxuriöses Privatflugzeug der Paradies-Serie zu schenken. Diese werden von unserer Firma speziell für die Weltraumreise angefertigt!

JENNY Vielen Dank! Ihre Großzügigkeit und ihre Phantasie sind einfach überwältigend!

HOUSE Sie können sich zunächst gerne ausruhen.

DIENER *(kommt herbei und sagt zu Jenny)* Bitte mir zu folgen, 391. Stock, Zimmer 39188.

Der Diener führt Jenny zum Fahrstuhl, dann geht er ab.

DIE JOURNALISTEN Diese Frau eben – wer ist das?

HOUSE Die große Schauspielerin!

DIE JOURNALISTEN Die große Schauspielerin?

HOUSE Sie ist nicht nur in ihren Rollen auf Leinwand und Bühne großartig, sondern vor allem im täglichen Leben. Sie ist die Rekordhalterin im Heiraten. Dieses Jahr wird sie ... Ach, bitte gestatten Sie, dass ich ihr Alter geheimhalte. Bislang war sie schon 156 Mal verheiratet, ihre längste Ehe dauerte ein halbes Jahr, die kürzeste 27 Minuten, es war nur die Zeit für den Weg von der Kirche zum Gericht!

Die Journalisten jubeln und lärmen vor Begeisterung.

Zwei Polizisten bringen Hansen herein, Hansen trägt Handschellen.

Die Journalisten knipsen zahlreiche Fotos.

POLIZIST Herr Bürgermeister, hier ist er!

HOUSE Vielen Dank!

DIENER *(kommt herbei und empfängt sie)* Bitte, 634. Stock, Zimmer 634991.

Der Diener bringt die Polizisten und Hansen zum Fahrstuhl, geht ab.

DIE JOURNALISTEN *(fragen durcheinander)* Was ist los? Was ist los?

HOUSE Gerade eben, das war Herr Hansen, ein weltberühmter Verbrecher. Er hat insgesamt 107 Menschen umgebracht und 242 Frauen vergewaltigt. Da das Land, in dem er lebt, die Todesstrafe abgeschafft hat, wurde er vom Gericht zu 850 Jahren Freiheitsstrafe verurteilt.

DIE JOURNALISTEN 850 Jahre? Achteinhalb Jahrhunderte!

HOUSE Das ist seit Menschengedenken die längste Haftstrafe, wieder ein Weltrekord.

DIE JOURNALISTEN Wie kann das Gefängnis ihn freilassen, damit er hierher kommt?

HOUSE Gekauft.

JOURNALIST C So einen großen Verbrecher kann man auch kaufen?

HOUSE *(zieht einen Goldbeutel heraus, wiegt ihn in der Hand, bewegt ihn hin und her, wie es Menschen tun, die sich aufgrund ihres Geldes übermächtig fühlen)* In unserem Land der Goldmenschen braucht es nur das hier: Geld. Dann gibt es nichts, was unmöglich wäre. Mit Geld kann man sogar Gott bestechen!

JOURNALIST A Gott bestechen?

HOUSE Ganz genau. Ich überlege wirklich, ob ich mit diesem Beutel voller Goldstücke Gott nicht ein paar Paradiesrekorde abkaufen könnte.

DIE JOURNALISTEN Oh, Sie halten den Weltrekord in Fantasie.

HOUSE Verehrte Herrschaften, bitte folgen Sie mir, um die kostbaren Dinge zu betrachten, die ich gesammelt habe. Zum Beispiel ein Wasserklosett aus reinem Gold, Toilettenpapier mit Geldschein-Motiv und so weiter. Bitte sehr.

Die Journalisten diskutieren, bewundern, folgen House in den Aufzug, gehen ab.

Konfuzius, Jesus und John Lennon betreten erschöpft von der langen Reise die Hotellobby.

JESUS Hier sollen wir übernachten?

LENNON Das hier ist das Grand Hotel „Florierende Freuden", fünf Sterne, das luxuriöseste im Land der Goldmenschen.

Lennon und Jesus gehen zur Rezeption, Konfuzius bleibt stehen und sieht sich neugierig um.

HOTELMANAGER Herzlich willkommen!

LENNON Guten Tag! Gibt es noch Zimmer der besten Kategorie?

HOTELMANAGER Ja, gibt es, die Präsidentensuite.

LENNON Haben Sie noch ein besseres als das?

HOTELMANAGER Mein Herr, das ist das allerallerluxuriöseste, sodass sogar Gott damit zufrieden wäre, wenn er hierher käme.

LENNON *(platzt heraus)* Oh, das hier ist Gottes Sohn!

Jesus signalisiert Lennon sofort, vorsichtig zu sein.

HOTELMANAGER Gottes Sohn?

LENNON *(alamiert und erfinderisch)* Wir sind doch alle Kinder Gottes, oder? Deshalb wollen wir die Präsidentensuite.

HOTELMANAGER *(holt das Anmeldeformular hervor)* Bitte füllen Sie das aus.

Lennon füllt das Anmeldeformular aus, der Manager und Jesus kommen ins Gespräch.

HOTELMANAGER Guten Tag!

JESUS Friede sei mit Euch!

HOTELMANAGER Sind Sie zum ersten Mal im Land der Goldmenschen?

JESUS Ich war noch nie in diesem Ausland.

HOTELMANAGER Sind Sie auf Reisen?

JESUS *(platzt heraus)* Wir verbreiten das Evangelium.

HOTELMANAGER Oh, Herr Priester.

JESUS *(nutzt die Gelegenheit, springt auf)* Genau, ich bin ein Priester.

HOTELMANAGER Haben Sie kein Gepäck dabei?

JESUS Matthäus, Kapitel 10: „Auf Reisen braucht man kein Gepäck, man braucht auch weder Schuh noch Stock."

LENNON Überall, wo wir hinkommen, kaufen wir es einfach neu, wenn wir abreisen, schmeißen wir es einfach weg. Gepäck mit sich tragen ist lästig.

HOTELMANAGER Oh, ihr habt euer Gepäck weggeschmissen!

LENNON *(reicht ihm das Anmeldeformular)* Genau. Hier.

HOTELMANAGER *(nimmt es und schaut es an)* Danke. Oh, Sie ... sind Herr Je?

LENNON Nein. *(zeigt auf Jesus)* Er heißt Je, ich heiße Beatle, *(zeigt auf Konfuzius, der weit entfernt steht)* Herr Yin steht da drüben.

HOTELMANAGER Können Sie mir Ihre Pässe zeigen?

LENNON Pässe? Oh, Fuck, die haben wir vermutlich zusammen mit dem Gepäck weggeschmissen, macht das was?

HOTELMANAGER Oh, macht nichts! Das Land der Goldmenschen ist eine demokratische Seefahrernation, man kann frei aus- und einreisen. Geld ist der Pass. Man braucht nur Geld, dann kannn man überall frei passieren. Ich hoffe, Herr Beatle, Sie haben das Geld nicht zusammen mit dem Gepäck weggeschmissen?

LENNON Geld wegschmeißen? Möglicherweise, jedoch schmeißen wir es nur in eure Taschen!

HOTELMANAGER Danke! Bitte, 964. Stock.

Lennon und Jesus verlassen die Rezeption.

LENNON Hast du Geld dabei?

JESUS Welches Geld sollte ich dabei haben? Hast du denn welches dabei?

LENNON Genau das habe ich vergessen, als wir vom Paradies aufbrachen. Damals hätten wir bei Gott Inspektionskosten beantragen sollen.

JESUS Nein, man muss nicht unbedingt Geld dabei haben.

LENNON Warum?

JESUS Als ich das erste Mal auf der Erde bei den Menschen war, da sagte ich zu meinen zwölf Jüngern, im Geldbeutel braucht man keine Gold-, Silber- und Kupfermünzen dabei zu haben.

LENNON Wie kann man ohne Geld leben?

JESUS Ich sagte zu ihnen, immer wenn ihr in eine Stadt oder ein Dorf kommt, dann fragt zunächst, wer euch in seinem Haus beherbergen möchte, bleibt dann in seinem Haus, bis ihr jenen Ort verlasst. Wenn ihr in ein Haus kommt, dann sagt: „Friede sei mit euch." Wenn euch die Menschen dieses Hauses willkommen heißen, dann wird der Frieden, den ihr für sie erbeten habt, auf dieses Haus herabkommen. Wenn sie euch nicht willkommen heißen, dann nehmt euren Wunsch zurück. Jene, die euch nicht willkommen heißen, werden am Tag des letzten Gerichts härter bestraft werden als Sodom und Gomorrha.

LENNON Doch heute sind wir nicht in Galiläa, Phönizien oder am Jordan, wie du damals. Das hier ist das Land der Goldmenschen, ohne Geld kannst du hier rein gar nichts machen.

Lennon und Jesus gehen zu Konfuzius.

LENNON Herr Yin, oh, ab heute nennen wir Sie Herr Yin.

KONFUZIUS Nun gut, ich stamme ursprünglich aus der Yin-Dynastie. Der Familienname Yin ist somit unvermeidlich.

LENNON Hast du Geld dabei?

KONFUZIUS Der Edle ist mit seinen Pflichten vertraut; der Gemeine sieht nur den eigenen Vorteil. Ein Edler schämt sich, über Geld zu sprechen.

LENNON Wenn wir kein Geld haben, wie können wir armen Schurken dann in der Präsidentensuite wohnen?

KONFUZIUS Arm? Wenn der Edle in Not ist, erträgt er sie standhaft. Ist der gewöhnliche Mensch in Not, dann wird er trotzig!

LENNON Hach, ihr beiden ... Einer kommt aus China, einer aus dem Ausland; einer aus dem Osten, einer aus dem Westen – zwei alte Kauze zusammen, was für ein Pech ich bloß habe!

JESUS Zuerst lassen wir uns mal nieder. Wir sind Gottes Gesandte, wie können sie es wagen, von Gott Geld zu verlangen!

LENNON Ich fürchte nur, dass sie hier nichts anderes kennen als Geld. Hier hat Geld sehr viel mehr Bedeutung als Gott.

Lennon und die beiden anderen erreichen den Fahrstuhl.

Lennon betätigt den Knopf, die Aufzugtür öffnet sich.

LENNON Bitte!

KONFUZIUS *(schaut in den Fahrstuhl, zögert)* Wie beengend! Zu klein, zu klein!

LENNON Das ist zu klein? Da drin haben 15 Leute Platz.

KONFUZIUS So ein hässlicher Raum und so beengend! Wie können darin 15 Leute schlafen? Obwohl der Edle beim Essen nicht nach Sättigung fragt und beim Wohnen nicht nach Bequemlichkeit, kommt dieser Ort doch keinem Bett gleich, gibt es doch kein Kissen und keine Matte, womöglich sollen wir drei uns heute Abend an den Wänden aufhängen?

JESUS Der Fuchs hat eine Höhle, der Vogel hat ein Nest, wie kann es da sein, dass der Sohn Gottes nicht einmal einen Ort mit Kissen hat?

LENNON Hach, das ist doch nicht das Zimmer, das ist der Aufzug!

KONFUZIUS Sprich keinen Nonsens! Auch wenn er elektrisch ist, gibt es wirklich keine Stufen? Und wenn es keine Stufen gibt, wie soll man dann Schritt für Schritt nach oben steigen? Und wie soll man am Fuße der Treppe vorwärtseilen – einem Vogel gleich, mit Armen ausgestreckt wie Flügel?

LENNON Sei doch nicht so pedantisch! Ein Aufzug hat keine Stufen. Geht endlich rein!

Als Konfuzius gerade zögert, steigt ein alter Mann mit Stock in den Aufzug, gleich darauf schließen sich die Türen. Der Aufzug fährt nach oben.

Konfuzius und Jesus starren fasziniert die blinkende Stockwerks-Anzeige über der Aufzugstür an.

Der Aufzug kommt wieder in die Halle herunter. Die Türen öffnen sich, heraus kommt eine schicke junge Frau, die sich während des Gehens im Spiegel betrachtet. Konfuzius erschrickt. Die junge Frau verschwindet trippelnd.

KONFUZIUS *(fragt Jesus)* Seltsam, seltsam! Gerade ist offensichtlich ein alter Mann mit einem Stock eingestiegen, wie kann dieser sich heutzutage in eine jugendliche Frau verwandeln?

JESUS Unglaublich!

KONFUZIUS Angenommen du und ich steigen ein, kann es nicht sein, dass wir uns dann auch von Männern in Frauen verwandeln? Nein, Nein!

LENNON Hach, dieser alte Mann ist oben ausgestiegen, und dieses mit dem Hintern wackelnde hübsche Mädchen ist oben eingestiegen. Es hat sich niemand verwandelt. Schnell, steigt ein!

Noch während er spricht, steigt Lennon in den Aufzug.

Konfuzius und Jesus bleiben jedoch noch unentschlossen.

LENNON *(schreit plötzlich laut)* Wartet!

Konfuzius und Jesus erschrecken.

LENNON *(hebt von der Ecke des Fahrstuhls einen Sack mit Goldmünzen auf)* Ah, ein Beutel mit Goldmünzen!

KONFUZIUS Goldmünzen!?

LENNON *(kommt aufgeregt aus dem Aufzug heraus)* Ja, Goldmünzen, schaut, so viel! Wir haben Geld, um in der Präsidentensuite zu übernachten!

KONFUZIUS Nicht so schnell! Reichtum und Ansehen – das wünschen sich die Menschen. Kann man jedoch nicht auf anständige Weise dazu gelangen, dann soll man sich weder um das eine noch das andere bemühen. Das ist schmutziges Geld, wir können das absolut nicht nehmen!

LENNON Fuck, was heißt hier schmutziges Geld! Dieser Beutel mit Goldmünzen ist ein Wunder Gottes, Gott hat es uns geschickt. Wenn du nicht glaubst, kannst du ja Je... Herrn Je fragen!

JESUS Ich sage dir die Wahrheit, ich habe Gott noch nicht um Hilfe gebeten, den Beutel mit Goldmünzen hat jemand anderes verloren.

LENNON Ist doch egal, wem es gehört! Wir benutzen es jedenfalls!

KONFUZIUS Nein, man gibt es demjenigen zurück, dem es gehört. Das ist eine gute Tugend.

LENNON Das ist pedantisch.

JESUS Moses hat uns auch gesagt, wir dürfen nicht das Haus, die Frau, die Diener, die Rinder und Schafe und alle anderen Güter unseres Nächsten begehren. Das beinhaltet auch Geld.

LENNON Hach, ich habe noch nie Leute wie euch gesehen ... *(flucht leise)* Alte Trottel!

JESUS Gib es her!

LENNON Nein!

JESUS Ich sage dir noch einmal: Gib es her!

LENNON Nein!

KONFUZIUS Schaut mal, können wir vielleicht so ...

JESUS Bitte sag!

KONFUZIUS Eine Hälfte nehmen, dann ist noch eine Hälfte da.

JESUS Was?

KONFUZIUS Die eine Hälfte an den Besitzer zurückgeben, die andere bleibt bei uns.

JESUS Das ist kein guter Kompromiss.

KONFUZIUS Du willst es zurückgeben, er will's behalten – was sollen wir sonst tun?

JESUS Das geht nicht, wir müssen es seinem Besitzer unbedingt zurückgeben. Gib es her!

LENNON *(wirft den Beutel mit den Goldmünzen Jesus zu)* Gut, ich bin schon gespannt, wie du dann für das Zimmer bezahlst, und fürs Essen!

KONFUZIUS *(sich selbst tröstend)* Hach, der Edle strebt nach dem rechten Weg ...

JESUS Lasst uns auf den Besitzer warten.

House und die Journalisten kommen von oben mit dem Aufzug herunter. Die Türen öffnen sich und sie verlassen den Aufzug.

JOURNALIST A Wirklich spektakulär, eine so reiche und absonderliche Sammlung!

JOURNALIST B Herr House, alle seltsamen Menschen und Dinge, die es auf Erden gibt, scheinen Sie zur Genüge zu haben. Nun sollten Sie Ihr Sammlerinteresse wirklich in Richtung Paradies verlegen!

Die anderen Journalisten schließen sich seiner Meinung an.

HOUSE Das ist tatsächlich mein Plan, Geld habe ich genug dafür. *(fühlt nach seinem Beutel)* Oh, wo ist mein Beutel mit den Goldmünzen?

LENNON *(daneben)* Goldmünzen!

JOURNALIST B Herr House, sind Ihre Goldmünzen heruntergefallen?

HOUSE *(kontrolliert sich sofort wieder, beiläufig)* Sieht so aus.

JOURNALIST C Wie viele Goldmünzen?

HOUSE Nicht viele, doch fünf davon waren Münzen aus dem alten Ägypten, die die Pharaonen benutzten, und vier davon stammen aus dem Erbe der Queen aus England.

LENNON *(vor Schreck aufschreiend)* Ah?!

JOURNALIST A Das sind unbezahlbare Kostbarkeiten!

HOUSE Die Schweizer Bank hat es einmal überschlagen: Sie ist zu dem Ergebnis gekommen, dass man mit diesem Beutel voller Goldmünzen Frankreich plus ein kleines Land in Südamerika kaufen könnte.

DIE JOURNALISTEN *(entsetzt, untereinander diskutierend)* Ah!

JOURNALIST A Da muss sofort die internationale Polizei verständigt werden, sie müssen eine Spezialeinheit entsenden, die kommt und danach sucht!

HOUSE Nicht nötig. Dieser Beutel mit Goldmünzen ist für mich nichts als ein Schmuckstück, das ich anlege, wenn ich aus dem Haus gehe, so wie andere Menschen Ohrringe tragen oder eine Kette. Ich liebe es, Gold in meiner Hand zu tragen, die Münzen zu berühren, so fühle ich mich reich und sicher, so fühle ich meine Existenz, so fühle ich den Sinn des Lebens. Hach, wenn es verloren ist, dann ist es halt verloren.

Die Journalisten gehen auseinander und beginnen überall zu suchen.

HOUSE Meine Herren, hören Sie auf zu suchen, das wurde schon längst von jemandem mitgenommen. In diesem Land der Goldmenschen ist es völlig unmöglich, dass jemand Goldmünzen findet und sie an ihren Besitzer zurückgibt.

JESUS *(tritt vor)* Herr, vielleicht gibt es Ausnahmen.

HOUSE Oh, Sie ...

LENNON Er ist ein Priester.

JESUS Haben Sie einen Beutel mit Goldmünzen verloren?

HOUSE Das ist bereits die heutige Schlagzeile auf der ganzen Welt, jede große Nachrichtenagentur auf der Welt schreibt gerade darüber, in zehn Minuten wird jeder davon wissen.

JESUS *(zieht den Beutel mit den Goldmünzen heraus)* Ist es dieser Beutel?

HOUSE *(teilnahmslos)* Genau, haben Sie ihn gefunden?

JESUS Eigentlich war er es ...

LENNON Ich, Herr Beatle, habe es aufgehoben.

HOUSE Na ... Was plant ihr ...

JESUS Es Ihnen zurückzugeben.

HOUSE Zu welchem Preis?

JESUS Ein einfaches „Danke“ würde schon reichen.

HOUSE Unmöglich!

JESUS Hier!

HOUSE *(nimmt den Beutel, zählt)* Oh, es fehlt keine einzige Münze. Danke!

JESUS Nichts zu danken. Auf Wiedersehen!

HOUSE Wartet!

JESUS Sie haben sich schon bedankt.

HOUSE Unglaublich!

JESUS Was?

HOUSE Dass in unserem Land Dinge gefunden und an ihren Besitzer zurückgegeben werden, ist eine sehr ungewöhnliche Tat. Ich habe den Verdacht, dass ...

JESUS Was für einen Verdacht?

HOUSE Ich habe den Verdacht, dass ihr verrückt seid!

JESUS Was? Wir verrückt?!

HOUSE Ihr verhaltet euch völlig anders als wir Menschen hier im Goldmenschenland.

JESUS Was sind denn die üblichen Verhaltensweisen in Ihrem Land?

HOUSE Ich bitte euch, mir zu folgen!

Ein Platz im Goldmenschenland. Mit Springbrunnen und Passanten.

Konfuzius, Jesus, Lennon und die Journalisten folgen House bis zum Platz.

HOUSE Ich bitte euch, die üblichen Verhaltensweisen hier im Goldmenschenland anzuschauen.

Auf dem Platz treffen sich zufällig ein Vater und sein Sohn. Der Vater ist 50 Jahre alt, der Sohn 23. Beide sind makellos gekleidet und kultiviert.

SOHN *(warmherzig)* Papa!

VATER *(unerwartete Freude)* Harry, du?!

Vater und Sohn umarmen sich.

VATER Wann bist du zurückgekehrt, mein Lieber?

SOHN Ich bin gerade aus dem Flugzeug gestiegen.

VATER Warum hast du nicht vorher zu Hause angerufen und mir gesagt, dass du kommst, damit ich dich abholen komme?

SOHN Weil ich dich und Mama überraschen wollte.

VATER Wir haben dich sehr vermisst, Harry!

SOHN Ich euch auch.

VATER Warum bist du hierher auf den Platz gekommen?

SOHN Um auf meine Freundin, Darling, zu warten. Sie ist eine Stewardess. Ich möchte sie mit nach Hause bringen.

VATER Darling? Schon wieder eine Freundin!

Vater und Sohn führen das freundliche Gespräch auf dem Platz fort.

HOUSE Das hier sind bei uns ein sehr gewöhnlicher Vater und ein gewöhnlicher Sohn.

KONFUZIUS Ein gütiger Vater, ein pietätvoller Sohn, freudig und harmonisch!

JESUS Das ist doch nichts Ungewöhnliches.

LENNON Vielleicht kommt das Beste ja noch.

HOUSE *(nimmt eine Goldmünze aus dem Beutel)* Bitte schauen Sie sich das an!

House wirft die Münze zwischen Vater und Sohn.

Als Vater und Sohn den Aufprall der Münze auf dem Boden hören, werden sie aufmerksam.

VATER Was? Schau!

Der Sohn beugt sich vor, um zu schauen.

SOHN Eine Münze!

VATER Eine Münze?

SOHN *(hebt sie auf)* Ah, eine alte Goldmünze!

VATER *(nimmt die Münze aus der Hand des Sohnes)* Eine alte Goldmünze.

SOHN Was die wohl wert ist?

VATER Eine unbezahlbare Kostbarkeit!

SOHN Ah, was für ein Glück!

VATER Harry, gratuliere mir.

SOHN Dir gratulieren?

VATER Ja, dein Vater ist ein reicher Mann geworden!

SOHN Papa, ich habe sie aufgehoben! Die Münze gehört mir!

VATER Du darfst bitte nicht vergessen, dass ich sie zuerst gesehen habe! Sie gehört also sicherlich mir!

SOHN Du hast sie gesehen, sie aber nicht aufgehoben!

VATER Wenn ich sie nicht gesehen hätte, wie hättest du sie dann aufheben können?

SOHN Derjenige, der sie vom Boden aufhebt, dem gehört sie auch!

VATER Derjenige, der sie sieht, dem gehört sie auch!

SOHN Mir!

VATER Dir? Wie kommt es dann, dass sie in meiner Hand ist?

SOHN Du hast sie gestohlen!

VATER Wie kannst du so etwas sagen! Wer kann das beweisen?

SOHN Gib sie mir! Verdammt noch mal!

VATER Ich denke nicht daran! Du kleiner Wicht!

SOHN Dann mach mir keine Vorwürfe, wenn ich grob werde!

VATER Harry, das wagst du nicht! Ich könnte dich umbringen!

Vater und Sohn streiten um die Münze, sie fangen an sich zu prügeln, schließlich zieht der Sohn einen Dolch heraus, sticht auf seinen Vater ein, reißt die Münze an sich. Der Vater nimmt eine Pistole heraus und erschießt seinen Sohn. Der Sohn wirft die Münze so weit er kann, die Journalisten stürzen in die Richtung, in die die Münze geflogen ist, Vater und Sohn liegen tot am Boden.

Polizisten kommen vorbei und schleppen die Leichen weg.

HOUSE Sie werden auf dem Märtyrer-Friedhof bestattet.

LENNON Märtyrer-Friedhof? Fuck, ich soll verrückt sein, wenn sich hier Vater und Sohn gegenseitig umbringen und damit auch noch zu Märtyrern werden?

KONFUZIUS Die Frühlings- und Herbstannalen zeigen: Der Thronfolger des Staates Wei, Kuai Kui, und sein Sohn, Zhe, stritten um den königlichen Titel, sie haben sich früher auch schon auf dem Schlachtfeld getroffen. Wer hätte damit gerechnet, dass es nach ewigen Zeiten auch im Goldmenschenland eine solche Sache gibt. Die öffentliche Moral verkommt mehr und mehr!

JESUS Moses sagt: „Du sollst nicht töten!" Wenn Vater und Sohn sich gegenseitig töten, werden ihre Seelen niemals davonkommen!

HOUSE Rettet euch lieber selbst!

LENNON Was meinen Sie denn damit?

HOUSE Wenn wir hier bei uns im Goldmenschenland Geld sehen, dann wollen wir es haben, wir scheuen kein Blutvergießen und kämpfen mit aller Kraft, selbst wenn es sich um Vater und Sohn handelt – das ist normal, das ist mutig, das ist achtbar. Ihr jedoch steckt das Geld, das ihr aufhebt, nicht ein – das ist feige, das ist heuchlerisch, das ist ein Verbrechen!

JESUS Was? Ein Verbrechen?

HOUSE Ihr steckt das Geld, das ihr aufhebt, nicht ein, damit erkennt ihr die Autorität des Geldes nicht an, damit widersetzt ihr euch unserer Verehrung des Geldes, damit verbreitet ihr Hass auf Geld, damit brecht ihr mit der gewohnten Ordnung, gebaut auf das Geld als Kriterium. Das ist im Goldmenschenland die allerallerschwerwiegendste Gesetzeswidrigkeit, dafür wird man streng bestraft.

JESUS Ah?!

LENNON Schwer bestraft?!

HOUSE Falls ihr verrückt seid, bringen wir euch in eine Irrenanstalt; falls ihr die gewohnte Ordnung der Verehrung des Geldes zerstören wollt, dann sperren wir euch ein.

LENNON Ich protestiere!

HOUSE Ich bin der Bürgermeister der Hauptstadt des Goldmenschenlandes sowie der reichste Bürgermeister des ganzen Landes. Daher habe ich auch die Macht, euch zu bestrafen. Nehmt sie fest!

Es kommen sechs Polizisten, die Konfuzius, Jesus und Lennon festnehmen.

HOUSE Zuerst sollen sie drei Tage auf dem Platz an den Pranger gestellt werden!

LENNON Ich will einen Rechtsanwalt!

JESUS Ich will Gott davon berichten!

KONFUZIUS Hach, ergebt euch doch einfach dem Willen des Himmels!

Die Journalisten scharen sich um Darling. Jeder möchte ihr als erster Fragen stellen.

JOURNALIST A Fräulein Darling, bitte erzählen Sie uns doch, wie haben Sie diese Münze gefunden?

DARLING Sie ist mir zugeflogen, sie landete genau auf dem Rand meines Huts und es dauerte einige Zeit, bis ich sie entdeckte.

JOURNALIST B Entschuldigung, warum sind Sie auf diesen Platz gekommen?

DARLING Ich habe eine Verabredung mit meinem Freund Harry. Er kommt gerade von auswärts zurück.

HOUSE Darling!

DARLING Oh, Herr House!

HOUSE Harry ist dein Freund?

DARLING Bist du eifersüchtig?

HOUSE Er ist tot.

DARLING Was? Wieder tot? Ich habe schon sechs tote Freunde: Zwei starben aus Eifersucht, zwei wegen Drogen und zwei hatten AIDS. Woran ist Harry gestorben?

HOUSE Er und sein Vater haben um die Münze gekämpft, die du da hast.

DARLING Oh, das ist aber sehr mutig! Für Geld scheute er den Tod nicht. Das ist hier bei uns im Land der Goldmenschen ein wahrer Mann!

HOUSE Aus diesem Grund haben wir die beiden – Vater und Sohn – zu Märtyrern erklärt!

DARLING Dafür war es wert zu sterben, das ist eine sehr ernste Sache! Oh, Herr Bürgermeister, Sie haben wieder Menschen verhaftet und an den Pranger gestellt!

HOUSE Drei Ausländer!

DARLING *(tritt auf sie zu, um sie zu betrachten)* Ah, Sie sind es?!

LENNON *(zwinkert Darling zu)* Darling!

DARLING *(geht sofort zu Lennon und küsst ihn)* Ah, Geliebter, ihr seid es!

HOUSE Du kennst sie?

Darling flüstert House etwas ins Ohr.

HOUSE *(sehr überrascht)* Wirklich?
DARLING Ja, wirklich!
HOUSE Ach so?!
DARLING Damals dachte ich, es sei ein Trugbild, meine Illusion.
HOUSE Kann es diesmal wieder eine Illusion sein?
Darling stellt sich vor Jesus, sie will Jesus küssen, aber der dreht sofort sein Gesicht weg. Darling geht zu Konfuzius, sie streckt die Hand aus, aber Konfuzius schüttelt unaufhörlich den Kopf.
DARLING Sie waren es, ich bin mir ganz sicher! Er sagt, er wurde von Judas geküsst, deshalb will er nie wieder geküsst werden. Und dieser alte Mann hat sehr grobe Hände, daher schüttelt er niemals die Hände von anderen Menschen, weil er Angst hat, dass er dann jemanden verletzt.
HOUSE Ah, Außerirdische!
DARLING Sie wären die besten Kandidaten, um Werbung zu machen für die Weltraumreisen unserer Firma oder um als Reiseleiter zu arbeiten.
HOUSE *(zu den Polizisten)* Unverzüglich losbinden! Bringt die drei Außerirdischen in mein Büro. Oh, nein, bringt sie zu mir nach Hause.
POLIZIST *(zu Jesus)* Bitte steigen Sie ins Auto!
Im Wohnzimmer von Houses Haus.
Unvergleichbar luxuriös. Von der Zimmerdecke hängen diamantbesetzte Leuchter, an allen vier Wänden kleben Geldscheine von hohem Wert, Säulen und Fensterrahmen sind alle aus reinem Gold. Auf dem Teppich ausgebreitet liegen Goldbarren, Silberbarren, Perlen und Edelsteine. Im Raum gibt es einen riesigen Farbfernseher, ein überwältigend großes Soundsystem, eine neuartige Kamera, ein Videogerät, ein Fax und ein Telefon, einen fünftürigen Kühlschrank, eine Designer-Klimaanlage, erlesenes Besteck, Teeservice, die neuste Mode, alle Dinge aus besten Materialien und von bester Qualität und alles, was man sich nur wünscht. Der Raum sollte eher als ein Lagerraum oder Ausstellungsraum von Schätzen bezeichnet werden. In dem Zimmer ist schon fast kein Platz mehr. Die materiellen Dinge beherrschen alles, die Menschen hingegen sehen winzig aus, erbärmlich, überflüssig.
Ein Roboterdienstmädchen namens Mary kommt mit einer Flasche Champagner herein und stellt sie auf den kleinen Tisch vor dem Sofa.
MARY Hallo!
ALLE GEGENSTÄNDE Fräulein Mary, guten Tag!
Mary geht ab. Es folgt nun ein Dialog zwischen den einzelnen Gegenständen. Jeder Gegenstand sieht ein wenig wie ein Mensch aus, ihre Gespräche und ihre Bewegungen sind auch sehr übertrieben.
DER FERNSEHER Fräulein Champagner, hat Herr House Gäste eingeladen?

CHAMPAGNER Ja, daher nimmt er mich, um die Gäste zu bewirten.

DAS TONBANDGERÄT Wer ist gekommen?

CHAMPAGNER Fräulein Darling und ein hübscher Außerirdischer.

DER FERNSEHER Fräulein Champagner, heute ist Ihr ...

CHAMPAGNER Ich weiß, heute ist der letzte Tag meines Lebens.

DAS TONBANDGERÄT Hach ... Aber heute sind Sie besonders hübsch. Auf dem Kopf tragen Sie eine goldene Kappe, um Ihren Körper ein rotes Band, um Ihre Hüften tragen sie eine grüne Schürze, Sie sehen ganz frisch und gesund aus, einfach unvergleichlich!

CHAMPAGNER Aber sobald mein Blut ausgetrunken ist, bleibt nur eine hübsche Hülle von mir übrig. Sobald sie in den Abfalleimer geworfen wird, zersplittert sie in tausend Scherben, das ist mein letzter Auftritt.

DAS TONBANDGERÄT Hach, so jung und doch findet Ihr Leben so ein Ende ...

CHAMPAGNER Unsere Schwestern ereilt alle dieses Schicksal.

DER FERNSEHER Hach, meine verehrten Damen! Herren! Fräulein Champagner wird uns bald verlassen, ich schlage vor, wir halten hier eine Gedenkfeier für sie ab und verabschieden uns damit von ihr.

DAS TONBANDGERÄT Gut, wir sind einverstanden.

DER FERNSEHER Bitte erhebt euch. Eine Schweigeminute. Trauermusik.

Alle Gegenstände „stehen" auf, „stehen" gerade, senken „die Köpfe".

Das Tonbandgerät spielt Trauermusik ab.

DAS TONBANDGERÄT Nun bitte ich den Herrn Farbfernseher, eine Trauerrede zu halten.

DER FERNSEHER Meine sehr verehrten Damen und Herren, ich bin in tiefer Trauer darüber, dass Fräulein Champagner uns bald verlassen wird. Fräulein Champagners Vorfahren kommen aus Frankreich, ihr Blut ist rein, sie ist von hoher Qualität und weltberühmt, sie wird auf der ganzen Welt geliebt, besonders von den Frauen. Bedauerlicherweise wird sie heute Nachmittag im Wohnzimmer ihres Besitzers, Herrn House, ihr makelloses Leben beenden. Dieses Jahr wird sie zwanzig Jahre alt. Wir wünschen ihrer Seele Frieden. Amen!

CHAMPAGNER Danke, ich bin sehr gerührt. Ich bedanke mich für eure Freundschaft und Trauer. Je mehr ihr mich liebt, umso mehr schmerzt mich der Abschied.

DAS TONBANDGERÄT Fräulein Champagner, seien Sie nicht traurig, im Vergleich zu uns haben Sie ihren Zweck erfüllt. Sie sterben einen ehrwürdigen Tod.

DER FERNSEHER Genau, schau uns an, nachdem uns Herr House gekauft hat, wurden wir nicht ein einziges Mal benutzt.

DER VENTILATOR Bei uns ist es genauso: Herr House weiß nur, wie man kauft, doch er hat unseren Nutzen nie entdeckt.

DER KÜHLSCHRANK Herr House kauft jedes Jahr die allerneusten Kühlschränke, aber darin werden keine Dinge gekühlt. *(öffnet sich)* Schaut alle her – leer.

DAS TONBANDGERÄT Ich wollte heute für Fräulein Champagner ein Trauerlied spielen, wenn ich noch länger nicht benutzt werde, werden die Lautsprecher noch kaputt.

DER FERNSEHER Die Teile in meinem Bauch fangen auch schon an zu rosten!

DIE KAMERA Meine Linse ist schon längst trüb!

DAS VIDEOGERÄT Gestern sind plötzlich überall Ameisen in mir herumgekrabbelt und aus meiner Öffnung herausgeklettert.

DAS TELEFON Ich bin auch schon zu Tode vereinsamt, bis heute hat noch nie jemand ein Wort durch mich gesprochen.

CHAMPAGNER Ich weiß wirklich nicht, warum Herr House all diese Dinge kauft.

DIE SCHREIBMASCHINE Er hat Geld; das Geld zwingt ihn dazu einzukaufen.

DER COMPUTER Seine Absicht ist es also zu kaufen, kaufen, kaufen, kaufen, bis er alles hat. So wie er dauernd mit aller Kraft Geld verdient; das Geldverdienen ist das Ziel geworden. Und je mehr Geld er hat, desto mehr will er verdienen, und wenn er auch nur einen Tag nichts verdient, gerät er in Panik.

DER FERNSEHER Aber wenn wir nur gekauft und nicht benutzt werden, welchen Wert hat unsere Existenz dann überhaupt?

DER COMPUTER Wer wirklich den Wert der Existenz verloren hat, das ist Herr House. Er ist schon nicht mehr unser Besitzer, er hat sich in unseren Sklaven verwandelt. Es scheint fast so, als hätte er sich in einen Gegenstand verwandelt und wir Dinge hingegen sind die Menschen, die über ihn herrschen!

DER FERNSEHER Eigentlich ist Herr House bemitleidenswert: Er verdient fleißig Geld, doch er hat keine Zeit, keine Energie, um Spaß zu haben. Sein Leben ist so stressig, dass er fast nicht mehr atmen kann. Er hat jetzt Bluthochdruck und Diabetes und ist nervenschwach und herzkrank!

DER COMPUTER Nach meinen Berechnungen wird Herr House nicht mehr lange leben!

ALLE GEGENSTÄNDE Was? Herr House wird sterben?

DER COMPUTER Der Stress darüber, das Geld an sich zu reißen, und die Aufregung darüber, nachdem das Geld dann da ist – das alles ist schädlich für sein Herz.

DER FERNSEHER Na, dann müssen wir für ihn im Voraus auch eine Trauerfeier machen.

ALLE GEGENSTÄNDE Genau, genau.

DER COMPUTER Nein, es wäre besser, ein Fest zu veranstalten.

ALLE GEGENSTÄNDE Ein Fest?

DER COMPUTER Herr House ist zu bemitleidenswert. Wir müssen ihn dazu bringen, vor seinem Tod wenigstens ein bisschen fröhlich zu sein, dann kann er glücklich sterben.

DAS TONBANDGERÄT Na, wie sollen wir feiern?

DER COMPUTER Jeder zeigt sein Können, tanzt und singt so viel er kann, wie auf einer Party. Wir feiern, dass Herr House bald aus dem Leben scheiden wird!

ALLE GEGENSTÄNDE *(fröhlich)* Gut, gut!

DER COMPUTER Und wir bitten Herrn Fernseher zu moderieren.

DER FERNSEHER Verehrte Damen und Herren, mit Freude im Herzen feiern wir das baldige Ableben von Herrn House. Herr House ist Milliardär im Goldmenschenland; für Geld lebt er, für Geld stirbt er. Sein Ableben ist für das Geld ein riesiger Verlust, doch für ihn selbst ist es seine große Befreiung. Weil der Herr zu Lebzeiten immer damit beschäftigt war, dem Geld hinterherzulaufen, ist er vor Überarbeitung krank geworden und wird von allen möglichen Krankheiten geplagt; durch den plötzlichen Tod werden sich die Beschwerden auflösen und er wird in Frieden ruhen. Deswegen veranstalten wir diese große Party und feiern mit lautem Gesang und wildem Tanz. Das Fest beginnt!

Nach dem Startsignal zeigen alle Gegenstände nach Herzenslust ihre jeweiligen Funktionen: Der Fernseher überträgt eine Sendung mit Gesang und Tanz. Das Tonbandgerät singt laut einen Popsong, der Ventilator dreht sich wie verrückt, die Klimaanlage macht ein summendes Geräusch, das Telefon klingelt, die Kamera blitzt, alle Gegenstände hüpfen ohne Unterlass.

Der Roboter Mary kommt herein.

MARY Meine Damen und Herren, bitte bewahren Sie Ruhe!

Die Gegenstände sind unverzüglich mucksmäuschenstill und nehmen ihre ursprüngliche Haltung ein, nur der Ventilator dreht sich noch weiter aufgrund der Trägheit.

MARY Die Gäste sind da!

Darling und Lennon treten auf.

DARLING Bitte setzen Sie sich! Überlassen wir die beiden alten Herren Herrn House, ich begleite Sie.

LENNON Ich fühle mich außerordentlich geehrt!

DARLING Bitte setzen Sie sich!

Mary schenkt Darling und Lennon Champagner ein.

LENNON *(fixiert Mary, von ihrer Schönheit fasziniert)* Ah, sogar im Himmel sieht man keine so schönen Menschen!

MARY Danke!

LENNON Ich heiße Beatle.

MARY Ich heiße Mary.

LENNON Ich freue mich sehr, dich kennenzulernen!

MARY Ganz meinerseits.

DARLING *(wütend)* Geh!

MARY Ja, Fräulein.

Mary ab.

Lennon starrt immer noch in die Richtung, in die Mary gerade verschwunden ist.

DARLING Was schaust du denn immer noch?

LENNON *(stockend)* Oh ... Ich schaue mir das Zimmer an, wie kann man so viele Dinge hineinpacken?

DARLING Das ist Herrn Houses Hobby, jedes Zimmer stopft er mit Dingen voll. Er denkt, dass auf diese Weise sein eigenes Leben erfüllt ist. *(erhebt das Glas)* Komm, auf die Gesundheit, auf eine gute Zusammenarbeit!

Darling und Lennon stoßen an.

LENNON Nein, nein, nein, wir haben uns noch nicht auf eine Zusammenarbeit geeinigt!

DARLING Sofern du zustimmst, arbeiten wir erst einmal mit dir zusammen.

LENNON Aber ich muss auf Je... hören – äh, ich muss auf diesen Priester hören.

DARLING Vergiss ihn. Du fängst erstmal an, als Weltraum-Reiseleiter, ein Dreijahresvertrag, das Jahresgehalt beträgt 10 Millionen – was meinst du?

LENNON 10 Millionen? Prima! Oh, nein! Der Priester wird dem nicht zustimmen.

DARLING Verdammt noch mal, wie kann es sein, dass du ihm so gehorchst? Du musst auf mich hören, Liebster! *(nimmt 100.000 Yuan heraus)* Das sind 100.000 Yuan, nimm sie mal, ich schenke sie dir!

LENNON Süße, das geht nicht!

DARLING *(steichelt sanft Lennons Gesicht, lässt ihren weiblichen Charme spielen)* Nimm! Was geht denn nicht? Hör nicht auf diesen alten Priester!

LENNON *(ein wenig durcheinander)* Nicht auf ihn hören – das geht nicht. Er wird Gott darüber berichten und der wird mich in den Himmel zurückberufen. *(wird sich plötzlich bewusst, dass er ein Geheimnis verraten hat)* Ah?!

DARLING Was? Was hast du gesagt? Welcher Himmel?

LENNON Ich ...

DARLING *(kokett)* Nun sag schon!

LENNON Oh, nichts!

DARLING Nein, da gibt es schon was! *(küsst ihn ununterbrochen)* Liebster, ich will dass du es mir sagst!

LENNON Aber du darfst es auf keinen Fall, auf gar keinen Fall jemand anderem sagen!

DARLING Gut, ich sage es bestimmt nicht.

LENNON Weißt du, wer wir sind?

DARLING Außerirdische.

LENNON Nein, wir sind Gesandte des Himmels, wir sind ein von Gott geschicktes Inspektionsteam.

DARLING Wirklich?

LENNON Ich bin der im Jahr 1980 verstorbene John Lennon, der Sänger der Beatles.

DARLING Oh?! John Lennon? Kein Wunder, dass mir dein Gesicht so bekannt vorkam, ich bin dein Fan, ich vergöttere dich! Und die anderen beiden?

LENNON Der älteste ist Konfuzius aus China.

DARLING Kein Wunder, dass er so konservativ ist; er wollte mir nicht einmal die Hand schütteln.

LENNON Und der Priester, weißt du, wer das ist?

DARLING Es scheint fast so, als würde ich ihn kennen, aber dann auch wieder nicht.

LENNON Du musst es unbedingt geheim halten! Oh, nein, ich kann es nicht sagen!

DARLING *(küsst Lennon erneut)* Ich werde es nicht verraten, sag schon!

LENNON Er ist Gottes Sohn!

DARLING Gottes Sohn?

LENNON Jesus!

DARLING Was? Jesus?!

LENNON Wirklich!

DARLING Jesus ist auf die Erde gekommen? Das ist unglaublich!

LENNON Glaubst du es nicht?

DARLING Im 17. Jahrhundert gab es in Persien, Palästina, Frankreich und Spanien Gerüchte, dass Christus abermals auf die Erde gekommen ist. Im Jahr 1648 erklärte Schabbtai Zvi aus der türkischen Stadt Izmir, er sei der von Gott gesandte Messias, und betrog viele Menschen. Außerirdische sind schon oft auf die Erde gekommen und die Menschen glauben das. Aber wenn du sagst, dass Jesus wieder auf die Erde zurückgekehrt ist, dann braucht das Beweise!

LENNON Warum sollte ich dich belügen? Ich liebe dich und daher sage ich dir die Wahrheit.

DARLING Deine Liebe braucht Beweise und noch mehr musst du beweisen, dass dein Herr Priester Jesus ist!

LENNON Ich kann keine Beweise vorlegen. Als wir den Himmel verlassen haben, hat uns Gott keine Empfehlungsschreiben mitgegeben und auch keine Personalausweise.

DARLING Warte, ich habe eine Idee: Im „Guinness-Magazin" gibt es ein Bild von Jesus, das der englische Graphiker Hoop nach den Gesichtsspuren auf dem Turiner

Grabtuch erstellt hat, nach acht Jahren Recherche und mit Hilfe des Computers, das ist bislang das wahrhaftigste Abbild von Jesus.

Darling nimmt das „Guinness-Magazin“ heraus, schlägt das Jesusbild auf und betrachtet es aufmerksam.

DARLING Ah, er ist Jesus, er ist Jesus! Schau doch, der Priester und diese Kopie des Jesus-Bildes gleichen sich wie ein Ei dem anderen! Liebster *(küsst Lennon wie verrückt)*, weißt du, was für einen riesengroßen Wert diese von dir gelieferte Information hat?! Wie aufgeregt wird Herr House sein, wenn er davon erfährt?! Er wird sicher wieder einen Plan ausarbeiten, um zum Himmel zu reisen. Wenn Jesus und ihr mitkommt und himmlische Reiseleiter seid, stell dir vor, wie viele Reisende aus der ganzen Welt das anlocken wird. Der jährliche Gewinn von Herrn Houses Fluggesellschaft wird bestimmt ins Astronomische steigen! Wow, das ist wirklich unglaublich! Ich will ...

Darling nimmt die Zeitschrift mit der Jesus-Reproduktion und ist drauf und dran zu gehen.

LENNON Was willst du tun?

DARLING Oh, Liebster, ich ... ich komme gleich zurück, gleich komme ich zurück!

LENNON Du darfst es auf keinen Fall verraten!

DARLING Oh, nein, das werde ich nicht! Mary!

Mary kommt.

DARLING Leiste Herrn Lennon Gesellschaft!

MARY Ja!

Darling eilig ab.

Lennon erhebt sich und will ihr nach.

MARY *(hält mit der Hand Lennons Kopf fest)* Keine Eile, die Herrin hat mir gesagt, dass ich Ihnen Gesellschaft leisten soll. Liebster, willst du mich nicht küssen?

Lennon ist schon von ihr verzaubert und lässt sich von Mary küssen.

MARY Magst du mich?

LENNON Ja, weil du hübsch bist. Magst du mich?

MARY Ja, weil du sexy bist. Oh Liebster, kannst du mich von hier wegbringen?

LENNON Willst du nicht hier bleiben?

MARY Ich will mit dir zusammen sein!

LENNON Hier ist es doch außergewöhnlich luxuriös.

MARY Aber ich fühle mich leer.

LENNON Behandelt dich dein Herr nicht gut?

MARY Herr House ist kein Mensch, er ist eine Maschine. Er ist eine Geldverdien-Maschine.

LENNON Du bist nicht zufrieden mit ihm?

MARY Ich brauche Gefühle, selbst wenn es Gefühle eines Herrn gegenüber seinen Dienstboten sind, aber er hat keine. Er ist ein Stück Eis, ein Stück Eisen, ein Haufen Bestandteile.

LENNON Wohin willst du mit mir gehen?

MARY Du bist doch ein Außerirdischer, oder? Bring mich auf einen anderen Planeten.

LENNON Ich bin kein Außerirdischer, ich bin ein bereits nicht mehr existierender Mensch.

MARY Ein nicht mehr existierender Mensch?

LENNON Ja, ein Mensch, der bereits fertig gelebt hat.

MARY Das verstehe ich nicht.

LENNON Ich bin ein Bote Gottes, direkt vom Himmel.

MARY Wirklich?

LENNON Ja, wirklich.

MARY Dann nimm mich mit in den Himmel.

LENNON Im Himmel gibt es bereits genug Menschen.

MARY Das macht nichts, ich bin kein echter Mensch.

LENNON Was?

MARY Ich bin ein Roboter.

LENNON Ein Roboter?

MARY Ich bin ein Roboter mit Gefühlen, aber im Goldmenschenland braucht man keine Gefühle.

LENNON Bist du wirklich ein Roboter?

MARY *(öffnet ihr Kleid, darunter sind Leitungen und Anzeigen zu sehen)* Schau!

LENNON Ah!

MARY Nimm mich mit, ich flehe dich an, nimm mich mit an einen Ort, an dem es Gefühle gibt!

House, Darling, Konfuzius und Jesus treten auf.

HOUSE Herr Lennon, ich danke Ihnen vielmals für diese sensationelle Meldung. Zugleich bedanke ich mich dafür, dass Sie mit uns zusammenarbeiten wollen. Bitte überreden Sie die beiden, mit meiner Fluggesellschaft zusammenzuarbeiten, gemeinsam starten wir das großartige Unternehmen der Himmelsreisen!

LENNON *(zu Darling)* Du hast es ihm gesagt!

DARLING Dafür hat mir Herr House 20 Millionen als Belohnung versprochen, die Hälfte davon gehört dir.

HOUSE Herr Lennon, überreden Sie die beiden. Falls ihr der Zusammenarbeit nicht zustimmt, bleibt mir nichts anderes übrig, als euch in meine Sammlung der Weltrekorde aufzunehmen und euch an allen Orten der Welt auszustellen.

Mein Einkommen wird auch in diesem Fall keinen Schaden nehmen, nur für euch ist das viel mühsamer. Da wäre Reiseleiter für Himmelsreisen natürlich viel angenehmer.

JESUS Warum sind Sie so interessiert an den Reisen zum Himmel?

HOUSE Abgesehen vom finanziellen Gewinn, interessiere ich mich persönlich für eine Reise zum Himmel, um später ein Bürger des Himmels zu werden.

JESUS Sie möchten auch ein Bürger des Himmels werden?

HOUSE Jeder will, dass seine Seele nach dem Tod in den Himmel aufsteigt.

JESUS Aber Sie müssen sich an die verbindlichen Vorschriften halten.

HOUSE Welche Vorschriften?

JESUS Du sollst nicht töten; du sollst nicht Ehebruch betreiben; du sollst nicht stehlen; du sollst keine Ausweise fälschen; du sollst Vater und Mutter ehren; du sollst deinen Nächsten lieben wie dich selbst.

HOUSE Das will ich alles befolgen.

JESUS Es gibt noch etwas Wichtigeres: Du sollst deinen ganzen Besitz verkaufen und das Geld den Armen geben. Nur so kannst du dein Vermögen für den Himmel aufbauen; dann erst kannst du mir folgen und ich bringe dich ins Himmelsreich.

HOUSE Meinen Besitz verkaufen und den Armen geben?

JESUS So muss man es machen!

HOUSE Ganz unmöglich!

JESUS Deshalb sage ich: Dass reiche Leute Bewohner des Himmels werden, ist schwieriger, als dass ein Kamel durch das Nadelöhr geht.

HOUSE Genug geredet, ich rate euch doch einzuwilligen!

DARLING Stimmt doch zu!

MARY *(fasst sich plötzlich ein Herz)* Unter keinen Umständen einwilligen! Sie werden den Himmel in ein zweites Goldmenschenland verwandeln, in eine kalte, lieblose Geldkammer!

HOUSE Du widerwärtiger Roboter, halt den Mund!

DARLING Du nutzloses Ding!

Darling zieht Mary zu sich, öffnet ihre Vorderseite, durchtrennt die Leitungen, macht die Anzeigen kaputt. Mary gibt ein schrilles Geräusch wie zerbrechendes Metall von sich, wenig später geht Mary zu Boden und ist „tot".

LENNON *(schreit laut)* Mary! *(tritt auf Darling und House zu)* Schlächter! Sogar Roboter metzelt ihr nieder!

Plötzlich ertönt ein Trauerlied, das Tonbandgerät steht auf. Der Fernseher schaltet sich auch von selbst an, auf dem Bildschirm erscheint eine Trauerfeier, alle Gegenstände fangen an wie verrückt zu tanzen und wabbeln wie ein plötzlicher gewaltiger Aufstand.

DER FERNSEHER *(spricht seine Trauerrede zur Trauermusik)* Verehrte Damen und Herren, wir sind hier aus tiefem Schmerz und Trauer um den unglücklichen Tod des Roboterfräuleins Mary und wir protestieren heftigst gegen die grausamen Taten von Herrn House und Fräulein Darling ...

House erbleicht vor Entsetzen, er greift sich plötzlich an die Brust.

JESUS Schaut, das Unheil kommt auf diesen Schuldigen herab!

HOUSE *(schreit vor Schmerz auf)* Ah!

House fällt zu Boden und stirbt.

Vorhang fällt.

VIERTER AKT

Um nach Houses plötzlichem Tod davonzukommen, verlassen Jesus, Konfuzius und John Lennon das Goldmenschenland und kommen wiederum ins Land der Purpurmenschen. Im Purpurmenschenland ist nicht nur die Haut der Bewohner purpurn, sondern alles andere ist ebenfalls purpurfarben: purpurner Himmel, purpurne Berge, purpurnes Wasser, purpurne Häuser. Purpurne Kleidung, purpurnes Essen, purpurne Geräte – es ist eine purpurne Welt! Es ist nicht nur die Farbe, die purpurn ist, einheitlich, sondern auch der Schnitt der Kleidung, das Aussehen der Häuser, die Form der Straßen, die Größe der Geräte, ja sogar die Gedanken der Bewohner. Alle Verhaltensweisen sind gleich, und das Allergrößte – sogar die Geschlechter sind gleich, es gibt keine Unterscheidung zwischen Mann und Frau. Sobald man das Territorium des Landes der Purpurmenschen betreten hat, fühlt man sofort, dass der Herrscher das Land ordentlich regiert und sich um die Bevölkerung sorgt, und spontan kommt ein Gefühl der Bewunderung auf.

Zwei Soldaten, die das Abzeichen der Kaiserin an der purpurnen Uniform tragen, streichen die Außenwand einer Toilette mit purpurner Farbe.

Ein Offizier kommt vorbei, er trägt ebenfalls eine purpurne Uniform und das Abzeichen der Kaiserin, doch das, das er trägt, ist größer als jenes der Soldaten.

OFFIZIER Es lebe die Kaiserin!

DIE BEIDEN SOLDATEN Sie lebe hoch!

OFFIZIER Beeilt euch ein bisschen! Streicht alle verblassenden Orte, das ganze Land soll purpurn sein.

SOLDAT A Jawohl, Herr Offizier!

OFFIZIER Tragt viel Farbe auf, sodass sie garantiert in Ewigkeit niemals verblasst!

SOLDAT A Jawohl, Herr Offizier!

OFFIZIER Wann ist diese Toilette fertig?

SOLDAT A Bald!

OFFIZIER Ihr habt noch eine halbe Stunde, die Kaiserin möchte dann urinieren!

SOLDAT A In einer halben Stunde sind wir sicher fertig!

Bürger A stürmt auf die Bühne.

BÜRGER A Lang lebe die Kaiserin!

OFFIZIER Die Kaiserin lebe hoch.

BÜRGER A Herr Offizier, ich habe ein Bündel Geldscheine gefunden.

OFFIZIER Ein Bündel Geldscheine?

BÜRGER A *(übergibt das Bündel dem Offizier)* Hiermit übergebe ich den öffentlichen Besitz genau so, wie ich ihn gefunden habe.

OFFIZIER Oh, 100.000 Yuan, Geldscheine des Goldmenschenlands! Wo hast du das gefunden?

BÜRGER A Nahe der Grenze.

OFFIZIER Ich werde der Kaiserin davon berichten und du wirst dafür belohnt werden. Das ist eine sehr wichtige Angelegenheit, du musst der kaiserlichen Regierung helfen, den Besitzer zu finden.

BÜRGER A Ich schwöre der Kaiserin meine Treue! *(geht ab)*

OFFIZIER *(zu den beiden Soldaten)* Beeilt euch. Ich werde unverzüglich zum Minister eilen und ihm davon berichten.

Offizier ab.

Die zwei Soldaten streichen schnell weiter an der Toilette. Nachdem sie mit der Außenwand der Toilette fertig sind, streichen sie innen weiter.

Jesus, Konfuzius und Lennon kommen heimlich auf die Bühne.

LENNON *(flüstert)* Das ist wirklich das Land der purpurnen Menschen! Alles ist purpurn, sogar die Toiletten sind purpurfarben, wahrscheinlich sind sogar die Fürze hier purpurn!

KONFUZIUS Du darfst nicht überall, wo wir neu ankommen, immer so unüberlegt losplappern!

JESUS Die Erlebnisse im Land der Goldmenschen sollten uns eine Lehre sein, wir sollten Vorsicht walten lassen! Ich sage euch ehrlich, immer wenn wir an einem fremden Ort ankommen, fühle ich mich wie ein Schaf in einem Rudel Wölfe. Daher sollten wir so sanft und gutherzig wie Tauben sein und gleichzeitig so wachsam wie Schlangen.

LENNON Wie kann es sein, dass es hier keine Menschen gibt? Überall sind Berge!

JESUS Das Land der Purpurmenschen ist ein Gebirgsland mit sehr geringer Einwohnerzahl.

LENNON Sorry, ich muss pinkeln.

Er ist gerade dabei, als aus einem purpurnen Hochtonlautsprecher im Baum Musik erklingt. Jesus, Konfuzius und John Lennon zucken erschreckt zusammen.

LAUTSPRECHERSTIMME *(zur eintönigen, lauten Musik)* Es lebe die Kaiserin, die Kaiserin lebe hoch! Bürger, gebt acht! Bürger, gebt acht! Der Kaiserin Toilettenzeit ist da, der Kaiserin Toilettenzeit ist da! Macht euch bereit, macht euch bereit!

Plötzlich kommt aus allen vier Himmelsrichtungen jeweils ein Bürger angelaufen, das Geschlecht kann man nicht erkennen, sie sehen aus wie Männer aber auch wie Frauen. Sie stellen sich schnell vor dem Eingang der Toilette in einer Reihe auf und machen sich bereit die Toilette aufzusuchen. Gleichzeitig kommen die zwei Soldaten mit einem Eimer Farbe aus der Toilette heraus und stellen sich hinter die Truppe. Sie bereiten sich auch darauf vor, die Toilette aufzusuchen. Alle scheinen sehr dringend pinkeln zu müssen.

Jesus, Konfuzius und Lennon verstecken sich schnell hinter einem großen Plakat. Auf dem Plakat ist zu lesen: „Säubert die Seele, reinigt die Gedanken!"

Der Hochtonlautsprecher lässt die Zeit verlauten: „Tick tack tick tack ..."

LAUTSPRECHERSTIMME: Mit dem letzten Ton ist es genau zehn Uhr im Land der Purpurmenschen. Die Kaiserin zieht sich zum Urinieren um!

Der Hochtonlautsprecher verkündet das Uriniersignal.

LAUTSPRECHERSTIMME Bürger, alle Bürger des Landes der purpurnen Menschen, die Zeit, um auf die Toilette zu gehen, ist jetzt gekommen!

Die vier Bürger und zwei Soldaten, die vor der Toilette stehen, stürmen ungeduldig in die Toilette. Gleich darauf ist Pinkelgeräusch zu hören.

LENNON Merkwürdige Sache, die Kaiserin pinkelt, also pinkeln alle. Sobald es zehn ist, ist das ganze Land ein einziges Pinkelgeräusch, doch das klingt verdammt noch mal süß!

KONFUZIUS Auf der einen Seite stimme ich zu, aber es bewegt auch.

LENNON Hä, ist das eine Herrentoilette oder eine Damentoilette?

KONFUZIUS Seltsam, sogar bei den Toiletten unterscheiden sie nicht zwischen Mann und Frau.

LENNON Es scheint fast so, als seien alle Männer.

JESUS Nein, eher Frauen.

LENNON Egal, ob Mann oder Frau – ich muss jetzt sehr dringend!

JESUS Jetzt drängel nicht, warte bis sie rausgekommen sind!

Das Pinkelgeräusch hält konstant an.

LENNON Wie kann es sein, dass sie immer noch nicht fertig sind?

JESUS Gedulde dich ein bisschen, sie haben es eine Nacht zurückgehalten.

LENNON Kein Wunder, dass dann so viel rauskommt, wie ein Wasserfall!

Die zwei Soldaten und drei der Bürger kommen nacheinander aus der Toilette heraus, auf ihren Gesichtern zeichnet sich ein Ausdruck der Erleichterung ab. Danach gehen sie ab.

Jesus, Konfuzius und Lennon kommen hinter dem Plakat hervor.

LENNON Jetzt bin ich dran!

JESUS Geh schnell und komm schnell wieder!

LENNON *(spricht während er zur Toilette läuft)* Ich kann es wirklich nicht mehr zurückhalten!

Bürger A kommt aus der Toilette heraus und stößt mit voller Wucht mit Lennon zusammen, beide erschrecken. Jesus und Konfuzius verstecken sich schnell wieder hinter dem Plakat.

BÜRGER A Du?!

LENNON Wie kann da noch jemand sein?!

BÜRGER A Wer bist du, verblasster Mensch?

LENNON Nein, ich bin ein Ausländer, ein Tourist.

BÜRGER A *(in Alarmbereitschaft)* Du bist kein verblasster Mensch? Ein ausländischer Tourist? Was machst du hier?

LENNON Pinkeln.

BÜRGER A Warte!

LENNON Bin ich ins falsche gegangen? Ins Frauenklo?

BÜRGER A Welches Frauenklo?

LENNON Eine Toilette, die Frauen benutzen.

BÜRGER A Frauen? Welche Frauen?

LENNON Frau – verstehst du nicht? Hach, gut, dann frage ich so: Diese Toilette, pinkelt man da im Stehen oder in der Hocke?

BÜRGER A Wir Menschen im Land Purpurmenschen sind beim Pinkeln noch nie gestanden und auch nicht gehockt. Wir liegen dabei auf dem Bauch.

LENNON Auf dem Bauch liegen beim Pinkeln? Was ist das denn für eine Körperhaltung? Männer und Frauen liegen auf dem Bauch beim Pinkeln?

BÜRGER A Wir unterscheiden nicht zwischen deinen Männern und Frauen!

LENNON Ihr unterscheidet nicht zwischen Mann und Frau oder ihr habt keine Geschlechter, nur ein Geschlecht?

BÜRGER A Oh, ich verstehe, Geschlecht. Wir haben keine Geschlechter.

LENNON Na, ihr ...

BÜRGER A Wir sind neutral, oder man kann auch geschlechtslos sagen.

LENNON Na ... Ihr ... Wie macht ihr dann diese Sache?

BÜRGER A Welche Sache?

LENNON Wie kommt ihr euch dann näher?

BÜRGER A Wie näherkommen?

LENNON Ach, fuck, mit dir muss man ganz offen sprechen: Ihr habt kein Geschlecht, wie habt ihr dann Geschlechtsverkehr? Wie macht ihr Liebe?

BÜRGER A Geschlechtsverkehr, Liebe machen?! Sex, das ist strafbar!

LENNON Ihr habt doch keinen Sex, wie kannst du dann wissen, dass es strafbar ist?

BÜRGER A Vor Hunderten von Jahren gab es hier im Land der Purpurmenschen verschiedene Geschlechter; später haben wir dem Aufruf der Kaiserin Folge geleistet und alle Genüsse eliminiert, um die Seele zu reinigen und um die Zukunft aufzubauen – so auch die sexuelle Lust. Im Laufe der Zeit wurden so die Männer impotent, die Frauen wurden frigide und die sexuelle Funktion verschwand. Bis heute haben sich sogar die Geschlechtsorgane zurückgebildet, sodass es keine mehr gibt.

LENNON Und wie gebärt ihr dann Kinder?

BÜRGER A Die Kaiserin gebärt sie für uns!

LENNON Wie denn?

BÜRGER A Durch ungeschlechtliche Fortpflanzung.

LENNON Kein Wunder, dass es hier so wenig Menschen gibt! Wem gibt die Kaiserin denn die Kinder, die sie gebärt?

BÜRGER A Sie werden nach Bedarf zugewiesen.

LENNON Auch Kinder werden zugewiesen?

BÜRGER A Bei uns hier wird alles zugewiesen!

LENNON Ah! Ich muss jetzt echt dringend!

BÜRGER A *(hält Lennon zurück)* Was willst du da?

LENNON Ich muss dringend pinkeln!

BÜRGER A Du darfst da nicht hinein! Die Zeit ist vorbei!

LENNON Auch die Pinkelzeit wird zugewiesen?

BÜRGER A Wenn die Kaiserin pinkelt, dann gehen wir auch pinkeln – das ist im ganzen Land so!

LENNON Ich bin Ausländer!

BÜRGER A Auch Ausländer müssen sich an unsere Gesetze halten! Bist du wirklich ein Ausländer?

LENNON Ja, wirklich.

BÜRGER A Du bist kein verblasster Mensch?

LENNON Was für ein verblasster Mensch?

BÜRGER A Ein Gegner der purpurnen Revolution, ein zurückgebliebener Mensch!

LENNON Was für ein Pech! Ich pinkel mir gleich in die Hose! Lass mich rein!

BÜRGER A Das geht nicht.

LENNON *(muss dringend pinkeln)* Oh, ah, oh, Hilfe, Hilfe!

Lennon beugt sich vor und zurück, hält sich den Bauch, hüpft von einem Bein auf das andere.

Jesus und Konfuzius hören ihn und laufen hinter dem Plakat hervor.

JESUS Was ist los? Was ist los?

KONFUZIUS Das ist so erschreckend!

BÜRGER A *(noch alarmierter)* Noch zwei Ausländer?!

LENNON *(hält seinen Bauch und läuft wild hin und her)* Ah, oh, oh, ah, oh, oh! Ich kann nicht mehr, ich kann nicht mehr! *(rennt in eine Ecke, wo eine Statue der Kaiserin steht, macht hastig die Hose auf)* Aaah, Entschuldigung, es tut mir leid, auch wenn das hier Gott wäre, ich muss so dringend pinkeln, dass ich mich nicht mehr zurückhalten kann! *(beginnt zu pinkeln)* Oh, welche Freude, ich werde gleich den Weltrekord im Pinkeln brechen!

KONFUZIUS Wie absurd!

JESUS Er kann wirklich nicht anders! Mit ihm ist nichts zu machen???

LENNON *(während er pinkelt, zeigt er auf die Statue der Kaiserin)* Schaut, sogar die Kaiserin feuert mich an!

BÜRGER A *(zu sich selbst)* Ich hab's gesehen, er ist ein Ausländer! *(geht schnell ab)*

LENNON Oh, was hat er gesagt? Holt er jemanden?

JESUS Schon wieder hast du etwas angestellt!

LENNON Was habe ich denn getan?

JESUS Wie oft habe ich dich gewarnt, wenn wir ins Land der Purpurmenschen kommen, erkunden wir zunächst die Lage und erst danach treten wir in Aktion. Doch du musstest ja darauf bestehen, genau hier zu pinkeln und nun haben wir diesen Menschen von unklarer Identität getroffen und wissen wieder einmal nicht, was jetzt passieren wird. Nur weg hier!

KONFUZIUS Keine Panik, nichts wird passieren.

JESUS Warum?

KONFUZIUS Von dieser ganzen gemeinsamen Pinkel-Sache weiß man, dass das Land der Purpurmenschen sehr ordentlich ist, sehr patriotisch, nicht zu vergleichen mit dem Land der Goldmenschen, in dem sie für ihren eigenen Vorteil die Moral vergessen, ein verrücktes Chaos. Ich glaube, dieses besagte Land ist im Inneren gelegen, es ist wie ein Schutzwall umgeben von gewaltigen Bergen und steilen Kämmen, sozusagen verloren und dennoch unabhängig, ein weltentrücktes Idyll, deshalb mit lokalem Charakter, einfach und ehrlich, man muss nicht besorgt sein.

JESUS Ehrwürdiger Herr Kong, lass uns lieber verschwinden!

KONFUZIUS Auch gut, handeln wir präventiv.

LENNON Suchen wir lieber zunächst eine Pension, in der wir unterkommen können.

KONFUZIUS Auch gut, damit wir nicht so lange auf der Straße bleiben und jemandem verdächtig vorkommen.

JESUS Wie sollen wir ohne Geld in einer Pension unterkommen.

LENNON Ich hab Geld, als wir im Land der Goldmenschen waren, hat mir Fräulein Darling 100.000 Yuan gegeben! *(sucht das Geld)* Hä, oh? Das Geld? Fuck, ich hab's verloren!

JESUS Wo hast du es verloren?

LENNON Vielleicht an der Grenze, ich gehe es suchen!

JESUS Geh nicht Dinge suchen, die dir eigentlich nicht gehören.

LENNON 100.000 Yuan!

KONFUZIUS Du musst nur anders denken, damit es dich nicht ärgert.

LENNON Wie soll ich denken?

KONFUZIUS Dass dir Fräulein Darling niemals 100.000 Yuan gegeben hat.

LENNON Aber sie hat es mir ganz zweifellos gegeben!

KONFUZIUS Oder du denkst dir, dass sie dir nur ein oder zwei Yuan gegeben hat.

LENNON Aber sie hat mir ganz zweifellos 100.000 Yuan gegeben!

KONFUZIUS Dann gibt es nur noch eine Denkweise, die dich trösten kann.

LENNON Welche Denkweise?

KONFUZIUS Derjenige, der diese 100.000 Yuan holen gehen wird, der stirbt dann eines gewaltsamen Todes!

LENNON Hach, das ist doch Selbsttäuschung!

JESUS Wir sollten zunächst besser von hier abhauen!

Jesus, Konfuzius und Lennon gehen ab.

Bürger A führt den Offizier und die zwei Soldaten schnell auf die Bühne.

BÜRGER A Gerade waren sie noch hier.

OFFIZIER Waren es sicher Ausländer?

BÜRGER A Ja, ich habe es gesehen!

OFFIZIER Was hast du gesehen?

BÜRGER A Als er uriniert hat, habe ich gesehen, dass er dieses Organ hat!

OFFIZIER Oh? Gehören diese 100.000 Yuan dann ihnen?

BÜRGER A Ich denke schon!

OFFIZIER *(zu den Soldaten)* Klebt hier auch einen Hinweis über den Fund an, überall im ganzen Land soll darauf hingewiesen werden!

SOLDAT A Jawohl!

Soldat A und B kleben einen Hinweis über das Auffinden der verlorenen 100.000 Yuan an.

OFFIZIER *(zu Soldat A)* Du musst sie unbedingt finden!

SOLDAT A Jawohl! Da lang!

Der Offizier, die zwei Soldaten und Bürger A ab.

Im Ministerium für die Zuweisung der Gedanken. Vor der Tür stehen vier Bürger an, um vom Minister Gedanken zu erhalten. Neben der Tür steht ein Eisenkäfig, darin ist ein verblasster Mensch eingeschlossen, die Gesichts- und Hautfarbe sind ganz weiß, sein Körper ist zwischen zwei X-förmigen Holzfesseln eingeschlossen, auf dem Kopf trägt er einen hohen Hut, auf dem „verblasster Mensch“ steht. Er wurde festgenommen und ist hier an den Pranger gestellt.

An der Wand des Ministeriums für die Zuteilung der Gedanken klebt auch eine Mitteilung über das Auffinden der 100.000 Yuan.

MINISTER Lang lebe die Kaiserin!

DIE VIER BÜRGER Die Kaiserin lebe hoch!

MINISTER Öffnet den „Erlass der Kaiserin“!

Die vier Bürger öffnen den sehr dicken „Erlass der Kaiserin“.

MINISTER Die erhabene und leuchtende, mütterliche Kaiserin lässt uns wissen ...

ALLE *(rezitieren)* „Die Seele eines jeden Menschen ist schuldig, die Gedanken eines jeden Menschen sind schlecht, nur die Königin ist heilig und arglos. Das höchste Ziel der Menschen ist es, die bösen Gedanken auszulöschen und die Seele zu reinigen. Mag mein Bauch auch leer sein, unsere Gehirne sind voll. Mehr als goldene Berge wünschen wir uns die Gedanken unserer Kaiserin.“

MINISTER Schaut euch diesen verblassten Menschen an, da seine Gedanken verblasst sind ...

DIE VIER BÜRGER Deshalb ist seine Haut auch verblasst!

MINISTER Er soll uns eine Lehre sein und wir wollen ...

DIE VIER BÜRGER ... die Gedanken der Kaiserin zu unseren eigenen Gedanken machen!

MINISTER Gut, nun weisen wir euch Gedanken zu.

DIE VIER BÜRGER Lang lebe die Kaiserin, hoch lebe die Kaiserin!

Die Krankenschwester tritt mit einer Spritze und verschiedenen purpurnen Injektionsnadeln auf, sie desinfiziert die Nadeln, bereitet die Injektion für die vier Bürger vor.

MINISTER Diese Gedankeninjektionen wurden von der Kaiserin persönlich aus ihrem eigenen Gehirnsaft hergestellt. *(zu einem der wartenden Bürger)* Du, Gedankeninjektion Nummer eins: Gehorsam.

Die Krankenschwester spritzt dem ersten Bürger das purpurne Serum in die Schläfe.

Jesus, Konfuzius und Lennon treten heimlich auf die Bühne, sehen, dass da Menschen sind und verstecken sich.

MINISTER Du empfängst das gehorsame Gehirn der Kaiserin, du wirst niemals rebellieren.

BÜRGER EINS Dank sei der Kaiserin!

MINISTER *(zum zweiten Bürger)* Du, Gedankeninjektion Nummer zwei: Wachsamkeit.

Die Krankenschwester injiziert dem zweiten Bürger das purpurne Serum in die Schläfe.

MINISTER Du empfängst das wachsame Gehirn der Kaiserin, du hast höchste Abwehrkraft gegenüber von außen kommenden dekadenten Gedanken.

BÜRGER ZWEI Dank sei der Kaiserin!

MINISTER *(zum dritten Bürger)* Du, Gedankeninjektion Nummer drei: Genügsamkeit.

Die Krankenschwester injiziert dem dritten Bürger das purpurne Serum in die Schläfe.

MINISTER Du empfängst das genügsame Gehirn der Kaiserin, du wirst immer zufrieden und glücklich sein und keine anderen Wünsche haben.

BÜRGER DREI Dank sei der Kaiserin!

MINISTER *(zum vierten Bürger)* Du, Gedankeninjektion Nummer vier: Selbstlosigkeit.

Die Krankenschwester injiziert dem vierten Bürger das purpurne Serum in die Schläfe.

MINISTER Du empfängst das selbstlose Gehirn der Kaiserin, du wirst beispiellos rein sein.

Die vier Bürger schieben den Eisenkäfig mit dem verblassten Menschen ab.

KRANKENSCHWESTER Minister, und nun Ihre Injektion!

MINISTER Ich? Ich bin befreit!

KRANKENSCHWESTER Nein, Sie müsse den Befehl befolgen!

MINISTER *(kocht innerlich)* Was? Ich bin der Minister!

KRANKENSCHWESTER *(öffnet ihren Kragen, zeigt ihr Abzeichen)* Ich bin eine Sondergesandte der Kaiserin, die Ihnen zur Seite gestellt wurde!

MINISTER *(erschrocken)* Ah?! Ich gehorche ... und bitte um Injektion!

KRANKENSCHWESTER Die Kaiserin ist mit Ihrer Loyalität außerordentlich zufrieden, um Sie zu belohnen, bekommen Sie eine Gedankeninjektion der Nummer Null.

MINISTER Gedanke Null?

KRANKENSCHWESTER Das ist der für Macht und Vergnügen.

MINISTER *(sehr überrascht und bewegt)* Ah, lang lebe die Kaiserin, hoch lebe die Kaiserin!

KRANKENSCHWESTER Für diese Injektion müssen wir natürlich reingehen. Minister, bitte.

MINISTER Bitte!

Die Krankenschwester und der Minister gehen in das Ministerium, beide ab.

Jesus, Konfuzius und Lennon kommen vorsichtig aus ihrem Versteck hervor.

LENNON Wie kann das sein, Gedanken injizieren?

JESUS Schnell weg von hier!

KONFUZIUS Einen Moment! Eine Mitteilung über die Auffindung verlorener Sachen!

LENNON *(liest die Mitteilung laut vor)* „Es wurden 100.000 Yuan aus dem Land der Goldmenschen gefunden. Derjenige, der es verloren hat, ist gebeten sich im Ministerium für die Zuteilung der Gedanken zu melden und die Fundsache abzuholen." Prima, es ist wieder aufgetaucht! Das Ministerium für die Zuweisung der Gedanken? Oh, das ist ja hier!

KONFUZIUS Im Land der Purpurmenschen geben sie tatsächlich das Eigentum an seinen Besitzer zurück, es ist ein Land der Edlen!

LENNON Wartet, könnte das nicht eine Falle sein?

KONFUZIUS Du meinst, hier gibt es so was?

LENNON In diesem Land, in dem gemeinsam gepinkelt wird und Gedanken injiziert werden, werden sie uns Ausländer da gut behandeln?

KONFUZIUS Du sorgst dich zu viel. Ein Land, das die Gedanken und das Urinieren kontrollieren kann, zwei Dinge, die am schwierigsten zu verwalten sind, ist ein wohlgeordnetes Land – wie könnte es mit Bekannten aus anderen Ländern unhöflich sein.

JESUS Aber als ich im Land der Goldmenschen angekommen war, habe ich auch an die Gutwilligkeit der unglaubwürdigsten Menschen geglaubt.

KONFUZIUS Sollen wir also nicht hineingehen, um die Fundsache abzuholen?

JESUS Nein!

LENNON Und die 100.000 Yuan?

KONFUZIUS Sind doch nur weltliche Dinge!

JESUS Kommt, lasst uns abhauen!

KONFUZIUS Wie ihr wünscht!

Bürger A kommt mit dem Offizier und zwei Soldaten auf die Bühne.

BÜRGER A Halt!

Jesus, Konfuzius und Lennon erschrecken, bleiben stehen.

BÜRGER A *(zum Offizier)* Das sind sie!

LENNON *(will wegrennen, zu Jesus und Konfuzius)* Schnell weg!

DIE BEIDEN SOLDATEN *(halten Lennon auf)* Stehen bleiben!

LENNON Was wollt ihr?

DIE BEIDEN SOLDATEN *(ergreifen Lennon)* Sei gehorsam!

LENNON *(kämpft)* Lasst mich los!

Der Soldat gibt Lennon eine Ohrfeige, sodass dieser beinahe zu Boden fällt. Zornerfüllt bereitet Lennon sich zum Gegenangriff vor.

JESUS Hör auf!

LENNON Mach Platz!

JESUS *(versperrt Lennon den Weg)* Ich rate dir ernsthaft, räche dich nicht an den Menschen, die dich schikanieren.

LENNON Er hat mich geohrfeigt!

JESUS Wenn dich jemand auf die rechte Wange schlägt, dann halte ihm auch die linke hin!

LENNON Was?!

JESUS Liebe deine Feinde, segne, die dich fluchen. Der Vater lässt seine Sonne aufgehen über die Guten und über die Bösen; und er lässt es regnen über Gerechte und Ungerechte. Wenn du nur die liebst, die dich lieben, warum hat Gott dich dann geschickt?

OFFIZIER Was für ein Durcheinander! *(zu Jesus)* Alter Herr, komm mal her!

JESUS *(bewegt sich nicht)* Ich höre nur auf Gottes Ruf.

OFFIZIER *(geht hinüber)* Wenn ich dich auf die rechte Wange schlage, hältst du mir auch deine linke hin?

JESUS Das habe ich zu den Kindern Gottes gesagt.

OFFIZIER Na, dann probiere ich das mal aus!

Der Offizier schlägt Jesus, Jesus schließt seine Augen.

LENNON *(springt vor)* Du darfst ihn nicht anfassen! *(erhebt die Gitarre gegen den Offizier)* Wer traut sich?

OFFIZIER *(erschrocken)* Was ist das?!

JESUS Eine Gitarre.

OFFIZIER Für mich? Ich will sie wirklich nicht! Leg sie hin!

JESUS *(zu Lennon)* Sei nicht unverschämt, leg sie hin!

KONFUZIUS Herr Offizier, wenn ich Ihnen etwas raten darf, sprechen Sie bitte mit mir.

OFFIZIER Habt ihr diese Mitteilung über die Fundsache gesehen?

KONFUZIUS Ähm ... Wir haben sie angeschaut, aber nicht gesehen.

OFFIZIER Was meinen Sie?

KONFUZIUS Ähm ... Wir haben sie sozusagen schon gesehen, aber eben auch nicht.

OFFIZIER Also, habt ihr sie nun gesehen oder nicht?

KONFUZIUS *(vorsichtig)* Was ist, wenn wir es gesehen haben, was ist, wenn wir es nicht gesehen haben?

OFFIZIER Oh, keine Angst, wir sind hier, um den Besitzer zu suchen.

KONFUZIUS Den Besitzer zu suchen?

OFFIZIER Habt ihr 100.000 Yuan verloren?

KONFUZIUS Das ...

OFFIZIER *(fragt Jesus und Lennon)* Und ihr?

JESUS Der Menschensohn hat noch nie etwas unfreiwillig verloren, der Menschensohn opfert nur mit ganzem Herzen.

LENNON Ich hab's verloren!

BÜRGER A *(aufgeregt)* Ah, sehr gut, wir haben ihn gefunden!

OFFIZIER *(zu Bürger A)* Wieso so aufgeregt?

BÜRGER A *(unterwürfig)* Jawohl!

OFFIZIER Ich bin sehr froh, dass wir euch gefunden haben. Das gerade war ein Missverständnis, bitte verzeiht. Ich bitte euch, mir zu folgen und euer verlorenes Geld mitzunehmen.

LENNON Jetzt?

KONFUZIUS Ah, falscher Alarm, es ist wirklich das Land der Edlen.

BÜRGER A Kann ich gehen, Chef?

OFFIZIER Warte, wir gehen zusammen hinein.

BÜRGER A Gibt es eine Belohnung?

OFFIZIER Nein, eine dreimonatige Untersuchung.

BÜRGER A Warum wollt ihr mich untersuchen?

OFFIZIER Du hast mit diesen drei Ausländern gesprochen und Kontakt gehabt. *(zum Soldaten)* Bring ihn hinein! *(zu Jesus und den anderen)* Bitte!

Auf der Station für Infektionskrankheiten des zum Ministerium für die Zuweisung der Gedanken gehörigen Gedankenkrankenhauses.

Der Minister und einige bewaffnete Krankenschwestern bereiten sich auf eine Operation vor.

Aus dem „Operationssaal" nebenan sind die schmerzerfüllten Schreie des Bürgers A zu hören.

Der Offizier und zwei Soldaten eskortieren Bürger A nach der Folter.

OFFIZIER Ehrwürdiger Minister!

MINISTER Wart ihr erfolgreich?

OFFIZIER Er besteht immer noch darauf, dass er diese 100.000 Yuan an der Grenze gefunden hat und dass er und diese drei Menschen sich nur am Eingang der Toilette zum ersten Mal getroffen hätten, davor hätten sie sich nicht gekannt.

BÜRGER A *(ruft)* Ihr tut mir Unrecht, ihr tut mir Unrecht …

MINISTER Injiziert ihm Gedanken Nummer 9 und Nummer 17.

OFFIZIER Jawohl!

Der General und die zwei Soldaten eskortieren Bürger A noch einmal in den „Operationssaal", ab.

Die Krankenschwester kommt aus dem „Beobachtungsraum".

KRANKENSCHWESTER Ehrenwerter Minister.

MINISTER Was hat die Untersuchung ergeben?

KRANKENSCHWESTER Sie sind in der Tat keine verblassten Menschen, sie sind Ausländer.

MINISTER Wurde alles sorgfältig überprüft?

KRANKENSCHWESTER Sie wurden am ganzen Körper untersucht, alle drei haben die typischen männlichen Organe, die nur Ausländer haben.

MINISTER Gut, bring sie her, ich möchte sie persönlich operieren.

KRANKENSCHWESTER Jawohl!

Krankenschwerster ab. Nach einer kurzen Weile führt die Krankenschwester Jesus, Konfuzius und Lennon herein. Sie wurden „untersucht" und tragen nur eine Unterhose, die Situation ist ihnen peinlich.

JESUS Ach. Ich wäre jetzt lieber ans Kreuz genagelt, das ist eine unerträgliche Beleidigung!

LENNON Warum interessieren die sich nur so für unser Spielzeug? Schauen es von links an, dann von rechts, tasten es ab, halten es zwischen den Fingern, fast wie bei der Gurkenernte. *(hält sich plötzlich den Unterkörper)* Autsch, fuck, das tut echt weh jetzt!

KONFUZIUS Hach, eine unerträgliche Schande, völlig verwahrlost, die ganze wissenschaftliche Würde in Staub aufgelöst!

MINISTER Verehrte Herren, bitte, verstehen Sie das nicht falsch, das gerade war eine Untersuchung, ich danke für die Kooperation.

KONFUZIUS Bitte Kleidung für mich, Kleidung für mich!

Der Minister gibt der Krankenschwester ein Zeichen.

Die Krankenschwester bringt drei purpurne Kleidungsstücke und gibt sie Jesus, Konfuzius und Lennon.

KONFUZIUS Purpur? Das ist keine gute Farbe, das trage ich nicht, ich trage es nicht!

MINISTER Du trägst es nicht? Purpur ist die Nationalfarbe in unserem Land der Purpurmenschen. Jeder Ausländer, der hierher kommt, muss seine Kleider gegen purpurne tauschen.

KONFUZIUS Purpur ist eine hybride Farbe, Rot ist die Farbe der Gerechtigkeit. Ich hasse es, wenn das Hybride die Gerechtigkeit unterdrückt! Also trage ich das nicht.

MINISTER Na, dann trägst du eben ganz ungezwungen nur deine Unterhose!

KONFUZIUS Hach, dann passe ich mich eben den lokalen Gepflogenheiten an und trage es!

Konfuzius zieht die purpurnen Kleider an.

KONFUZIUS *(zu Jesus)* Befolg du auch die Gepflogenheiten!

Jesus zieht auch widerwillig die purpurnen Kleidungsstücke an.

MINISTER *(zu Lennon)* Und du? Ziehst du es nicht an?

LENNON Ich trage eh schon eine Unterhose, mehr als damals, als ich auf die Welt gekommen bin.

MINISTER So ist das also?

LENNON Ist auch praktischer, falls ihr mich nochmals untersuchen wollt.

MINISTER Gut. Wir sollten uns erst mal kennenlernen, ich bin Minister des Ministeriums für die Zuteilung der Gedanken.

LENNON Herr Minister ...

MINISTER Entschuldigung, ich bin kein Herr.

LENNON Frau Minister ...

MINISTER Entschuldigung, ich bin keine Frau.

LENNON Oh, richtig, ihr habt ja verdammt noch mal kein Geschlecht, kein Wunder, dass ihr so an unserem Spielzeug interessiert seid. Minister ... Ehrenwerter Minister, warum habt ihr uns hierher gebracht, was für ein Ort ist das?

MINISTER Das hier ist die Station für Infektionskrankheiten im zum Ministerium für die Zuweisung der Gedanken gehörigen Krankenhaus der Gedanken.

LENNON Und was sollen wir hier? Wir haben keine ansteckende Krankheit.

MINISTER Ob ihr eine ansteckende Krankheit habt oder nicht, das müssen eben wir herausfinden. Jetzt müsst ihr Fragen beantworten. *(zu Jesus)* Es scheint so, als seist du der Chef, wer seid ihr?

JESUS Ich bin das Licht.

MINISTER Das Licht?

JESUS Das Licht der Welt!

MINISTER Aus welchem Land kommst du?!

JESUS Aus einem Land, das nicht zu dieser Welt gehört.

MINISTER Woher kommst du denn dann?

JESUS Ich komme von meinem Vater.

MINISTER Wo ist dein Vater?

JESUS Wenn du mich nicht kennst, kennst du auch meinen Vater nicht; wenn ihr mich kennt, kennt ihr auch meinen Vater.

MINISTER Warum zeigt ihr uns nicht eure Pässe? Wenn ihr keine Pässe habt, durch welche Passkontrolle seid ihr dann in unser Land gekommen? Seid ihr heimlich über die Grenzen gekommen oder seid ihr vom Himmel gesprungen?

JESUS Ich sage dir ganz ernsthaft, ich bin kein Dieb und auch niemand, der über die Mauer klettert und die Schafe aus dem Stall klaut.

MINISTER Wer bist du dann?

JESUS Ich bin eine Tür.

MINISTER Eine Tür?

JESUS Deshalb muss ich nicht durch die Tür anderer Menschen eintreten, ich sage es noch einmal, ich bin eine Tür. Eine offene Tür. Ich lasse andere Menschen hinein. Die Menschen, die durch meine Tür gehen, sind sicher; die Schafe, die durch meine Tür gehen, finden sicherlich eine Weide.

MINISTER Wie kann ein Mensch eine Tür sein? Du bist ein Mensch!
JESUS Dann bin ich eben ein Hirte, ein guter Hirte.
MINISTER Ein guter Hirte?
JESUS Wenn der bezahlte Knecht einen Wolf erblickt, lässt er die Schafherde im Stich und rennt davon. Der Knecht ist nur ein Knecht, ihm liegt nichts an der Schafherde. Ich bin ein guter Hirte. So wie mein Vater mich kennt, kenne ich meinen Vater. Das Gleiche gilt für meine Schafherde: Ich kenne meine Schafherde so, wie meine Schafherde mich kennt. Sie hören auf meine Stimme.
MINISTER Ich glaube, du bist verrückt! Ich verstehe wirklich nicht, wovon du sprichst.
JESUS Ich bin auf der Suche nach dem verlorenen Schäfchen und möchte es zur Herde zurückbringen. Du bist nicht mein Schaf, du verstehst meine Stimme nicht, also wirst du mir auch nicht folgen!
MINISTER Hör auf Nonsens zu reden, du bist kein Hirte.
JESUS Na dann bleibt mir nichts anderes übrig als zuzugeben, dass ich Arzt bin. Ein Arzt, der Lahme, Blinde, Taube, Gelähmte, Verblutende heilen kann.
MINISTER Das ist eine Lüge!
JESUS Ich bin Arzt.
MINISTER Schwöre!
JESUS Vor wem soll ich schwören? Ich kann es dem Himmel nicht geloben, weil der Himmel der Thron Gottes ist; ich kann es der Erde nicht geloben, weil die Erde der Schemel Gottes ist.
MINISTER Ich frage dich zum letzten Mal, warum bist du hierher ins Land der Purpurmenschen gekommen? Was willst du hier?
JESUS Ich hab es dir doch ganz am Anfang schon gesagt: für die Schafe. Ich suche Wölfe, ich möchte wissen, wie viele Wölfe sich unter den Schafen befinden.
MINISTER Genug des Unfugs. *(zu Lennon)* Wer bist du?
LENNON Ein Sänger.
MINISTER *(nimmt die Gitarre heraus)* Ist das deins?
LENNON Das ist ein Musikinstrument, mein treuer Freund.
MINISTER Weißt du, dass im Land der Purpurmenschen das Mitsichführen von Musikinstrumenten verboten ist und das Singen auch?
LENNON Der Gesang kommt aus der Natur, kannst du die Natur aufhalten?
MINISTER Im Land der Purpurmenschen muss angestrengt nachgedacht werden, man muss sich unaufhörlich selbst prüfen, fromm beichten, strenge Askese betreiben. Gesang schlägt sich auf den Willen und die Stimmung, das Denken wird nachlässig, der Geist verkümmert. Im Land der Purpurmenschen ist das schönste

und bewegendste Geräusch nicht Musik, sondern die Edikte der Kaiserin, die Stimme der Kaiserin!

LENNON Aber meine Lieder übertreffen die Worte jedes Kaisers oder Königs und bewegen mehr als jeder Klassiker. Meine Lieder gehen durch die ganze Welt. Wer meine Lieder nicht gehört hat, weiß nicht, was Glück bedeutet; wer mich nicht singen gesehen hat, ist umsonst auf diese Welt gekommen.

MINISTER Das ist Demagogie!

LENNON Ich will es mit meinen Liedern beweisen!

MINISTER Mit deinen Liedern beweisen?

LENNON *(greift nach der Gitarre)* Danke, mit meiner Gitarre im Arm vergesse ich allen Schmerz und alle Traurigkeit. Ich will singen!

MINISTER Jedes einzelne Lied ist Beweis für dein Verbrechen.

LENNON Wenn ich durch das Singen ein Verbrechen begehe, dann wird das Singen mich wieder befreien.

(singt und spielt) How can I go forward when I don't know which way i'm facing? / How can I go forward when I don't know which way to turn? / How can I go forward into something I'm not sure of? / Oh no, oh no. / How can I have feeling when I don't know if it's a feeling? / How can I feel something if I just don't know how to feel?

MINISTER So ein träumerisches Geschwätz!

LENNON *(singt und spielt)* In the middle of a dream / In the middle of a dream I call your name / Oh Yoko / Oh Yoko / My love will turn you on / My love will turn you on / In the middle of a cloud / In the middle of a cloud I call your name / Oh Yoko / Oh Yoko / My love will turn you on

MINISTER Hier im Land der Purpurmenschen ist es nicht erlaubt, Liebesaffären zu haben!

LENNON Weil ihr kein Geschlecht habt, gibt es auch keine Liebe.

(singt und spielt) Oh my love for the first time in my life / My eyes are wide open / Oh my lover for the first time in my life / My eyes can see / I see the wind / Oh I see the trees / Everything is clear in my heart / I see the clouds / Oh I see the sky / Everything is clear in our world / Oh my love for the first time in my life / My mind is wide open / Oh my love for the first time in my life / My mind can feel / I feel sorrow / Oh I feel dreams

Everything is clear in my heart / I feel life / Oh I feel love / Everything is clear in our world

MINISTER Oh, du bist doch ziemlich optimistisch!

LENNON Voller Hoffnung kam ich auf die Erde, doch was ich sah, ließ mich die Hoffnung verlieren.

(singt und spielt) God is a concept by which we measure our pain / I don't believe in magic, I don't believe in Jesus. / I don't believe in Solomon, I don't believe in Hegel. / I don't believe in the Bible, I don't believe in the King. / I don't believe in fortune-telling cards, I don't believe in the guitar. / I don't believe in the Beatles, I don't believe in Kennedy.

MINISTER Aber es ist verboten, ans Land der Purpurmenschen nicht zu glauben, es ist verboten, an die höchste Kaiserin nicht zu glauben!

KONFUZIUS Diesen Worten mangelt es! Wenn der Monarch das Vertrauen der Leute für sich gewinnen möchte, muss er zuerst seinen Bürgern trauen. Wenn er die Bevölkerung unterdrückt und den Bürgern misstraut, wie können die einfachen Leute ihm dann vertrauen?

LENNON *(fröhlich)* Das hat Seltenheitswert, sogar Herr Konfuzius hat seine Vorstellungen auf einen neuen Stand gebracht!

KONFUZIUS Ich glaube, um ein Herrscher zu sein, muss man nachsichtig mit den Leuten sein, brüderlich gegenüber den Menschen. Den Bürgern Kleidung und Essen bereitstellen ist unerlässlich. Wenn Kleidung und Essen genug sind, kann dann – und nur dann – dies Ehre und Schande zeigen. Nur wenn Überfluss an Nahrung und an Kleidung herrscht, veranlasst das die Nahestehenden glücklich zu sein und die weit Entfernten zu kommen.

MINISTER Was kommt ihr zu uns? Und warum? Wir brauchen niemanden, der von außen kommt. Um unsere Reinheit zu bewahren, sind wir gegenüber Ausländern äußerst wachsam.

LENNON Deshalb habt ihr uns hierher gebracht? Aber ihr habt uns angelogen, ihr habt gesagt, dass ihr uns unsere verlorenen 100.000 Yuan zurückgebt.

MINISTER Aber diese 100.000 Yuan sind der Beweis für eure Straftaten.

LENNON Straftaten?

MINISTER Sagt bloß ihr wisst nicht, dass wir hier im Land der Purpurmenschen das Geld schon längst abgeschafft haben? Sagt bloß, ihr versteht nicht, dass Geld die Wurzel allen Übels ist? Ihr wisst das alles ganz genau, und trotzdem seid ihr heimlich mit dem riesigen Betrag von 100.000 Yuan in unser Land gekommen, mit der Absicht, Zerstörung und Chaos zu bringen!

LENNON Was für eine reiche Fantasie!

MINISTER Ich frage euch noch einmal, ihr kommt aus dem Land der Goldmenschen. Wie ist das Land der Goldmenschen?

LENNON Sehr reich, aber ...

MINISTER Wenn es so reich ist, warum seid ihr dann nicht dort geblieben, warum seid ihr in unser Land gekommen, wo es nicht genügend Kleidung und Essen gibt? Hä? Wer sollte hierher kommen, wenn nicht Spione?

KONFUZIUS Ach, wenn man unbedingt jemanden verurteilen will, kann man sich immer einen Grund dafür ausdenken.

MINISTER Jemanden verurteilen? *(zum „Operationssaal")* Bringt ihn her!

Der Offizier und die beiden Soldaten eskortieren Bürger A herein.

BÜRGER A *(vollkommen realistisch)* Die drei sind Spione des Goldmenschenlandes. Schon vor fünf Jahren bin ich ihrer Informationsorganisation beigetreten. Gestern um Mitternacht habe ich ihnen geholfen, sich heimlich ins Land einzuschleichen. An der Grenze hat er *(zeigt auf Jesus)* mir 100.000 Yuan gegeben. Er wollte, dass ich innerhalb von drei Tagen jeder Familie zehn Yuan in den Hof werfe, um im ganzen Land gedankliches Chaos zu verursachen, daraufhin sollte in einem Staatsstreich die Regierung gestürzt werden.

MINISTER Wie gestürzt?

BÜRGER A *(zeigt auf Konfuzius)* Er hat zu mir gesagt, nach drei Tagen würde er zehn Atomsprengköpfe bringen, um das Land der Purpurmenschen dem Erdboden gleichzumachen!

KONFUZIUS Ah?!

MINISTER Zehn Atomsprengköpfe? Wie gefährlich! Was habt ihr da noch zu sagen? Hä?

Bürger A wird von einem Soldaten eskortiert, ab.

Jesus, Konfuzius und Lennon stehen völlig verblüfft da.

MINISTER Bereitet die Operation vor!

Der Offizier, die Soldaten, die Krankenschwester binden Jesus, Konfuzius und Lennon am Operationstisch fest.

LENNON *(kämpfend)* Was soll das? Was soll das?

KONFUZIUS Der Tai-Berg soll bröckeln? Der starke Balken soll brechen? Der weise Mann soll allmählich verschwinden?

JESUS Vielleicht ist der Jüngste Tag gekommen!

LENNON Was wollt ihr tun? Was wollt ihr hier tun?

MINISTER Wir werden euch kastrieren.

LENNON Ah, kastrieren?

MINISTER *(hebt die Hand mit dem Skalpell)* Du bist am besten geeignet, also bist du als erster dran!

LENNON Das darfst du nicht tun, das darfst du nicht tun!

MINISTER Wir erlauben niemandem, anders zu sein als wir. Wer anders ist als wir, ist unser Feind.

LENNON Nein, nein!

MINISTER Nachdem wir dich kastriert haben, geben wir euch noch eine Injektion mit Gehirnsaft der Kaiserin. Auf diese Weise seid ihr dann genauso wie wir!

LENNON Ah, ihr wollt also nicht nur unsere Körper kastrieren, sondern auch unsere Gedanken. *(zu Jesus)* Inspektionsleiter, heute kannst nur du unsere große Familie retten. Was zögerst du? Oder soll ich ihm auch noch meine linke Wange hinhalten?

JESUS Willst du, dass ich ein Wunder geschehen lasse?

LENNON Dieses Land ist voller Polizisten und Soldaten, sie kontrollieren jeden Türflügel, jede Straße, jedes Stück Luft, jede Hoffnung, niemand kann sich aus ihrer Kontrolle befreien, die einzige Methode ist göttliche Kraft!

JESUS Es ist beklagenswert, die Probleme der Menschen mit göttlicher Kraft zu lösen. Seit jeher retteten sich die Menschen mit göttlichen Kräften aus Katastrophen. Gott ist schon unvorstellbar müde. Schon längst ist der Mensch erwachsen, warum stützt er sich immer noch auf Gott?

LENNON Doch wenn der Mensch seine eigenen Kräfte nicht kennt und sie nicht richtig einsetzen kann, braucht er eben doch Gott!

KONFUZIUS In jedem Jahr, in Yugong in der chinesischen Provinz Shanxi, als der Berg ausgehoben wurde, hat dies Gott auch bewegt und göttliche Kraft hat geholfen! Antworte uns!

JESUS Gut! Gott, mein Vater, ich bitte dich um die Erlösung deines Sohnes!

Plötzlich ertönt ein gewaltiger Lärm, der Himmel bricht auseinander und die Erde spaltet sich, alles ist voller Rauch, Jesus, Konfuzius und Lennon fahren allmählich gen Himmel, steigen hoch in die Wolken.

LENNON Schaut, dieses verdammte Land der Purpurmenschen! Oh, und da drüben, das hässliche Land der Goldmenschen! Fuck, die Menschheit ist verloren!

KONFUZIUS Einer ähnelt dem Tiger, der andere ist wie ein Wolf. Das Verbrechen der Menschheit liegt vielleicht darin, dass jeder auf seinem Standpunkt beharrt. Wenn sie aber den Mittelweg beschreiten würden, dann ...

JESUS Vielleicht befindet sich die Menschheit aber auch gerade an einem Wendepunkt, und ganz egal ob im Land der Goldmenschen oder im Land der Purpurmenschen, alle werden von dieser Wende beeinflusst werden. Ich hoffe, dass diese Wende nicht wieder auf göttliche Kräfte zählt, die Menschheit soll sich doch auf ihre eigenen Kräfte stützen. *(plötzlich)* Ach, Verflixt!

LENNON, KONFUZIUS Was ist denn?

JESUS Ich habe vergessen, die Klimaanlage für Gott zu kaufen!

Vorhang fällt.

ENDE

Guo Shixing

Der Go-Mensch

(1994)

Aus dem Chinesischen von Stefan Christ

Im Bühnenbild ist das Zusammenspiel von Fülle und Leere sehr wichtig. Etwa verfügt He Yunqings Haus über eine Tür, ein Fenster, ein Bett, einen Tisch und Stühle, ein Go-Spiel mit Steinen und einen Ofen, hat aber keine Wände, sodass diese verlassene Hütte immer ganz von Dunkelheit, Dämmer- oder Morgenlicht durchdrungen ist.
Präzise Beleuchtung spielt im Stück eine große Rolle. Eine wichtige Figur, der Geist, wird sogar ausschließlich durch einen bestimmten Lichteffekt verkörpert.
Das Haus der beiden Sis ist etwas voller als Hes Hütte. Die Bücher darin können vergrößert dargestellt werden, um zu verdeutlichen, dass sie im Weg sind und nur wenig Raum für Bewegung lassen. Zwischen den Bücherstapeln erscheint Si Hui umso einsamer und verlassener.
Im ersten Akt bläst Wind.
Im zweiten Akt, zweite Szene, fällt Schnee, der am Ende zu einem dichten Gestöber wird.
Im dritten Akt ist die Szenerie in Mondlicht getaucht, das wie Wasser glitzert.
Im vierten Akt, erste Szene, ist es ein klarer Tag mit blauem Himmel; in der zweiten Szene herrscht Nacht, eine lange Nacht, die kein Ende nehmen will.
Zu den Figuren:
He Yunqing ist ein hagerer, hochgewachsener Alter. Er hat helle Haut und wirkt distinguiert. Seine Bewegungen sind grazil. Vor allem seine schmalen, gewandten Hände sind so ausdrucksstark, dass sie beinahe zu sprechen scheinen.
Si Hui ist stets selbstmitleidig und auf andere angewiesen. Sie hat eine würdevolle und tragische Haltung.
Si Yan ist zwar verrückt, gehört aber zum Typus des „gelehrten Verrückten". An der Oberfläche zeigt sich nur eine gewisse nervöse Gereiztheit.
Yuanyuan ist der Inbegriff von jugendlicher Blüte und Vitalität. Sie hat eine sehr erotische Ausstrahlung, vor allem ihre langen, wohlgeformten Beine fallen auf.
Der Taube (Schwerhörige) hört manchmal wirklich nicht, manchmal fällt er den anderen auch mit Absicht ins Wort.
Der Geist, Si Yans leiblicher Vater, wird durch einen Lichteffekt dargestellt und tritt im Zusammenhang mit Erfolg und Scheitern auf.

PERSONEN

Anmerkung: Es handelt sich um „sprechende" Namen. Für die Interpretation relevante Bedeutungen stehen hier in Klammern.

HE YUNQING 60 Jahre, Großmeister im Go-Spiel
(*Yun* – Wolke, *qing* – klar, hell)

SI HUI 51 Jahre, Si Yans Mutter
(*Si* – regeln, managen; *hui* – Weisheit)

SI YAN 20 Jahre, ein arbeitsloser junger Mann
(*Yan* – heiß, brennend)

HUANG YUANYUAN 19 Jahre, Reiseführerin
(*Huang* – gelb, die Farbe steht in China manchmal für „anrüchige" Dinge, so werden zum Beispiel Pornos als „gelbe Filme" bezeichnet; *Yuan* – Schönheit, schöne Frau)

DER TAUBE 62 Jahre, Arzt

HU TIETOU 59 Jahre, Schriftsteller
(*Tietou* – „Eisenkopf", auch: Dummkopf)

GUI TOUDAO 59 Jahre, hochrangiger Ingenieur
(*Gui* – Geist; *Toudao* – Schwert des Scharfrichters)

SHUANG FEIYAN 60 Jahre, Biologe
(*Shuang* – Paar; *Feiyan* – fliegende Schwalbe, in übertragener Bedeutung: schnell und gewandt; bezeichnet auch eine bestimmte Konstellation im Go-Spiel)

YIZI BUSHE 56 Jahre, Geschäftsmann
(*Bushe* – nicht aufgebend, unermüdlich)

DER GEIST Si Yans leiblicher Vater, wird durch einen Lichteffekt dargestellt

ERSTER AKT

Vorhang auf.
Winteranfang.
In He Yunqings Hütte.
Licht an. Kalter Wind rüttelt an den Fenstergittern und lässt das abgegriffene Fensterpapier knattern.
Yunqing ist in eine Decke gehüllt und hockt in einer Ecke des Raums auf einem aus Brettern gezimmerten Einzelbett.
Mittelpunkt des Bühnenbilds sind ein kleiner Ofen, in dem das Feuer schon erloschen ist, und ein Acht-Personen-Tisch mit zwei Stühlen. Der Tisch ist sehr alt und von einer schwarzen Schicht überzogen, es ist nicht klar zu erkennen, ob es sich um Lackfarbe oder eine Fettschicht handelt. Auf dem Tisch stehen ein hölzernes Go-Brett und, zu beiden Seiten des Bretts, Bambuskörbchen mit Go-Steinen aus Yunnan.
Der Taube kommt auf die Bühne. Aufgeregt tritt er vor die Tür, klopft an, dann platzt er vertraulich herein.

DER TAUBE Das ist ja eiskalt hier drin! Wieso bist du noch im Bett?
HE YUNQING Wer hat dich hereingebeten?
DER TAUBE Wir sollten mal das Feuer schüren, oder? Hast du eine Axt? Ich hole ein bisschen Holz.
HE YUNQING Ich spiele nicht mehr Go, hast du gehört?
DER TAUBE Ich versteh dich nicht, sprich mal lauter!
HE YUNQING Ich spiele nicht mehr Go, *(brüllt)* ich spiele kein Go mehr!
DER TAUBE Ich spiele ja auch kein Go, ich hab doch immer nur danebengesessen und zugeschaut. Wenn du schon brüllen musst: Gleich kommen die anderen, brüll doch die an!
HE YUNQING Wie, jetzt gleich? Die wollen schon wieder kommen? Noch nicht mal im Grab würden die einen in Ruhe lassen.
DER TAUBE Du hast vergessen, was für ein Tag heute ist.
HE YUNQING Was für ein Tag soll sein?
DER TAUBE Dein Geburtstag! Du wirst heute sechzig.
HE YUNQING *(stockend)* Ja, stimmt, sechzig. Dann sind es jetzt fünfzig Jahre ...
DER TAUBE Was?
HE YUNQING *(laut)* Dann sind es jetzt fünfzig Jahre!
DER TAUBE Wieso denn fünfzig Jahre?
HE YUNQING Fünfzig Jahre bin ich nicht vom Go-Brett weggekommen!
DER TAUBE Da hattest du ein glückliches Leben!

HE YUNQING Nein, ein belangloses Leben war das. Und jetzt, wo ich endlich mal den Kopf hebe von meinem Go-Brett, jetzt erst sehe ich, dass ihr alle auch schon einen krummen Rücken habt, dass euer Haar weiß geworden ist und ihr nichts mehr hört.

DER TAUBE Ich habe schon als Kind schlecht gehört.

HE YUNQING Na, aber sag mal, ein ganzes Leben vor dem Go-Brett, das soll ein glückliches Leben sein?

DER TAUBE Es ist eine saubere Angelegenheit! Du weißt ja gar nicht, wie schmutzig die Welt da draußen ist.

HE YUNQING Wie, ich weiß das nicht? Ach, ich wünschte, ich wünschte wirklich, ich könnte raus in den Schlamm ohne schmutzig zu werden. Und du, an dir kann ich den Schlamm schon riechen ...

DER TAUBE Mit dem Alter wird man dickköpfig, das kann man wohl sagen. Im Alter darf man nichts bereuen. Fang einmal mit der Reue an und deine ganze Welt bricht zusammen.

HE YUNQING Ich habe mein Leben, meine Jugend damit verbracht, diese Spielsteine zu wärmen. Und mein eigener Körper aus Fleisch und Blut ist dabei von Tag zu Tag kälter geworden. Inzwischen ist er wirklich kalt.

DER TAUBE Lass uns das Feuer schüren, dann fühlst du dich wohler. Weißt du, dass ich dich bewundere? Schon hunderttausendmal habe ich es verflucht, dass ich nicht Go spielen kann.

HE YUNQING So sind die Menschen. Immer ist der Berg vor der eigenen Nase der höchste Berg.

DER TAUBE Denk doch nur: Wenn du einen Stein in die Hand nimmst, dann wird allen Go-Spielern im Land ganz schwindlig, so ein glänzender Könner bist du.

HE YUNQING Das ist Schnee von gestern.

DER TAUBE Du bist Landesmeister und hast keinen Konkurrenten!

HE YUNQING Das deprimiert mich noch mehr.

DER TAUBE Yunqing, früher warst du aber nie so schwermütig und bekümmert! Die Tage sind doch wie im Flug vergangen, während du vor dem Go-Brett gesessen hast. Du hast so mühelos gespielt, mit traumwandlerischer Sicherheit und mit einer so gut durchdachten Strategie! Eine ganze Generation bewundert dich.

HE YUNQING Ja, Go-Spieler.

DER TAUBE Was?

HE YUNQING *(laut)* Go-Spieler bewundern mich!

DER TAUBE So ein Unsinn. Dass es auf der Welt auch Tänzer gibt, tut dem ja keinen Abbruch.

HE YUNQING Aber wissen die Leute denn auch, wie einsam so ein bewunderter Go-Spieler lebt? Du, Tauber, wir sind jetzt schon seit ein paar Jahrzehnten Freunde, du weißt es doch wohl?

DER TAUBE Wenn du dich satt gegessen hast, dann hat die ganze Familie keinen Hunger mehr.

HE YUNQING Wenn ich allein esse, habe ich oft keinen Appetit.

DER TAUBE Ja, du musst dich nicht mit Kindern herumärgern, du hast keine einzige von den Sorgen, die die Schwarzhaarigen den Weißhaarigen bereiten. *(bedrückt)*

HE YUNQING Entschuldige, aber ich hätte wirklich gern junge Leute um mich ... Ich will sie lachen hören, ich will sie rennen sehen ...

DER TAUBE *(bitter lächelnd)* Damit geht aber immer noch etwas anderes einher. Eine Horde Kinder, die rennen können, sowas gibt es nicht ohne eine alte Ehefrau. Und die kann nicht rennen, die hat schwache Knochen und in den Wechseljahren wütet sie wie eine Furie. Diese Alte hat denen, die rennen können, überhaupt erst das Leben geschenkt.

HE YUNQING Was soll das, was bist du denn so bissig? Kannst du den Leuten nicht ein paar schöne Illusionen lassen?

DER TAUBE Schau mal, du ...

HE YUNQING Was ist mit mir? Sag es ruhig.

DER TAUBE Du bist wirklich alt geworden.

HE YUNQING Ach ... Ich bin jetzt schwach im Kopf, ja? Ihr versteht mich nicht ...

DER TAUBE Wie, ich verstehe dich nicht? Ich sag es dir auf den Kopf zu: Wenn du dein Glück außerhalb des Go-Spiels suchst, dann, fürchte ich, stehst du am Ende mit leeren Händen da.

HE YUNQING Wie sollte ich mir denn noch das große Glück erhoffen! Ich bin nur auf der Suche nach einem bisschen Leben, einem bisschen Lebendigkeit ... Ich will nicht mehr so ein eiskalter Stein sein.

DER TAUBE Also, da muss ich nun wirklich widersprechen! – Ich hab übrigens eine Neuigkeit für dich, aber ich bin mir nicht sicher, ob das wirklich eine gute Nachricht ist.

HE YUNQING Na, dann sag schon.

DER TAUBE Für uns ist es vielleicht auch eine halb schlechte Nachricht ...

Die vier Go-Liebhaber Hu Tietou, Shuang Feiyan, Gui Toudao und Yizi Bushe treten unter Gelächter auf, stoßen die Tür auf und kommen herein.

HE YUNQING Du, Tauber, heute darf kein Wort über Go gesprochen werden!

HU TIETOU Bruder He, wir sind gekommen, um dir alles Gute zu wünschen!

ALLE Lieber He, wir wünschen dir ein Meer voller Glück und ein Leben so lang, wie der Südberg hoch ist!

HE YUNQING Ich habe kein Essen vorbereitet.
ALLE Wir haben etwas mitgebracht.
DER TAUBE Nicht mal das Feuer brennt mehr richtig.
YIZI BUSHE Wo ist die Axt? Ich gehe ein bisschen Feuerholz hacken.
HE YUNQING Hinter der Tür.
Der Taube sucht nach der Axt.
DER TAUBE Was sollen wir denn hacken?
HE YUNQING Zerhack doch mich.
HU TIETOU *(wütend)* Sag mal, mein lieber He, heute ist doch ein wichtiger Feiertag für dich! Wir alle sind hier, wollen dir alles Gute wünschen und ein bisschen Go spielen, warum führst du dich so unleidlich auf?
HE YUNQING Ich will weder meinen Geburtstag feiern, noch will ich überhaupt je wieder Go spielen.
HU TIETOU Na, dann spielen wir halt erst mal allein, kommt, setzt euch, ich spiele erst mal eine Runde gegen Yizi Bushe.
Hu Tietou und Yizi Bushe setzen sich einander gegenüber an den Tisch.
He Yunqing wird wütend.
YIZI BUSHE Losen wir aus, wer anfängt?
HU TIETOU Red keinen Stuss, ich gebe dir drei Steine Vorsprung.[1]
Hu Tietou und Yizi Bushe beginnen, in schneller Folge ihre Züge zu machen.
He Yunqing bleibt nichts anderes mehr übrig, als aufzustehen. Wortlos nimmt er dem Tauben die Axt aus der Hand und geht nach draußen, um Holz zu hacken.
Das Klicken der Go-Steine und das Geräusch des Holzschlagens vermischen sich.
GUI TOUDAO Das ist eine komische Stimmung heute. Was ist mit dem alten He los?
HU TIETOU *(zu Gui Toudao)* Wer Go spielt, soll sich aufs Go konzentrieren und seine Nase nicht in Dinge stecken, die ihn nichts angehen. Ich sage dir *(zu Yizi Bushe)*: Die Steine hier brauchst du gar nicht mehr. Wirklich, Yizi Bushe, du machst deinem Namen alle Ehre und gibst keinen einzigen Stein auf – schau mal, der Drache[2] hier, schau, wie ich die jetzt einen nach dem anderen schlage! Schaut euch das alle mal gut an, da könnt ihr was lernen.
GUI TOUDAO Hier kannst du ein Gebiet umschließen. *(deutet aufs Go-Brett)*
HU TIETOU *(wütend)* Spielt er oder spielst du? Gleich ist es soweit, gleich wirst du sehen, wie mein Schwert sich senkt!

---

1 Im Go gibt es sog. „Vorlegesteine“, die dem schwächeren Spieler einen Startausgleich geben.
2 Formation im Go-Spiel.

DER TAUBE He Yunqing hat so entschlossen gewirkt, es sieht so aus, als ob er wirklich nicht mehr spielen will.

HU TIETOU „Der Meister sprach: Sich satt essen den ganzen Tag, ohne den Geist mit irgendetwas zu beschäftigen, gibt es da nicht wenigstens Schach und Dambrett?"[3]

DER TAUBE Was?

HU TIETOU Go, Glücksspiel, das ist alles dasselbe. Bist du einmal an Bord des Piratenschiffs, kommst du nicht mehr runter.

DER TAUBE Ich halte es mit Su Dongpo, ich spiele selber nicht mit und schaue nur zu. Auf diese Weise kann man sich über Siege ebenso freuen wie über Niederlagen.

SHUANG FEIYAN Meine Füße sind schon ganz steif vor Kälte.

He Yunqing betritt dem Raum mit einem Bündel Feuerholz, das er neben den Ofen wirft.

Wütend hängt er die Axt an ihren Platz hinter der Tür zurück.

Der Taube hilft He Yunqing, das Feuer anzufachen, und dichter Rauch breitet sich aus.

SHUANG FEIYAN Das ist ja zum Ersticken! *(hustet)*

Alle beginnen zu husten.

HU TIETOU Egal, wie feindlich das Umfeld ist und wie schwer die Bedingungen für den Wettkampf, man muss mit allem zurechtkommen. Und wenn eine Atombombe explodiert wäre – das juckt uns nicht, wir spielen unbeirrt weiter! *(macht einen Zug)*

HE YUNQING Meine Herren, habt ihr denn alle gefrühstückt?

ALLE Ja, haben wir, vielen Dank!

HE YUNQING Ja, natürlich, ihr seid ja alle verheiratet. Gestern Abend habt ihr die Liebe eurer Frauen genossen, heute früh trefft ihr euch zum Spielen. Ihr lasst es euch wirklich gutgehen.

Er greift nach dem Go-Brett und hebt es langsam an, so dass die Steine einer nach dem anderen herunterfallen. Hu Tietou und Yize Bushe können nichts mehr dagegen tun, Hu Tietou wird wütend.

HU TIETOU Ein großer Meister bist du, das weiß ich ja, aber zur wahren Meisterschaft gehört auch ein guter Charakter! Was ist das denn für eine Art, gute alte Freunde zu behandeln?

HE YUNQING Das ist hier doch kein Go-Verein! Fünfzig Jahre, wieviel Zeit habt ihr mir in den letzten fünfzig Jahren geraubt?

---

3 Aus dem Lunyu in der Übersetzung von Richard Wilhelm.

SHUANG FEIYAN Aber Yunqing, red doch nicht so daher. Das hat dir doch auch Spaß gemacht und dich von deiner Einsamkeit abgelenkt.

HE YUNQING Shuang Feiyan, du hast von Natur aus kein Talent zum Go-Spiel. Auf dem Brett machst du ständig deine Schwalbenpaare[4], aber die drei Sprünge, die danach kommen, die hast du dir dein Leben lang nicht merken können. Du hast immer mit Leuten Go gespielt, die ihre Züge genauso kopflos machen wie du. Und dabei redet ihr über Spaß.

Shuang Feiyan senkt beschämt den Kopf.

GUI TOUDAO Mein lieber He, wie es sich trifft, ist Shuang Feiyan aber auch Universitätsprofessor. Es ist jedenfalls nicht unter deiner Würde, mit ihm zu spielen.

HE YUNQING Gui Toudao, du hast dich dein Leben lang auf dem Go-Brett durchgemogelt, und was ist dabei herausgekommen? Jedes Mal, wenn du mich besiegt hast, habe ich dich ...

GUI TOUDAO *(sehr wütend)* So ein Unsinn, was ist denn das für eine Logik.

HE YUNQING Na, und dann bist da du, Yizi Bushe – wann kam es schon mal vor, dass deine Steine keinen Drachen gebildet haben und nicht einer nach dem anderen abgeräumt wurden? Gegen Leute wie euch spiele ich doch nicht ernsthaft, ich lasse euch immer einen Vorsprung. Tatsächlich habe ich euch jetzt fünfzig Jahre lang was vorgemacht.

HU TIETOU Und was ist mit mir? Mich hast du noch nicht erwähnt.

HE YUNQING Du denkst wohl, dich lasse ich dein Gesicht wahren?

DER TAUBE Na, das würde mich auch mal interessieren, was du über diesen immer siegreichen Feldherrn hier zu sagen hast.

HU TIETOU Sag schon. *(zum Tauben)* Deine Schadenfreude kannst du dir sparen.

HE YUNQING Mit deiner Gewaltherrschaft, deiner Brutalität überflutest du das Go-Brett geradezu. Auf was für einer Stufe stehst du also? Durchdachte Züge machst du keine, es sind alles nur Tricksereien. Du bist ein blutiger Amateur, ein Hobbykiller, du liebst es, Steine vom Feld zu fegen, du setzt Brachialgewalt ein, um schwächere Spieler bis zum Letzten zu tyrannisieren. *(Er bemerkt, dass Hu Tietous Hände vor Wut zittern.)* Aber wenn du an einen wirklichen Könner gerätst, dann hast du keinen Schimmer, wie du ihm den Garaus machen sollst.

HU TIETOU Du, du, na dann sag schon, was die höchste Stufe ist!

HE YUNQING Auf diesem Schlachtfeld hier ist die Luft schon verpestet von eurem Go-Spiel, das zum Himmel stinkt. Ihr seid nicht für die höchste Stufe bestimmt, also fragt nicht mehr danach. Lasst es sein und trefft lieber die Vorkehrungen für euer Begräbnis. Und wenn ihr auf die Vergangenheit zurückschaut, dann über-

---

4 Formation im Go und Wortspiel mit Shuang Feiyans Namen.

legt euch gut, was da überwiegt: Reue über all die vergeudete Zeit oder Scham wegen eurer Unfähigkeit.

HU TIETOU Diese Scheiße kannst du für dich behalten.

GUI TOUDAO Wir sind aber auch nicht nur fürs Go-Spielen gut. Wir alle haben unsere Verdienste in unseren Fachgebieten.

HE YUNQING Ja, richtig, ihr habt alle Karriere gemacht. *(deutet auf Gui Toudao)* Du bist ein hochrangiger Ingenieur, hast die größte Brücke Asiens entworfen, und doch bist du nicht in der Lage, auf dem Go-Brett die Grenze zu überqueren. *(deutet auf Shuang Feiyan)* Und du bist Biologieprofessor, untersuchst das Lebendige, und doch kannst du deine eigenen Steine nicht am Leben erhalten. *(deutet auf Yizi Bushe)* Du kannst hier und dort Beziehungen knüpfen, beherrschst eine Menge Tricks und Kniffe, mit denen du eure minderwertigen Produkte bestens vermarkten kannst. Aber dass du die Kunst des Go beherrschst, das kannst du keinem verkaufen, denn das ist offensichtlich: Deine Fähigkeiten im Go-Spiel stinken, sie stinken! *(deutet auf den Tauben)* Und der Niedrigste unter euch, das ist der hier, der Arzt ...

DER TAUBE Was?

HE YUNQING Ich sagte, der mit den schlimmsten Fehlern, das ist der Arzt.

DER TAUBE Wieso bin ich der mit den schlimmsten Fehlern? Ich stehe doch weit über denen.

HE YUNQING Er sagt, er sei Arzt, aber er kann nicht mal seine eigenen Ohren behandeln; er sagt, er liebt das Go-Spiel, aber er traut sich nicht, selber zu spielen. Ja, so bist du: Immer bist du der Zuschauer, der daneben sitzt.

HU TIETOU Du hast wieder nichts über mich gesagt.

HE YUNQING Die Hauptsache hebt man sich immer bis zum Schluss auf. Du bist Schriftsteller. Früher hast du deine Zeit damit verbracht, deine Heldenepen zu verkaufen, aber inzwischen sind deine Helden genau wie du: alt geworden. Für die interessiert sich keiner mehr. Du bist jetzt selber ein Don Quichotte. Was Neues schreibst du auch nicht mehr, verdienst deinen Unterhalt damit, in kleinen Schundblättern Leute zu beschimpfen. Aber weil du immer noch überschüssige Energie hast, tobst du dich auf dem Go-Brett aus, ziehst deine Lebensfreude aus schlechten Zügen ... All deine großen Helden können dir beim Go-Spiel nicht helfen. Auf dem Go-Brett führst du dich auf wie ein Schlachter, verstehst nur was vom Niedermetzeln ... Hast du nicht gefragt, was die höchste Stufe im Go-Spiel ist? Jetzt sag ich es dir, und wenn du es gehört hast, dann geh und lass dich nie wieder hier blicken!

HU TIETOU *(schreit)* Du Arschloch! Sag schon!

HE YUNQING Gewinnen, ohne zu kämpfen!

HU TIETOU Einen Kampf gewinnen, ohne sein Schwert blutig zu machen? Das Schlimmste ist, dass ich dich nicht in Stücke hauen kann. Am liebsten würde ich *dich* abschlachten!

HE YUNQING Das wirst du nie können.

HU TIETOU Was mich am meisten freut, ist, dass du auch nicht mehr tun kannst, als mich niederzumetzeln.

HE YUNQING Was soll das heißen?

HU TIETOU Du hältst dich für einen großen Meister, aber wie viele Jahre hast du schon nicht mehr gegen einen ebenbürtigen Rivalen gespielt? Du willst doch lieber der unantastbare Sieger bleiben, den keiner schlagen kann?

HE YUNQING *(senkt deprimiert den Kopf)* Das stimmt, wie viele Jahre.

HU TIETOU Da du deinen Lebensunterhalt mit dem Go-Spiel verdienst – ist das nicht eine vollendete Satire?

HE YUNQING Dann habe ich euch also selber dazu eingeladen, meine Zeit zu rauben und mein Leben, all das aufzubrauchen?

HU TIETOU Wo du von uns sprichst ... Sagt mal, ist es nicht völlig klar, dass wir ... dass wir dir geholfen haben?

HE YUNQING Wenn ich aber nicht mehr Go spiele, wozu brauche ich dann noch eure Mildtätigkeit?

HU TIETOU Na, dann weiß ich auch nicht – deine Tragödie besteht darin, dass du nun mal Talent zum Go hast und nie etwas anderes können wirst! Auf Wiedersehen, du Go-Mensch! *(geht ab)*

YIZI BUSHE Warte doch mal! Wohin gehen wir denn jetzt? *(folgt ihm)*

DER TAUBE So viele Jahre sind wir jetzt schon Freunde im Go-Spiel, immer in gutem Einvernehmen, macht doch jetzt nicht alles kaputt!

GUI TOUDAO Auf einer Reise von tausend Meilen haben wir einander beigestanden, aber selbst die besten Freunde müssen einmal auseinandergehen. *(geht ab)*

SHUANG FEIYAN *(zu He Yunqing)* Ich danke dir, dass du mir endlich die Wahrheit gesagt hast. Ich werde kein Go mehr spielen und meine ganze Energie auf meinen Beruf richten. *(geht ab)*

DER TAUBE Da schau nur, so schnell liegt eine wunderbare Enklave des Go-Spiels in Schutt und Asche, ein weltentrücktes Idyll, das ein halbes Jahrhundert überdauert hat. Wie wollt ihr alten Kerle denn überhaupt leben, wenn es diese Enklave nicht mehr gibt? In diesem Alter willst du noch vom vertrauten Weg abkommen und den Barbaren des Go-Spiels freie Bahn lassen für ihr wüstes Treiben? Sollen sie vielleicht zu Hause spielen? Wie viele Generationen von Go-Spielern werden dagegen noch protestieren? Ach, es ist genug, man kann nur noch auf den nahen Tod warten.

HE YUNQING *(spricht geistesabwesend mit sich selbst)* So ging sie einfach mit ihm fort ...

DER TAUBE Du hast sie zu tief getroffen. Das sind doch alles schon alte Leute, das ertragen sie nicht.

HE YUNQING *(geistesabwesend)* So hat er sie einfach mitgenommen ...

DER TAUBE Wie soll das denn gehen, kein Go mehr spielen? Dein Organismus gerät doch ohne Go völlig aus dem Gleichgewicht. Du musst einfach spielen, ich werde dich dazu bringen ... Ohne Go-Turniere hat das Leben doch gar keine Richtung mehr!

Auftritt Si Hui in jungen Jahren, auf einer Tanzfläche. Sie interagiert nicht mit den anderen Personen, und es wird deutlich, dass es sich um eine Halluzination He Yunqings handelt.

Die junge Si Hui trägt einen Qipao und wirkt sehr distinguiert und elegant, aber sie ist ein sehr leidenschaftlicher Mensch, gefühlvoller und liebesbedürftiger als die meisten. Die Rolle der jungen Si Hui kann von Si Yans Verlobter Yuanyuan gespielt werden.

SI HUI Ich spreche mit dir, aber hörst du mir denn zu? Ich merke doch, dass du mich längst nicht so anziehend findest wie diese schwarzen und weißen Steine da!

HE YUNQING Ich bin gleich fertig, einen Moment noch.

SI HUI Dein Herz gehört dem Go-Spiel. Du hast mir noch nie richtig zugehört, hast dich noch nie dafür interessiert, was ich sage. Ich muss gehen, am besten wandere ich in ein Land aus, in dem kein Go gespielt wird. Du, du hörst mir ja immer noch nicht zu! *(geht ab)*

HE YUNQING Frauen haben eine angeborene Abscheu vor dem Intellekt. Jedes Mal, wenn der Mann in eine intellektuelle Betrachtung vertieft ist, heult die Frau los.

DER TAUBE Mit wem sprichst du?

HE YUNQING Bist du immer noch da? Warum bist du nicht mit den anderen zusammen gegangen?

DER TAUBE So einen Ausdruck wie gerade eben hab ich an dir noch nie gesehen. So anteilnehmend, so sanft. Hast du denn gerade an einen geliebten Menschen gedacht?

HE YUNQING Wie könnte ich denn an einen geliebten Menschen denken? Wie hat Hu Tietou mich vorhin genannt? Go-Mensch?

DER TAUBE Ja, Go-Mensch. Das Feuer geht gleich aus, man muss ein bisschen Holz nachlegen.

HE YUNQING Hier gibt es schon nichts mehr, was man verbrennen könnte. Soll es halt ausgehen.

DER TAUBE Wirst du irgendwann noch einmal Go spielen? Um unserer jahrzehntelangen Freundschaft willen, sag doch was. Ich habe doch gar keine Hoffnungen auf irgendwas in dieser Welt – das einzige, was ich mir wünsche, ist, weiter Leuten beim Go-Spiel zuzuschauen.

HE YUNQING *(nun mit leisem Bedauern)* Tauber, was soll ich dir denn sagen, es tut mir leid, aber das geht nicht mehr. Hast du nicht dieses Feuer gesehen? Damit es lodert, muss etwas verbrennen. Auch fürs Go-Spiel braucht man Brennstoff, und dieser Brennstoff, das ist das Leben der Go-Spieler.

DER TAUBE Es tut mir leid, aber ich kann dich kaum noch hören, also auf Wiedersehen, mein alter Freund. Jetzt kann ich mich hinlegen und sterben, dann bleibt es meiner Frau und meinen Kindern überlassen, sich um alles zu kümmern.

HE YUNQING Willst du mich jetzt provozieren? Dein Zeug interessiert mich doch gar nicht.

DER TAUBE Da fällt mir gerade wieder ein, Si Hui ist noch bei guter Gesundheit.

HE YUNQING Oh ...

DER TAUBE Entschuldige bitte, ich wusste nicht so recht, ob ich dir das erzählen soll oder nicht ... Bestimmt willst du es nicht hören, ach, hätte ich das doch besser für mich behalten ... Sag nichts, auf Wiedersehen.

HE YUNQING Wenn du nichts anderes vorhast, können wir ja noch ein bisschen reden.

DER TAUBE Wenn es kein Go-Spiel mehr gibt, was hat es da für einen Sinn, sich über irgendwelchen Quatsch zu unterhalten?

HE YUNQING Nach so vielen Jahren, nachdem ich so oft mit euch Go gespielt habe, *(ein wenig verstimmt)* da könnt ihr nicht mal ein paar Worte mit mir wechseln?

DER TAUBE *(absichtlich harsch)* Es muss aber mit Go zu tun haben.

HE YUNQING *(flehend)* Versuch es doch einfach mal.

DER TAUBE *(mäkelnd)* Hier ist es mir zu kalt.

HE YUNQING Ich schüre mal das Feuer.

He Yunqing nimmt die Axt und macht ein paar aufgeregte Bewegungen. Seine Hände zittern ein wenig.

DER TAUBE Was zitterst du denn so? Jetzt willst du mich wohl erschlagen?

HE YUNQING *(schaut sich um)* Es gibt wirklich nichts mehr zu verfeuern. Ich werde einfach das Go-Brett zerhacken, ich brauche es jetzt ja nicht mehr.

DER TAUBE *(versucht, das Go-Brett zu retten)* Nein, nicht! Dann ist es eben kalt, das wirst du schon aushalten! Vielleicht willst du doch mal wieder spielen.

HE YUNQING Da kannst du sagen, was du willst, wir müssen es heute zerhacken.

DER TAUBE *(richtet sich langsam auf)* Na, dann mach schon, hack es in Stücke, los! Wem willst du denn eigentlich Angst machen? Mit deinen Sachen kannst du machen, was du willst! Aber ich glaube kaum, dass du das wirklich wagst!

He Yunqing haut mit der Axt ins Go-Brett.

Der Taube schreit auf und lässt sich auf einen der Stühle fallen.
He Yunqing nimmt das Go-Brett, das er schon entzweigehauen hat, tritt vor den Ofen und hackt die beiden Hälften in kleinere Stücke, die er eins nach dem anderen in den Ofen wirft. Das Feuer flackert sofort hell auf.
Der Taube starrt schweren Herzens in das Feuer und bringt keinen Ton heraus.

HE YUNQING *(lacht mit gespielter Unbeschwertheit kurz auf, dreht sich langsam um und geht mit der Axt in der Hand auf den Tauben zu)* Na los, erzähl von ihr.

DER TAUBE Leg diese Mordwaffe weg!

Die Axt entgleitet He Yunqing und fällt auf den Boden. Er ist mit einem Mal von einem Gefühl des Verlusts und der Ungewissheit überwältigt.

HE YUNQING Ach, nein, sprich nicht von ihr. *(setzt sich kraftlos hin)*

Pause.
Nur das Knistern und Knacken des verbrennenden Holzes ist zu hören.

DER TAUBE Si Hui ist mit ihrem Sohn zur Untersuchung gekommen, ich habe sie erkannt.

HE YUNQING Auch sie ist alt geworden.

DER TAUBE Ja, natürlich. Aber sie ist immer noch eine schöne Frau und sie hat sogar mehr Ausstrahlung als in jungen Jahren.

HE YUNQING Ach, red keinen Quatsch. Wie heißt denn ihr Sohn mit Familiennamen?

DER TAUBE Er trägt ihren Familiennamen, er heißt Si Yan.

HE YUNQING Mit ihr ist einfach kein Auskommen. Alles muss ihr gehören. Wem sieht der Sohn ähnlich?

DER TAUBE Er kommt nicht nach seinem Vater. Er sieht Si Hui ähnlich.

HE YUNQING Dieser Sohn muss doch auch schon über zwanzig sein?

DER TAUBE Ja. Er ist sehr intelligent, gibt richtige Weisheiten von sich. Nur ist er für einen Jungen ein bisschen zart geraten, scheint mir.

HE YUNQING Deswegen ist er auch krank?

DER TAUBE Nein, er hat sich geistig verausgabt und ist davon krank geworden.

HE YUNQING Das höre ich jetzt wirklich zum ersten Mal. Schau nur, wie interessant es ist, sich zu unterhalten! Was hat es da für einen Sinn, immer nur Go zu spielen?

DER TAUBE Seine Geisteskräfte machen es erforderlich, dass er sich einer komplexen Sache mit voller Aufmerksamkeit widmet. Wenn dieses Bedürfnis nicht befriedigt wird, bekommt er psychische Probleme.

HE YUNQING Dann musst du ihn wirklich gut behandeln.

DER TAUBE Ich habe schon hin und her überlegt. Nur du kannst ihn kurieren.

HE YUNQING Ich?

DER TAUBE Mit Go.

HE YUNQING Ich habe nur gehört, dass der Kaiser Yao das Go-Spiel erfunden hat, um es seinem Sohn Danzhu beizubringen. Durch die Anstrengung des Intellekts sollte die Narrheit kuriert werden. Und du willst jetzt den Intellekt anstrengen, um den Intellekt zu kurieren.

DER TAUBE Sein Gehirn sucht sich pausenlos eine Beschäftigung, er leidet sehr darunter. Er braucht ständig etwas, um seinen Intellekt zu füttern. Nur dann richten diese scharfen Geisteskräfte keinen Schaden an.

HE YUNQING Na, aber da gibt es doch eine Menge hochwertiges, komplexes Futter. Soll er sich doch mit Mathematik, Relativitätstheorie, Philosophie, meinetwegen auch mit Erdbebenvorhersagen beschäftigen!

DER TAUBE Das hat keinen Sinn, diese Sachen sind für ihn wie Kinderspiele. Zu jeder Erkenntnis in den Natur- oder Geisteswissenschaften gelangt man nur von einem bestimmten Standpunkt aus, einzig beim Go gibt es zwei einander widersprechende Denkweisen. Wer nur von einem einzelnen Standpunkt aus denkt, kann nicht Go spielen.

HE YUNQING *(aufgeregt)* Was rückst du erst heute mit diesen Ansichten heraus?

DER TAUBE Das hat der Kranke gesagt.

HE YUNQING Dieser Junge?

DER TAUBE Si Yan.

HE YUNQING Seine Mutter verachtet das Go-Spiel.

DER TAUBE Seine Mutter verbietet ihm, Go zu spielen.

HE YUNQING Das ist unvernünftig von ihr. Kann er trotzdem spielen?

DER TAUBE Er hat unzählige Bücher über Go gelesen und geht ständig Partien im Kopf durch.

HE YUNQING Na, ist das nicht sehr gut?

DER TAUBE In der psychiatrischen Praxis kennen wir das Phänomen, dass Menschen ihre sexuelle Lust nur aus übersteigerten Phantasien beziehen, hast du davon gehört?

HE YUNQING Ich weiß nicht viel darüber.

DER TAUBE Diese Leute stellen sich ständig den Geschlechtsakt vor. Wenn jemand sein sexuelles Begehren nicht körperlich ausleben kann, sondern es über lange Zeit im Kopf behält, erkrankt er irgendwann an einer Depression. Und wenn jemand lange Zeit in Gedanken Go spielt, eine Partie nach der anderen, ohne die Möglichkeit, einmal gegen einen wirklichen Gegner zu spielen, dann wird er auch irgendwann krank. Um diesen Jungen zu kurieren, bitte ich dich, mit ihm eine Partie zu spielen, oder nein, mit ihm über Go zu diskutieren, oder über irgendwas, das mit Go zu tun hat. Oder lass ihn wenigstens mal deine Go-Steine anfassen ... Ginge das nicht?

HE YUNQING Das ist ...

DER TAUBE Oder vielleicht kann er dich einmal kurz sehen. Ihr müsst ja gar nicht miteinander sprechen, er könnte nur einen Blick auf dich werfen und dann wieder gehen?

HE YUNQING Was, wenn seine Mutter davon erfährt?

DER TAUBE Ich bin Arzt, ich kann entscheiden, was meine Patienten tun dürfen und was ihnen schadet.

HE YUNQING Ich habe mich schon entschieden, nicht mehr Go zu spielen.

DER TAUBE Was? Jetzt hab ich dich wieder nicht verstanden.

HE YUNQING Die Tauben sind wirklich Meister der Redekunst, sie lassen sich nie von irgendeiner Gegenmeinung beeinflussen.

DER TAUBE Jetzt muss ich dich nochmal was fragen: Könnte dieser Junge dein Sohn sein?

HE YUNQING Als Si Hui mich verlassen hat, war sie erst Anfang zwanzig. Den Sohn hat sie erst zehn Jahre später bekommen, da war sie etwas über dreißig. Wenn der Junge jetzt Anfang zwanzig ist, dann ist ja auch Si Hui schon über fünfzig. Sie hat mich schon vor dreißig Jahren verlassen, und seitdem habe ich sie nicht mehr gesehen.

DER TAUBE Verstehe. Würdest du Si Hui denn gerne mal wiedersehen?

HE YUNQING Ach, das ist mir doch egal ... Außerdem, wer weiß, ob sie das will.

DER TAUBE Mit welchem Recht kann sie dir denn verbieten, Go zu spielen? Und mit welchem Recht verbietet sie es ihrem Sohn? Wenn ich du wäre, dann würde ich jetzt erst recht in ihrer unmittelbaren Nähe eine Zeitbombe platzieren – eine, die Go spielen kann!

HE YUNQING Was soll ich denn nun machen?

DER TAUBE *(betont unschuldig)* Bring ein bisschen Wirbel in ihr Leben, jetzt auf ihre alten Tage.

HE YUNQING Ich soll das alles einer Frau zuliebe tun?

DER TAUBE Was wird in dieser Welt nicht alles Frauen zuliebe getan!

HE YUNQING Aber wie alt sind wir beide denn?!

DER TAUBE Das Wichtigste ist, dass sie endlich versteht.

HE YUNQING Was denn verstehen? Verständnis ist jetzt nicht mehr wichtig.

DER TAUBE *(enttäuscht)* Na, dann geh ich jetzt. *(Er hört abrupt auf, nachzubohren. Es ist so, als sei er binnen eines Augenblicks stark gealtert.)*

HE YUNQING Warte.

Der Taube sieht He Yunqing erwartungsvoll an.

HE YUNQING Hast du nicht gesagt, dass Frauen im Alter hässlich werden?

DER TAUBE Das trifft aber auf Si Hui nicht zu, sie ist immer noch ... Was meinst du? Willst du sie mal treffen?

HE YUNQING Na ... Von mir aus, ein Besuch.

DER TAUBE Si Hui soll zu dir kommen?

HE YUNQING Du machst wohl Witze. Sie wäre niemals einverstanden. Ich meine natürlich ihren Sohn.

DER TAUBE Er heißt Si Yan. Ist das dein Ernst? Wie soll ich dir bloß danken?

HE YUNQING Ich habe nur gesagt, dass er mich besuchen kann. Nicht, dass ich mit ihm Go spiele.

Vorhang fällt.

ZWEITER AKT

Erste Szene

Der Vorhang hebt sich.
Zeit: direkt nach dem ersten Akt.
Si Huis Haus, Si Yans Zimmer.
Das Zimmer ist voller Bücher, einige stehen auf Regalen, andere stapeln sich auf dem Fußboden, dem Bett und dem Tisch.
Auf einem der Bücherstapel steht ein Perpetuum mobile. Si Yan liegt dahinter auf dem Boden und liest, vom Publikum aus ist er nicht zu sehen. Si Hui, eine Frau, die mit über fünfzig noch aussieht, als sei sie höchstens in den frühen Vierzigern, sitzt mit düsterer Miene auf Si Yans Bett und schaut in seine Richtung.

SI HUI Ich rede mit dir, ich bin schon seit zwei Stunden hier.

SI YAN Ich weiß.

SI HUI Kannst du nicht mal das Buch weglegen und dich ein bisschen mit deiner Mutter unterhalten?

Si Yan legt das dicke Buch, in dem er gelesen hat, auf den Stapel, steht aber nicht auf.

SI YAN Eines Tages wird noch mein Kopf explodieren. Weißt du, wie das Gewebe bei Brustkrebs wuchert?

SI HUI Ist mir bekannt, warum?

SI YAN Ich schätze mal, meine Hirnzellen wuchern auch unaufhörlich. Da bleibt mir nichts anderes übrig, als pausenlos nachzudenken. Das braucht die Zellen wieder auf.

SI HUI Sagt der Arzt das auch?

SI YAN Er sagt, dass ich eine überbordende Geisteskraft habe und nicht aufhören darf zu denken. Sonst bricht mein Geist in Stücke.

SI HUI Ein grübelnder Mann ist das Abstoßendste auf der Welt.

SI YAN Warum? Weil er die anderen Leute ignoriert?

SI HUI Ja, genau das. Die Welt lebt nicht vom Denken. Wie viele Probleme schafft man, wie viel Unheil richtet man an, indem man denkt!

SI YAN Na, wovon lebt die Welt denn dann?

SI HUI Von Emotionen. Von wahren Gefühlen. Es geht um Glück oder Unglück, um Liebe oder Lieblosigkeit.

SI YAN Du hast wirklich überhaupt keine Vorstellungskraft. *(Er setzt sich auf, sodass sein Kopf hinter dem Bücherstapel auftaucht, und schaut konzentriert auf das Perpetuum mobile.)* Dieses simple Gerät hier ist aufs Feinste konstruiert, man muss ihm nur einmal Energie zuführen, dann dreht es sich unaufhörlich weiter. Fast wie das Universum ...

SI HUI *(wischt sich verstohlen die Tränen fort)* Jetzt fängst du schon wieder an, wirres Zeug zu reden.

SI YAN Aber frag dich doch mal, wer es war, der am Anfang die Energie zugeführt hat?

SI HUI Wer soll das schon wissen?

SI YAN Ich muss pausenlos über solche unlösbaren Fragen nachdenken, dann wird es meinem Hirn etwas wohler. Hat mein Vater das Nachdenken auch so geliebt?

SI HUI Nein, gar nicht. Er hat sich mit mir unterhalten, Scherze mit mir gemacht. Manchmal hat er auch so getan, als ob er weint. Damit hat er einen dazu gebracht, noch mehr Tränen zu vergießen.

SI YAN Wie langweilig.

SI HUI So darfst du nicht über die ältere Generation reden.

SI YAN Und was ist dann passiert?

SI HUI Dann ist er gegangen. Vor so vielen Jahren ...

SI YAN Er hat auch nie einen Brief geschrieben. Warum hast du mir nicht seinen Familiennamen gegeben?

SI HUI Ich war es, die dich großgezogen hat. Ein Sohn gehört einfach für immer zu seiner Mutter.

SI YAN Ein Sohn, der immer bei seiner Mutter bleibt, wird aber nie erwachsen.

SI HUI Schau mal, ich hab doch gar nicht gesagt, dass du immer bei mir bleiben sollst, ich hab dir nur gesagt, du sollst ein paar Worte mit deiner Mutter wechseln.

SI YAN Das meinte ich nicht. Ich meinte, es wäre besser, wenn mein Vater noch hier wäre. Dann könnte er dir im Alter Gesellschaft leisten, Mutter.

SI HUI *(wischt sich die Tränen ab)* Was fängst du denn immer noch davon an? Das bringt doch nichts. Sag mir lieber mal, bist du zufrieden mit diesem Mädchen?

SI YAN ...

SI HUI Ist sie hübsch?

SI YAN Ich schenke Frauen eigentlich kaum Beachtung und Vergleiche stelle ich da erst recht nicht an. Ich weiß nicht, ob man sie hübsch nennen würde oder nicht.

SI HUI Du kannst doch nicht immer mit deinen Gedanken woanders sein. Irgendwann musst du doch auch mal übers Heiraten nachdenken?

SI YAN Warum lässt du mich nicht Go spielen?

SI HUI ...

SI YAN Deine Abscheu vor dem Go-Spiel ist ein bisschen übertrieben, findest du nicht?

SI HUI Das Go-Spiel kann dich mit Haut und Haaren auffressen, da bleiben nicht mal die Knochen übrig.

SI YAN Dabei hattest du ja nie etwas mit dem Go-Spiel zu tun ... Bestimmt hast du das irgendwo aufgeschnappt.

SI HUI Blindes Raten bringt dich auch nicht weiter. Wenn ich noch nie Schweinefleisch gegessen habe, heißt das dann auch, dass ich noch nie ein Schwein herumlaufen gesehen habe? Wie viele Go-Spieler gibt es, die sich um ihre Mitmenschen kümmern? Die interessiert nur ihr eigenes Glück. Wenn einer erst mal angefangen hat zu spielen, hat er schon bald nichts Menschliches mehr.

SI YAN Stell dir mal vor, das Go-Spiel wäre eine Lebensnotwendigkeit, dann müsstest du es erlauben.

SI HUI Ich verstehe nicht, was du da redest.

SI YAN Wenn das Go-Spiel für manche Leute wie eine Medizin wäre, die ihre Krankheit unter Kontrolle bringt ...

SI HUI *(unterbricht ihn)* Na, aber dann würde es zur Sucht. Das wäre dann so, wie wenn man über lange Zeit Schmerzmittel einnimmt.

SI YAN Gibt es denn überhaupt einen Menschen, der nach nichts süchtig ist? Du zum Beispiel ...

SI HUI Was ist mit mir?

SI YAN Ach, nichts.

SI HUI Los, sag schon.

Es klingelt an der Tür.

SI HUI Das ist sicher Yuanyuan. Setz dich mal ordentlich hin und konzentrier dich ein bisschen, sei nicht so abweisend. Ich gehe dann mal und mache ihr auf? *(geht ab)*

SI YAN Wie nervtötend, man hat keine ruhige Minute zum Nachdenken. *(Er kommt zwischen den Bücherstapeln hervor und setzt sich auf einen Stuhl.)*

Si Hui kommt mit Yuanyuan zurück. Yuanyuan trägt einen Wollmantel und einen kurzen Rock, der ihre langen, wohlgeformten Beine zeigt.

SI HUI *(mit aufgesetzter Höflichkeit)* Nanu, wer ist nur diese hübsche junge Frau an der Tür?

YUANYUAN Danke.

SI HUI Setzen Sie sich doch aufs Bett, da ist es wärmer. *(leicht herablassend)* Ihnen muss doch wirklich kalt sein, so leicht gekleidet, wie Sie sind?

YUANYUAN Kein Problem, ich bin das gewohnt.

SI HUI Es ist nur menschlich, die Schönheit zu lieben, damals haben wir alle nur darauf geachtet ... Aber wenn man erst mal alt ist, einen Hexenschuss und Schmerzen in den Beinen hat, dann begreift man, dass man sich in der Jugend gar nicht richtig wertgeschätzt hat.

YUANYUAN Sie waren wahrscheinlich gerade im Gespräch? Ich ...

SI HUI Nein, nein, bitte machen Sie sich keine Gedanken. Unterhalten Sie sich in Ruhe mit meinem Sohn, ich gehe Tee kochen.

YUANYUAN Ach, ist doch nicht nötig. Es ist wunderbar, wenn Sie uns hier ein bisschen Gesellschaft leisten und sich mit uns unterhalten. Dann ist mehr los.

SI HUI Wirklich? Na, dann bleibe ich noch ein bisschen, bevor ich Tee mache. Wollen Sie nicht Ihren Mantel ablegen?

Yuanyuan zieht den Mantel aus. Unter einem dünnen Kaschmir-Pullover sind deutlich ihre wohlgeformten Brüste zu sehen. Si Hui nimmt ihr den Mantel ab und hängt ihn auf.

YUANYUAN Du hast hier aber eine Menge Bücher.

SI HUI Si Yan, da spricht jemand mit dir.

SI YAN *(gleichgültig)* Ich hör ja zu.

YUANYUAN Die Bücher da sind wirklich hübsch.

SI HUI Ich habe noch nie etwas davon gehalten, dass er all seine Kraft ins Lesen steckt. Ständig überanstrengt er sein Gehirn, eines Tages wird er völlig erschöpft sein.

YUANYUAN Ich mag es, wenn Männer was im Kopf haben. Dann zeigen sich ihre Gefühle nicht so. Am wenigsten kann ich diese Unverschämtheit leiden, die viele Männer an den Tag legen.

SI HUI Sie haben sicher recht viel Gelegenheit, Umgang mit Männern zu pflegen?

YUANYUAN Ja, schon ... aber ... das ist alles nur ganz alltäglicher Umgang.

SI HUI Ja, natürlich, natürlich ... Ich habe gehört, dass Sie Reiseleiterin sind, Fräulein Huang ... Da sind Sie sicher schon viel herumgekommen?

YUANYUAN Es gibt eine Menge Orte, an denen ich schon war, und nicht mehr viele, an denen ich noch nicht war.

SI HUI Weiter als die Welt ist das Universum und noch weiter als das Universum ist die Seele des Menschen.

YUANYUAN Das haben Sie sehr schön gesagt. Inzwischen sind die meisten Landschaften durch die wirtschaftliche Entwicklung zerstört worden.

SI HUI Die letzten Jahre bin ich ja nirgends mehr groß gewesen, aber wenn man sich die paar historischen Stätten hier im Ort anschaut, sieht man das auch. Überall wird da Mineralwasser verkauft. Das würde man gar nicht für möglich halten, dass die Chinesen so durstig sind.

YUANYUAN Manchmal wird auch behauptet, dass das Wasser noch aus der Jurazeit stammt.

SI YAN Wahrscheinlich ist es Dinosaurierpisse.

SI HUI Dieses Kind, immer schnappt er irgendwas auf.

YUANYUAN Er ist aber wirklich kein Kind mehr.

SI HUI Oh doch, jedenfalls hier in meinem Haus ist er das.

SI YAN Fräulein Huang, mögen Sie die Gedichte der Tang-Periode?

YUANYUAN Ich habe nicht so viele gelesen.

SI YAN Kennen Sie dieses Gedicht? „Zwei gelbe[5] Pirole rufen in der grünen Weide ..."

YUANYUAN *(rezitiert mit ihm gemeinsam)* „... und eine Kolonne weißer Reiher steigt in den klaren Himmel auf."

SI YAN Zwischen diesen beiden Gedichtzeilen gibt es einen Kausalzusammenhang.

YUANYUAN Ach wirklich?

SI YAN Warum passt das denn so gut, eine Kolonne weißer Reiher steigt in den klaren Himmel auf?

YUANYUAN *(sagt nichts)*

SI HUI Warum?

SI YAN Na, weil zwei gelbe Pirole in der grünen Weide rufen. Hast du schon mal einen gelben Pirol gesehen?

YUANYUAN Nein, noch nie. Sicher sind die sehr niedlich.

SI YAN Gelbe Pirole sind sehr groß, fast so groß wie Hühner. Wenn die rufen, ist das ziemlich laut. Also, wenn zwei davon nicht aufhören zu schreien, dann halten die Reiher, die es ruhig mögen, das nicht aus und fliegen hinauf in den Himmel.

YUANYUAN *(lacht amüsiert)* Sehr interessant!

---

5 Wortspiel mit Yuanyuans Nachnamen. Der Vers stammt aus einem berühmten Gedicht von Du Fu (712-770).

SI HUI *(steht mit gesenktem Kopf auf)* Ich mag das nicht, wenn du so deinen Spott mit den Leuten treibst. Ich koche jetzt Tee, unterhaltet ihr euch weiter. *(geht ab)*

YUANYUAN Okay, du hast dich also gerade über uns lustig gemacht.

SI YAN Meine Gehirnzellen sind am Wuchern *(Yuanyuan lacht)*. Ich kann sie nur abtöten, indem ich die ganze Zeit komplexe Überlegungen anstelle. Wenn ich mit eurem Smalltalk die Zeit totschlagen muss, bereitet mir das starke Beschwerden.

YUANYUAN Wenn du Bücher liest, kannst du es dann etwas besser ertragen?

SI YAN Ja, das hilft ein wenig, aber allmählich interessiert mich das alles nicht mehr. In jedem Buch steht auch Unsinn, das ist ein großes Hindernis für die Entfaltung der Geisteskräfte.

YUANYUAN Meinst du auch deine Bücher da?

SI YAN Natürlich. Die will ich loswerden, eines nach dem anderen, bis kein einziges mehr da ist.

YUANYUAN Das wäre aber schade.

SI YAN Ich habe sie schon alle gelesen. Es wird Zeit, dass ich in meinem Kopf Platz mache für neue Dinge.

YUANYUAN *(rat- und hilflos)* Na, wenn du so gerne deinen Kopf anstrengst, dann solltest du wirklich in die Wissenschaft gehen.

SI YAN Gerade weil ich meinen Kopf zu gerne anstrenge, will mich die Wissenschaft nicht haben.

YUANYUAN Du machst Witze.

SI YAN Alles, was man im Exzess betreibt, ist unwissenschaftlich. Dazu gehört auch Kopfarbeit.

YUANYUAN Und hast du trotzdem einen Weg gefunden, deinen Kopf gut einzusetzen?

SI YAN In der Theorie schon, in der Praxis noch nicht.

YUANYUAN Was soll das bedeuten?

SI YAN Das ist meine Privatsache, es bringt nichts, dir das zu erzählen.

YUANYUAN Vielleicht kann ich dir aber auch helfen.

SI YAN Ach, eigentlich kann ich es dir auch sagen. Meine Mutter ist dagegen, dass ich das Go-Spiel lerne.

YUANYUAN Wahrscheinlich hat sie Angst, dass es dich zu sehr faszinieren und von seriöseren Dingen abhalten würde.

SI YAN Aber heutzutage befassen sich doch ganze Heerscharen von Leuten mit allem Wichtigen und Unwichtigen, das es auf der Welt gibt. Nicht einmal für krumme Dinger wird man noch gebraucht, von seriösen Angelegenheiten ganz zu schweigen. Ob das Go-Spiel nun zu den seriösen Angelegenheiten gehört oder nicht, ist schwer zu sagen, aber es ist ungleich komplexer als sämtliche komplexen Angelegenheiten, die es gibt. Deshalb mag ich es so sehr.

YUANYUAN Macht Go-Spielen denn Spaß?

SI YAN Ich habe noch nie gespielt.

YUANYUAN Woher willst du dann wissen, ob es Spaß macht?

SI YAN Ihr seid nicht ich, wie könnt Ihr da wissen, dass ich die Freude der Fische nicht kenne?[6]

YUANYUAN Dieses sinnlose Prahlen mit deiner klassischen Bildung sagt mir gar nichts.

SI YAN Was ist denn dein Lieblingsort?

YUANYUAN Die Tropen.

SI YAN Warum?

YUANYUAN Dort ist es zu allen Jahreszeiten grün und man kann das ganze Jahr über kurze Röcke tragen.

SI YAN Was machst du denn, wenn du alt wirst? Dann winden sich die Krampfadern wie Würmer deine Beine rauf, und dein Hintern folgt auf seine alten Tage endlich dem Gesetz der Schwerkraft. Und wenn du am Ende nur noch kraftlos durchhängst, werden dein kurzer Rock und deine „Tropen" dir noch zum Todfeind.

YUANYUAN Das ist ja furchtbar, wer will denn schon so weit vorausdenken? Wenn man sich ein paar Jahre lang seines Lebens freuen kann, dann hat man immerhin diese paar guten Jahre.

SI YAN Warum musst du denn unbedingt deine Beine zeigen?

YUANYUAN Sie sind schön, ich bin stolz auf meine Beine.

SI YAN *(schaut ungerührt auf Yuanyuans Beine)* Schön? Warum denn schön?

YUANYUAN Du Blödmann, stellst du dich etwa dumm?

SI YAN Es hat sich so entwickelt, dass der Mensch sich nur noch auf zwei Berührungspunkte mit der Erde stützt. Früher waren es vier, die anderen beiden haben sich zu Armen weiterentwickelt. Arme sind wichtiger als Beine und doch halten die Leute sie für weniger schön.

YUANYUAN Woher willst du das denn wissen?

SI YAN Es ist doch so, dass die Venusstatue keine Arme hat?

YUANYUAN *(steht wütend auf, geht ein paar Schritte, kickt mit den Beinen)* Lange Beine sind einfach schön, sie sehen einfach schön aus!

SI YAN Du kannst in Zukunft noch den Eugenikern von Nutzen sein, wenn sie eine neue Art Mensch entwerfen, die wie Zirkel ausschließlich aus Schenkeln bestehen.

---

6 Aus Zhuangzi, in Übersetzung von Richard Wilhelm.

YUANYUAN *(tritt mit dem Fuß nach einem Buch, so dass die eingeschobenen Zettel durch die Luft flattern)* Was bist du für ein Arschloch!

SI YAN Die Bücher da wollte ich sowieso wegwerfen.

Yuanyuan tritt das Perpetuum mobile weg.

SI YAN Das geht nun aber wirklich nicht, das ist mein Totem.

Si Yan hebt das Perpetuum mobile auf und stellt es wieder ordentlich hin.

SI YAN *(zu Yuanyuan)* Wenn du es hier anstößt, dann hört es nicht mehr auf, sich zu drehen. *(Er sieht, dass Yuanyuan zögert.)* Stoß es mal an.

Yuanyuan stößt das Mobile an, das sich in Bewegung setzt.

Si Yans Gesicht nimmt einen seltsamen Ausdruck an. Er betrachtet das Mobile, während Yuanyuan ihn betrachtet.

SI YAN Gerade hast du das Werk des Schöpfers getan. In welchem Augenblick fing die Erde denn an, sich um die Sonne zu drehen? Wie kommt es, dass das Herz eines Fötus mit einem Mal zu schlagen beginnt?

Si Hui bringt auf einem Tablett zwei Teetassen herein.

SI HUI Yuanyuan, Kräutertee oder grünen Tee?

YUANYUAN Kräutertee, danke.

SI HUI Schau an, das hatte ich schon erraten.

Si Hui stellt den Tee auf dem Tisch ab und versucht sich am Gespräch beteiligen.

SI HUI *(zu Yuanyuan)* Wäre ja schön, wenn Sie einen Weg fänden, ihn von seinen ewigen Grübeleien abzuhalten. Haben Sie gerade mit ihm getanzt?

YUANYUAN *(verschämt)* Ach, Frau Si.

SI HUI Tanzen Sie doch weiter. Ich bin nicht im Weg.

SI YAN Wie kommst du bloß auf die Idee, dass ich sowas Langweiliges mache? Du machst dir zu viele Gedanken.

SI HUI *(hält sich zurück, wischt sich Tränen aus den Augenwinkeln)* Jetzt hab ich dich wütend gemacht, dabei finde ich Tanzen auch mehr als langweilig. Ach, warum kreise ich nur immer um meinen Sohn? Ich hab auch meine ... ich hab meine Sachen zu tun.

Pause.

Si Hui schluchzt plötzlich auf.

Es klingelt an der Tür.

SI HUI *(wischt sich die Augen)* Das ist wahrscheinlich Doktor Zhao, *(zu Yuanyuan)* unterhalten Sie sich doch noch ein bisschen weiter. *(geht ab)*

Im Hintergrund die Stimme des Tauben (laut): „Wo ist der Kranke?“

Si Huis Stimme: „Bitte achten Sie ein bisschen auf Ihren Ausdruck. Wenn Sie ihn so nennen, regt ihn das doch nur auf.“

YUANYUAN Wenn du in Zukunft mal Go spielen willst, sag doch einfach, dass du mich besuchst. Vielleicht gehe ich dann einfach mit dir zusammen.

SI YAN Abgemacht *(lacht leise)*.

Der Taube, einen Medikamentenkoffer in der Hand, kommt mit Si Hui auf die Bühne. Sie bleiben vor Si Yans Zimmer stehen.

SI HUI Warten Sie einen Moment, ich bringe Sie mal auf den neuesten Stand. *(bekümmert)* In letzter Zeit hat sich sein Zustand verschlechtert. Den ganzen Tag hat er Kopfschmerzen. Er sagt, dass seine Gehirnzellen wuchern, und schlägt Krach, weil er Go spielen will ...

DER TAUBE Man darf ihm auf keinen Fall erlauben, Go zu spielen.

SI HUI Aber er will einfach nicht auf mich hören.

DER TAUBE Wenn er auf sie hören würde, bräuchte es keinen Arzt.

SI HUI Spielt er noch Go?

DER TAUBE *(obwohl er die Antwort schon kennt)* Wer?

SI HUI Na, wer wohl? Er muss auch schon über sechzig sein.

DER TAUBE Yunqing? Der spielt nicht mehr, er hat sogar sein Go-Brett zerhackt!

SI HUI Sprechen Sie doch etwas leiser, haben Sie Ihre Ohren denn immer noch nicht in Ordnung bringen können?

DER TAUBE Ich werde so langsam taub.

SI HUI Das Kind hat gerade eine Verabredung mit einer Frau. Man darf ihn doch auf keinen Fall darin bestärken, weiter zu leben wie ein Mönch.

DER TAUBE Das versteht sich doch von selbst. Er ist ein außergewöhnlicher Fall.

SI HUI Bitte. *(Lässt den Tauben in Si Yans Zimmer treten.)* Das ist Yuanyuan. Das hier ist Doktor Zhao, er wird Si Yan untersuchen.

DER TAUBE Guten Tag. Entschuldigen Sie, bitte geben Sie uns einen Moment. *(Reinigt sein Stethoskop.)*

SI HUI Yuanyuan, setzen wir uns nach draußen.

YUANYUAN *(gibt Si Yan ein paar eindeutige Zeichen)* Wir sehen uns bald.

Si Hui geht zusammen mit Yuanyuan ab.

Si Yan starrt den Tauben feindselig an.

DER TAUBE *(nimmt ein Set Go-Steine aus dem Medikamentenkoffer)* Hier ist die Medizin. *(Schaut sich genau im Zimmer um, nimmt die Steine und kippt sie auf den Tisch.)*

Si Yan stößt einen Seufzer aus, ein gieriger Glanz tritt in seine Augen. Er nimmt einen Spielstein in die Hand.

DER TAUBE Die Medizin wurde verabreicht. Jetzt begleitest du mich sofort ins Krankenhaus!

Vorhang fällt.

Zweite Szene

Der Vorhang hebt sich.
Später Nachmittag, die Abendsonne fällt ins Haus. Am Himmel wirbeln Schneeflocken.
In He Yunqings Hütte. Szenenbild wie im ersten Akt.
He Yunqing geht im Zimmer auf und ab.
Der Raum ist licht und sauber, das Fensterpapier ist wieder ordentlich festgeklebt. Auf dem Ofen steht ein Kessel mit heißem Wasser, aus dessen Öffnung Dampf entweicht.
Hu Tietou, Gui Toudao und Yizi Bushe treten mit einem Go-Brett und Spielsteinen vor die Tür.

HU TIETOU *(klopft an)* Yunqing, mach die Tür auf.

HE YUNQING *(wirft einen Blick aus dem Fenster)* Ihr schon wieder. Hab ich euch nicht gesagt, dass wir nicht mehr Go spielen werden?

HU TIETOU Ach, das muss man doch nicht so eng sehen. Du hast doch heute Nachmittag sonst nichts weiter zu tun?

HE YUNQING Ich erwarte einen Gast.

HU TIETOU *(späht durchs Fenster)* Oh, was ist denn heute los? Das Zimmer ist blitzsauber, außerdem brennt ein Feuer! Und es gibt heißes Wasser!

Gui Toudao und Yizi Bushe treten hinzu und spähen auch hinein.

GUI TOUDAO Bestimmt findet heute eine Partie unter Großmeistern statt.

YIZI BUSHE Wenn wir dabei zuschauen dürfen, ist es auch in Ordnung.

HU TIETOU Mein lieber He, lass uns doch nicht draußen in der Kälte stehen.

HE YUNQING Das Go-Brett ist in Stücke gehackt, die Go-Steine habe ich verschenkt, womit sollte ich also spielen?

HU TIETOU Das ist ein Problem, aber schau mal, hier *(zieht das Go-Brett hervor)*.

Yizi Bushe zieht die Spielsteine hervor.

HE YUNQING Ihr könnt wirklich nicht dabei sein.

HU TIETOU Gibst du dein Wort, dass es nicht ums Go-Spiel gehen wird? Wenn das heute tatsächlich nichts mit Go zu tun hat, dann bleiben wir bestimmt nicht lang.

HE YUNQING Also, das ...

GUI TOUDAO Schau mal an, es kommt heute also doch ein Go-Spieler?

HE YUNQING Wir werden zwar übers Go-Spiel sprechen, aber euch lasse ich trotzdem nicht zuhören.

HU TIETOU Damit tust du unrecht. Was macht es denn aus, wenn wir zuhören?

HE YUNQING Euer Niveau ist zu niedrig, ihr würdet gar nicht verstehen, was ihr da hört. Das wäre sinnlos, nur Zeitverschwendung.

ALLE DREI Genau deshalb müssen wir doch dazulernen.

Es wird dunkler, beginnt zu schneien, der Wind heult.

HE YUNQING *(weiß nicht, ob er lachen oder weinen soll)* Hmpf. *(Er öffnet die Tür.)*

Hu Tietou, Gui Toudao und Yizi Bushe drängen sich herein. He Yunqing stellt sich ihnen in den Weg.

HE YUNQING Ihr dürft einen Moment zuhören, aber dann müsst ihr gehen. *(Alle drei bejahen.)* Und ihr dürft nicht dazwischenreden. *(Alle drei bejahen.)* Stellt das Go-Brett und die Figuren draußen vor die Tür. *(Alle drei gehorchen.)*

He Yunqing gibt den Weg frei. Die drei drängen sich lärmend und lachend durch die Tür und klopfen sich den Schnee ab.

HE YUNQING Wo ist denn Shuang Feiyan?

HU TIETOU Er ist aus dem „Gewerbe" ausgestiegen und führt jetzt ein anständiges Leben.

HE YUNQING Oh, dein dreckiges Mundwerk ...

GUI TOUDAO Er hat gesagt, dass er seine Energie nun auf die Forschung richten will, weil sein Go-Spiel doch nirgendwohin führt. Auch wenn er weiterspielen würde, verbessern würde er sich nicht mehr.

Shuang Feiyan klopft an die Tür.

He Yunqing zupft seine Jacke zurecht und geht zur Tür.

Hu Tietou, Gui Toudao und Yizi Bushe streichen sich ihre Kleider glatt und stellen sich mit geradem Rücken hin.

Yunqing öffnet die Tür, Shuang Feiyan steht mit rotem Kopf draußen.

HE YUNQING *(überrascht)* Oh!

DIE DREI ANDEREN Zurück im Gewerbe.

SHUANG FEIYAN Ich dachte mir, Go kann man ja auch auf einem moderaten Level spielen. Es ist ja auch eine gute Entspannung. Das muss mich nicht unbedingt in meinem beruflichen Fortkommen behindern.

HU TIETOU Das ist doch gar keine Frage. Selbst Fürst Zhuang von Zheng grub einen Tunnel zu seiner Mutter[7], was sollen wir einfachen Leute uns dann groß anstellen. Schaut mal, jetzt sind wir doch alle wieder hier versammelt.

HE YUNQING Komm schon rein.

---

7 Fürst Zhuang von Zheng war zwar der erstgeborene Sohn, aber seine Mutter hatte eine schwere Geburt mit ihm und liebte deshalb den Zweitgeborenen mehr. Sie stiftete ihn zur Rebellion gegen den älteren Bruder an, der den Thron geerbt hatte, aber Zhuang schlug die Rebellion nieder und stellte seine Mutter unter Hausarrest. Er schwor, sie erst „unter der Erde" wieder zu sehen, im Leben nach dem Tod. Als er sie einige Jahre später dennoch besuchen wollte, ohne seinen Schwur zu brechen, ließ er einen Tunnel zwischen seinem und ihrem Palast graben, woraufhin sie sich sehen konnten und ihre Feindschaft beendeten.

Shuang Feiyan kommt mit feierlichem Gestus herein, He Yunqing schließt die Tür hinter ihm.

SHUANG FEIYAN Warm hier drin. Warum spielt ihr nicht? *(Klopft sich vorsichtig den Schnee ab.)*

HE YUNQING Es gibt weder ein Go-Brett noch Spielsteine. Das weißt du doch, das Brett ist zerhackt und verbrannt. Die Steine habe ich einem Jungen geschenkt.

GUI TOUDAO Dieses Set aus Yunnan war ein altes Erinnerungsstück. Wie kamst du dazu, es wegzugeben?

HE YUNQING Der Junge ist ein Patient des Tauben.

GUI TOUDAO Was hat er denn?

HE YUNQING Eine Krankheit, bei der er ständig seinen Kopf überanstrengt. Angeblich kann nur das Go-Spiel diese Krankheit heilen.

HE TIETOU UND DIE ANDEREN Wir haben das gleiche.

HE YUNQING Nein, das ist nicht das gleiche. Ihr werdet es gleich sehen.

Ein Auto fährt vor.

Der Taube kommt mit Si Yan auf die Bühne. Er klopft an.

He Yunqing öffnet die Tür und bittet die beiden herein.

DER TAUBE *(zu Yunqing)* Das hier ist Si Yan. *(zu Si Yan)* Und der ehrenwerte He Yunqing.

He Yunqing streckt die Hand aus, er und Si Yan schütteln einander die Hände. Die beiden treten an den Tisch und setzen sich auf He Yunqings Zeichen seitlich zum Publikum. Der Taube nimmt zu ihrer Rechten Platz.

Hu Tietou, Shuang Feiyan, Gui Toudao und Yizi Bushe stellen sich zu ihrer Linken in eine Reihe, mit dem Gesicht zum Publikum.

HE YUNQING *(deutet auf die anderen)* Das sind alles meine Go-Freunde.

DER TAUBE Sie sind alle Schriftsteller und Professoren.

HU TIETOU Und was macht der junge Herr?

DER TAUBE Er ist in Behandlung.

HU TIETOU Na, das weiß ich, seine Krankheit könnte ich wohl auch behandeln.

DER TAUBE *(zu Si Yan)* Erklär es ihnen am besten selbst.

SI YAN *(herablassend und unwillig)* Ich mache gar nichts.

HE YUNQING *(zu Si Yan)* Entschuldige mich, ich gehe eben Tee kochen. *(Er steht auf und geht zum Ofen, wo er Tee aufgießt.)*

HU TIETOU *(setzt sich auf He Yunqings Platz)* Magst du Literatur?

SI YAN *(reibt sich die Stirn)* Entschuldigung, ich habe Kopfschmerzen.

HU TIETOU Bereitet die Literatur dir Kopfschmerzen, oder bin ich das?

SI YAN Die Literatur und Leute, die über Literatur reden.

HU TIETOU Wenn du die Gegenwartsliteratur mit älterer Literatur vergleichst, was denkst du, in welcher Hinsicht ist sie überlegen?

SI YAN Sie wird von Leuten gemacht, die keine Kultur haben.

HU TIETOU Was soll das denn für eine Überlegenheit sein? Du machst dich wohl über mich alten Mann lustig.

SI YAN Nein. Literatur und Kultur sind zwei verschiedene Dinge. Das ist ein Unterschied wie zwischen Mensch und Affe. In der Vergangenheit wurde das alles in einen Topf geworfen, inzwischen hat es sich endlich getrennt. Die Tragödie unserer Zeit ist einfach, dass sie keine Kultur hat, von der Literatur ganz zu schweigen.

HU TIETOU Hm *(nachdenklich)*. Und was ist der Grund dafür?

SI YAN Eine kulturlose Leserschaft bringt kulturlose Autoren hervor. Zu welchem Zeitpunkt in der Geschichte gab es so viele Literaturkonsumenten? Wenn der „Traum der Roten Kammer“ zu seiner Zeit den Geschmack des gemeinen Volkes hätte treffen müssen, gäbe es dann überhaupt den „Traum der Roten Kammer“?

HU TIETOU Das macht Sinn.

GUI TOUDAO *(stößt Hu Tietou beiseite)* Mein Junge, darf ich auch mal eine Frage stellen?

SI YAN Ich bin zum Go-Spielen gekommen, nicht zu einer Fragerunde.

GUI TOUDAO Beantworte erst mal ein paar Fragen. Dann kommen wir zum nächsten Punkt auf der Tagesordnung.

SI YAN *(hilflos)* Na gut.

GUI TOUDAO Darf ich fragen, welche Bedeutung Brücken für den Menschen der Gegenwart haben?

SI YAN Darf ich fragen, welche Bedeutung Flicken für die Kleidung haben?

GUI TOUDAO Bitte stell keine Gegenfragen, sondern antworte einfach nur.

SI YAN Brücken sind ein notwendiges Übel. Die großen Brücken der Gegenwart wurden für den Autoverkehr entworfen. Eines Tages werden die Menschen aber nicht mehr Auto fahren und dann werden diese großen Brücken wie Narben übrigbleiben.

GUI TOUDAO Die Existenz dieser Brücken zeugt vom architektonischen Wissen der Menschheit. Wir werden diese Zukunft verfluchen, die du da ausmalst.

HU TIETOU Um der kulturlosen Literatur und der brückenlosen Zukunft etwas entgegenzusetzen, müssen wir dich erst einmal im Go-Spiel besiegen.

SI YAN Ich möchte gegen den stärksten Spieler antreten.

HU TIETOU Warte einen Moment. Shuang Feiyan hat auch noch eine Frage.

SHUANG FEIYAN Nein, ich habe keine.

HU TIETOU Denk dir eine aus.

HE YUNQING *(schiebt Gui Toudao beiseite, reicht Si Yan eine Tasse Tee und setzt sich rasch auf den freigewordenen Platz)* Er ist mein Gast. Ihr benehmt euch daneben.

HU TIETOU Wir dürfen nicht Go spielen und Fragen dürfen wir jetzt auch nicht mehr stellen? Shang Feiyan, du musst ihn auf jeden Fall etwas fragen.

SHUANG FEIYAN *(schüchtern)* Na gut. Darf ich fragen, was für eine Verbindung denn nun zwischen Affen und Menschen besteht?

SI YAN Ich kriege schon wieder Kopfschmerzen.

HU TIETOU Du musst aber trotzdem antworten.

SI YAN Es gibt keine Verbindung. Menschen existieren möglicherweise schon genauso lange wie Affen, allerdings war ihre Anzahl damals so gering, dass die Archäologen einfach noch keine ausgebuddelt haben.

HE YUNQING *(zu Shuang Feiyan)* Stimmt das, was er sagt?

SHUANG FEIYAN Das ist eine Hypothese. Egal ob richtig oder falsch, es ist außerordentlich, wie gewagt er denkt.

HU TIETOU Yizi Bushe, jetzt bist du an der Reihe.

DER TAUBE Die Schriftsteller und Professoren haben alle ihre Fragen gestellt, beim Geschäftsmann hören wir jetzt besser auf.

YIZI BUSHE Schaut ihr mal nicht auf den Handel herab. Ich frage ihn, wie man Steuern hinterzieht.

HE YUNQING Wenn ihr Tee trinken wollt, ich habe hier nicht genug Tassen.

HU TIETOU Wir haben selber welche dabei. *(Er schenkt den anderen schlechtgelaunt Tee ein.)*

HE YUNQING *(zu Si Yan)* Zum Go-Spielen braucht man innere Ruhe, all dieses unnütze Wissen bringt einen überhaupt nicht weiter. Ich habe gehört, dass deine Mutter dich daran hindert, Go zu spielen?

SI YAN Sie verabscheut das Go-Spiel.

HE YUNQING Weißt du, warum?

SI YAN Keine Ahnung, wahrscheinlich verabscheut sie alles, was rational ist.

HE YUNQING Ich verabscheue das Go-Spiel auch.

SI YAN Aber ...

HE YUNQING Siehst du die Leute da, die ihre Fragen gestellt haben?

SI YAN ...

HE YUNQING Go zu spielen, ist für sie zu einer Lebensnotwendigkeit geworden. Das ist so traurig.

DER TAUBE Ich habe ihn hierher gebracht, damit du ihm Go beibringst.

HE YUNQING *(zu Si Yan)* Willst du denn gar nicht wissen, warum ich nicht mehr spiele?

Die vier Go-Spieler umringen ihn, die Teetassen in der Hand, die sie selbst mitgebracht haben.

SI YAN Darüber will ich nicht reden.

HE YUNQING Damals nannte Hu Tietou hier mich Go-Mensch ...

HU TIETOU Das sind wir doch alle, mach dir doch deswegen keinen Kopf.

HE YUNQING Aber wenn einem auf dem Sterbebett klar wird, dass man außer Go-Spielen gar keine Erfahrungen gemacht hat, wie fühlt man sich dann wohl?

SI YAN Sehr glücklich! Mehr ist dazu wohl nicht zu sagen.

HE YUNQING Oh ja, es gibt nichts, was so schwer zu ertragen ist wie die Reue der alten Jahre.

DER TAUBE Wäre es nicht besser, wenn ihr euch nicht die ganze Zeit mit Smalltalk aufhalten würdet?

HE YUNQING Ich habe gehört, dass du noch keine Spielpraxis gesammelt hast?

SI YAN Das stimmt, ich habe nur sehr viele Bücher über das Go-Spielen gelesen.

HE YUNQING Das ist bedauerlich.

SI YAN Mir blieb nichts anderes übrig, meine Mutter hat es mir verboten.

HE YUNQING Weiß deine Mutter, dass du heute hier bist?

SI YAN Heute habe ich gesagt, dass ich zu einer Untersuchung muss. In Zukunft kann ich auch behaupten, dass ich meine Freundin treffe.

HE YUNQING Dass du deine Freundin triffst ... Dann musst du sie aber auch wirklich treffen. Als ich jung war ... Ach, was soll das, reden wir lieber darüber, was du jetzt tun sollst. Du hast ein klares Bild des Go-Bretts vor deinem inneren Auge?

SI YAN Natürlich.

HE YUNQING Warum haben Frauen etwas dagegen, wenn Männer Go spielen?

SI YAN Ich weiß nur, was bei meiner Mutter der Grund ist: Sie erträgt die Einsamkeit nicht.

DER TAUBE Was soll das denn? Du redest gar nicht übers Go-Spiel, sondern immer nur über Frauen.

HE YUNQING Wer sagt denn, dass ich heute übers Go-Spiel reden will? Heute rede ich eben über Frauen.

SI YAN *(zum Tauben)* Aber Sie hatten doch gesagt, dass ich heute hier bin, um Go zu lernen?

HE YUNQING *(zum Tauben)* Hast du das behauptet?

DER TAUBE *(laut)* Was?

HE YUNQING Ich lasse mich doch nicht dauernd herumkommandieren. Wenn ich Go spielen will, werde ich schon spielen, und wenn nicht, dann spiele ich eben nicht!

SI YAN *(zum Tauben)* Wenn hier gar kein Go gespielt wird, können wir gleich wieder gehen.

HE YUNQING Pfff, ein ganz schönes Temperament für sein Alter. Was für eine Qualifikation hast du denn, gegen mich zu spielen?

SI YAN Wenn wir gegeneinander antreten, sehen Sie schon, ob ich qualifiziert bin oder nicht.

HE YUNQING *(zeigt ein wenig Freude)* Du klingst ganz vernünftig. Deine Mutter ...

SI YAN *(unterbricht ihn)* Kennen Sie meine Mutter?

HE YUNQING Nein, nein ... Ich wollte fragen: Wenn deine Mutter herausfindet, dass du dich gegen ihren Willen mit jemandem zum Go-Spiel triffst – was würde dann passieren?

SI HUI Das weiß ich nicht.

HE YUNQING *(ungehalten)* Dann musst du darüber nachdenken.

SI HUI Aber das ist doch meine Sache?

HE YUNQING Wenn wir miteinander Go spielen, dann geht das uns beide an. Als ich in deinem Alter war, dachte ich genauso wie du, dass das Go-Spiel die Sache jedes einzelnen sei. Aber so einfach ist das nicht. *(aufgewühlt)* Damals habe ich das Go-Spiel so sehr geliebt, aber es gab eine Person, die mich davon abhalten wollte. Heute will ich nicht mehr spielen, da werden mich auch diese Leute hier nicht dazu zwingen!

Der Taube senkt den Kopf. Hu Tietou, Gui Toudao, Shuang Feiyan und Yizi Bushe blicken einander bestürzt an.

SI YAN Verzeihung. Damals, als jemand Sie am Go-Spielen hindern wollte, haben Sie da trotzdem gespielt?

HE YUNQING Natürlich. Ja, natürlich habe ich gespielt.

SI YAN Sie haben nicht gezögert, diese Freundschaft aufzugeben?

HE YUNQING Du ... du weißt von dieser Sache?

SI YAN Nein, ich weiß nichts darüber, das Privatleben anderer Leute interessiert mich nicht im Geringsten. Ich will nur darauf hinaus, dass Sie trotz dieses starken Widerstands weitergespielt haben. So bin ich jetzt auch: Obwohl Sie etwas dagegen haben, bin ich doch entschlossen zu spielen.

HE YUNQING *(seufzt tief)* Ich habe nur etwas dagegen, selbst mit dir zu spielen. Ansonsten habe ich nichts dagegen, wenn du Go spielst. Was für ein Recht hätte ich denn, dich daran zu hindern? Ich fürchte nur, dass es deine Mutter verletzen würde.

SI YAN In dieser Welt werde ich wohl nie in Ruhe Go spielen können ...

HE YUNQING Was sagst du da?

SI YAN Gar nichts. Wenn Sie partout nicht wollen, kann ich dann nicht eine Partie gegen einen der anderen Herren spielen?

HU TIETOU Ich bin bereit.

HE YUNQING Moment mal. Wenn ein Lernender sich auf den Weg macht, muss er gleich die richtige Richtung einschlagen. Du kannst nicht mit diesen Barbaren spielen, das würde dich ruinieren.

HU TIETOU Hör nicht auf ihn. Ein wildes Feuer kann das Gras nicht zerstören, mit dem Frühlingswind grünt es erneut.[8]

HE YUNQING Worüber hatten wir vorhin gesprochen? Du siehst also das Go-Brett klar vor deinem inneren Auge?

SI HUI Ja, das tue ich, mein Herr ...

HE YUNQING Sag mir, warum ist das Go-Spiel eine Kunst?

SI HUI Weil es lebendig ist. Etwas, das Leben hat, ist Kunst.

HE YUNQING *(bewegt)* Das hast du sehr gut gesagt, sehr gut gesagt! *(zu den anderen)* Das habt ihr nie verstanden ... *(zu Si Yan)* Das Go-Brett hast du im Kopf?

SI YAN In meiner Seele.

HE YUNQING Es hat waagrecht und senkrecht jeweils 19 Linien, sodass sich abzüglich des Mittelpunkts 360 Kreuzungspunkte ergeben.

SI YAN Das steht symbolisch für die 360 Tage eines Jahreskreislaufs[9].

HE YUNQING Die Steine sind schwarz und weiß.

SI YAN Das sind Yin und Yang.

HE YUNQING Es gibt vier Ecken, so wie es Frühling, Sommer, Herbst und Winter gibt.

SI YAN Die Jahreszeiten wechseln einander ab, das Werden und Gedeihen hört nie auf. Das ist der Ort, der neues Leben gebiert!

HE YUNQING Was sagt dir die Dreihundertsechzig-und-Eins?

SI YAN Diese „Eins“ ist wahrscheinlich das, worum die Gegner kämpfen müssen?

HE YUNQING Sehr gut. Wenn beide Gegner gleich stark sind, dann entscheidet dieser eine Punkt darüber, wer gewinnt und wer verliert. Wenn du das verstanden hast, kannst du nicht über Gebühr raffgierig sein. Im Go-Spiel bist einmal du am Zug, dann wieder der Gegner, und das Entscheidende dabei ist, die Balance zu halten. Jeder harte Kampf wird nur dadurch verursacht, dass man die Balance verloren hat.

HU TIETOU Warum kriegen wir diese erhellenden Theorien sonst nie zu hören?

HE YUNQING Ihr versteht nur was vom Töten, wie könnte man euch etwas über den Geist des Go-Spiels erzählen.

SI YAN Wenn man die Balance wahren will, wartet man dann darauf, dass der Gegner einen falschen Zug macht?

---

8 Vers aus einem Gedicht von Bo Juyi (772-846).

9 Nach dem traditionellen chinesischen Mondkalender.

HE YUNQING *(lächelt)* Ganz recht. Um zu leben, musst du auch den anderen am Leben lassen. Lässt du den anderen nicht leben, kommt es zu einem Kampf auf Leben und Tod.

SI YAN Ja, ich verstehe.

HE YUNQING Ganz genauso verhält es sich im Leben des Menschen. Hat man erst einmal das innere Gleichgewicht verloren, gerät der Himmel ins Wanken.

SI YAN Wann kann ich eine Partie mit Ihnen spielen?

HE YUNQING Willst du meinen Bann brechen?

HU TIETOU UND DIE ANDEREN Spiel doch eine Partie.

DER TAUBE Ja, spiel mit ihm.

HE YUNQING ...

SI YAN Da fällt mir ein: Vielen Dank für die Steine, die Sie mir geschenkt haben, ich habe auch ein kleines Geschenk für Sie. Doktor Zhao, können Sie es mal holen?

DER TAUBE Ja, mache ich. *(Er steht auf, holt einen Pappkarton aus dem Medikamentenkoffer und stellt ihn auf den Tisch.)*

HE YUNQING Das ist sehr freundlich.

Si Yan öffnet den Deckel, nimmt das Perpetuum mobile heraus und stellt es auf den Tisch. Er stößt es an, und das Mobile setzt sich in Bewegung.

SI HUI Wenn es einmal in Bewegung ist, dann hält es nie wieder an.

HE YUNQING *(betrachtet es lange)* Das Go-Brett und die Steine!

Gu Toudao und Yizi Bushe holen das Go-Brett und die Spielsteine von draußen herein und stellen beides auf den Tisch.

Das Go-Brett ist aus nagelneuem Holz.

Auch die Spielsteine aus Yunnan sind brandneu. Sie befinden sich in schlichten sauberen Bambuskörbchen.

Das Perpetuum mobile dreht sich neben dem Go-Brett.

Alle kommen herüber und umringen es.

He Yunqing öffnet die Körbchen mit den Steinen.

Dichtes Schneegestöber.

Vorhang fällt.

DRITTER AKT

Erste Szene

Vorhang auf.
Tiefer Winter. Einige Monate nach dem vorigen Akt.
In He Yunqings Hütte.
He Yunqing sitzt alleine bei einsamem Licht, knallt Steine auf das Spielbrett und schaut immer wieder zur Tür.
Das Perpetuum mobile bewegt sich ohne Unterlass, He Yunqing betrachtet es von Zeit zu Zeit.

HE YUNQING *(seufzend)* Ich warte auf jemanden, aber der Jemand kommt nicht. *(steht auf, geht umher)* Was ist nur los mit mir? Habe ich etwa noch nie Go gespielt oder bin noch nie einem Großmeister begegnet? Welchen Großmeister hätte ich noch nicht erlebt? Welche Partie Go hätte ich noch nicht gespielt? Und jetzt kommt auf einmal so ein junger Grünschnabel daher, der mich völlig aus der Fassung bringt. Die Zeit will nicht vergehen. Wieso bin ich auf einmal so ein Schwächling? Ich werde nicht mehr mit ihm spielen, egal was er sagt, ich spiele nicht mehr. Sogar Schnaps habe ich geholt, das ist doch wirklich übertrieben. Wenn du nicht kommst, trinke ich ihn eben selbst.

He Yunqing öffnet die Tür, der Mond scheint klar und hell. Er nimmt einen Teller gerösteter Erdnüsse vom Fensterbrett, die dort zum Trocknen standen, schließt die Tür wieder. Dann nimmt er ein wenig Salz aus der Dose und streut es sorgsam über die Nüsse. Anschließend nimmt er eine Erdnuss und kaut auf ihr, als müsste er sie abschmecken, schließlich stellt er den Teller auf den Tisch neben das Spielbrett.
Er dreht sich um und will Schnaps und Gläser holen, aber in diesem Moment fängt er an zu schlottern. Zittrig holt er eine Flasche Fünfkornschnaps unter dem Bett hervor, dreht sie auf und riecht daran, dann stößt er ein alkoholschwangeres „Aah" hervor.

HE YUNQING So ein guter Schnaps, wie schade, dass du ihn nicht trinkst. Ich gebe dir auch ein Glas, man will ja nicht unhöflich erscheinen.

He Yunqing tritt vor das Fenster und nimmt zwei kleine Schnapsbecher aus blauweißem Porzellan. Dann kehrt er zum Tisch zurück und stellt einen vor sich und den anderen auf den Platz gegenüber. Er schenkt beide voll und stellt die Flasche weg, dann nimmt er seinen Becher, stößt an den anderen Becher, trinkt auf einen Zug leer und füllt ihn erneut.

HE YUNQING *(rezitiert)* „Habt Ihr nicht gesehen, wie das Wasser des Gelben Flusses vom Himmel fällt, / ins Meer rauscht und nie mehr wieder kommt? / Habt Ihr nicht gesehen, wie sie in hohen Hallen vor leuchtenden Spiegeln / ob ihrer weißen Haare trauern, / am Morgen noch schwarz wie Seide, am Abend schon schneeweiß geworden? / Mein teures Pferd, meine wertvollen Pelze, / ruf den Jungen und lass sie tauschen gegen guten Wein, / lass uns gemeinsam ertränken den ewigen Kummer."[10]

He Yunqing trinkt auf einen Zug leer.

HE YUNQING Was ist los mit mir? *(leicht angetrunken)* Halte ich die Einsamkeit etwa nicht mehr aus? *(trinkt wieder einen Becher leer)* Meine Tang-Gedichte kann ich noch, ich erinnere mich tatsächlich noch an Li Bai. *(stark betrunken)* Natürlich erinnere ich mich, ich erinnere mich an alles, alles ... nichts ... nichts mehr. Niemand hat nichts mehr ... Ich habe nichts ... Du hast nichts ... Go ist nichts ... Nicht mehr spielen, macht auch nichts ... Leben, leben ist nichts ... Nicht leben ist auch nichts ... Ich gebe zu, du bist ein begnadeter Go-Spieler ... Du bist etwas! Aber als ich so alt war wie du jetzt, war ich viel stärker! Auch jetzt bist du noch kein Gegner für mich, bilde dir nichts ein! *(schnappt den Becher gegenüber und trinkt auch ihn leer)* Hast du deinen Mut verloren? Nicht doch, man muss den Spott schon aushalten können, eine Menge Leute spielen besser als du, aber sie können nicht sagen, weshalb. Manche verstehen es ihr ganzes Leben nicht, aber du wirst eines Tages verstehen ... Ich schmeichle dir nicht, ich habe Angst, dass du nicht mehr spielst, ich wünschte, ich könnte ... Ich wünschte, ich könnte dir alles erzählen, was ich weiß ... Ich, ich knie praktisch vor dir nieder und flehe dich an! *(zerschmettert den leeren Becher des anderen)*

Kurze Pause.

Türklopfen.

HE YUNQING Ich wusste, dass du kommen würdest. *(öffnet die Tür)*

Der Mond scheint klar und hell, die Sterne glitzern.

Vor der Tür ist niemand.

HE YUNQING Komm schon rein. Versteck dich nicht. Wenn du nicht rein willst, auch gut. Gut, ich mache die Tür zu und gehe schlafen. *(schließt die Tür, versteckt sich hinter ihr und reißt sie dann ganz plötzlich wieder auf)* Ha, du entwischst mir nicht!

Ein Geist – verkörpert durch einen Lichtstrahl – steht vor der Tür.

HE YUNQING Hast du mich erschreckt! Wer bist du? Ich spiele mit keinem anderen mehr als mit Si Yan.

GEIST Si Hui schickt mich.

Der Geist ist eine Illusion aus Licht und Schatten. Er kommuniziert mit He Yunqing, aber nur Licht und Stimme sind wahrnehmbar.

Wie ein Luftzug rauscht er ins Zimmer.

---

10 Verse aus einem Gedicht von Li Bai (701-762).

He Yunqing stolpert hinterher.

GEIST Die Leute nennen mich eine ruhelose Seele, einen traurigen Wanderer.

HE YUNQING Trink einen Becher mit mir und verschwinde dann wieder, ich erwarte noch einen Freund zum Go-Spielen.

GEIST Vielleicht hätte ich sie dir nicht nehmen sollen.

HE YUNQING Du bist ein Geist? Kein Mensch? Atme mal aus, wenn du Atem hast, bist du ein Mensch und kein Geist.

GEIST Ich möchte auch kein Geist sein, aber noch weniger würde ich noch Mensch sein wollen. *(atmet aus)* Schau, da ist nichts, glaubst du mir jetzt?

HE YUNQING Kommst du, um mein Leben zu fordern? Warte, bis ich noch diese eine Partie gespielt habe, dann komme ich mit dir.

GEIST Ich komme, um mich bei dir zu entschuldigen.

HE YUNQING Dieser Junge ist wirklich unzuverlässig.

GEIST Si Hui. Vor dreißig Jahren habe ich sie dir genommen.

HE YUNQING Zu jener Zeit kannte ich nichts als das Go-Spiel.

GEIST Du warst glücklich, es gibt keine glücklicheren Menschen als die, die nur das Go kümmert.

HE YUNQING Nein! Das stimmt nicht.

GEIST Bereust du es?

HE YUNQING Sie ist immer noch allein. Sie braucht jemanden, mit dem sie sprechen kann ...

GEIST Eines Tages hatte ich keine Worte mehr, also ging ich und wurde ein Geist.

HE YUNQING Sie war so unglücklich!

GEIST Nein, es reicht, dass sie mich einmal besessen hat. Danach konnte sie die Tage mit Erinnerungen füllen.

HE YUNQING Du hättest sie nicht verlassen sollen.

GEIST Ich wusste ihr nichts mehr zu sagen. Ich habe einen Sohn hinterlassen, er soll an meiner Stelle mit ihr sprechen.

HE YUNQING Du hast sie zerstört.

GEIST Ich gehöre jetzt zu einer anderen Welt und trotzdem kannst du mir nicht vergeben?

HE YUNQING Du bist ein schwacher Geist. Trink ein Glas, stärke dich ein bisschen!

GEIST *(weint)* Ich bitte dich, mir Go beizubringen!

HE YUNQING Go ist ein Spiel um Leben und Tod. Du hast Leben und Tod bereits hinter dir, was willst du es jetzt noch lernen?

GEIST Ich will Leben und Tod immer wieder spüren, es gibt nichts Aufregenderes als das. Immer wieder, verstehst du? Aber nur auf dem Go-Brett, mit der Menschenwelt habe ich nichts mehr zu tun.

HE YUNQING Setz dich. *(die beiden spielen)* Du als Geist solltest deinen ersten Stein in den „Ursprung des Himmels" setzen.

GEIST Das ist der Schnittpunkt genau in der Mitte des Spielbretts?

HE YUNQING Ja. Da ist das „äußerste Absolute", das ist der „ursprüngliche Anfang". Eins gebiert Zwei, Zwei gebiert Drei, Drei gebiert die zehntausend Dinge.

GEIST Aber wenn er so ganz allein in der Mitte treibt, merkt man doch kaum, dass er wirklich da ist.

HE YUNQING Deshalb heißt es „Der Meister sitzt im Nabel"[11]. Er ist nicht wirklich da, er hat keine Gestalt, aber deshalb besitzt er alle Möglichkeiten und ist unbegrenzt. Du bist ein Geist, formlos, nur du kannst ihn fassen. Nur die, die über Leben und Tod hinaus sind, können ihn fassen.

GEIST Hat mein Sohn Talent zum Go-Spielen?

HE YUNQING Er hat eine außergewöhnliche Begabung. Er bewegt sich auf dem Go-Brett wie ein Fisch im Wasser. Auch wenn er noch ein junger Fisch ist und noch nicht perfekt schwimmt, erreicht er doch eine unvergleichliche Harmonie. Er wird einmal den Ozean beherrschen.

GEIST Wärst du bereit, ihn aufzugeben?

HE YUNQING Nein, unmöglich. Er ist zum Go-Spielen geboren.

GEIST Er ist ihr Kind. Ich wünschte, du würdest auch einmal auf die Wünsche der Mutter Rücksicht nehmen.

HE YUNQING Hat Si Hui jemals über die Wünsche anderer nachgedacht?

GEIST Überlass das Go den wirklich einsamen Geistern, die Menschen sollten das echte Leben genießen.

HE YUNQING Man kann seiner Anziehungskraft nicht widerstehen.

GEIST Es nimmt dir deine Seele, bis du dich nicht mehr von einem Toten unterscheidest. Si Hui braucht einen lebendigen Menschen, hör auf meine Worte ... *(schwebt davon)*

He Yunqing ist betrunken, über den Tisch gebeugt schläft er wie ein Stein.

Es klopft an der Tür.

He Yunqing schwankt zur Tür und öffnet.

Es ist Yuanyuan.

YUANYUAN Entschuldigen Sie, sind Sie Herr He?

HE YUNQING Ich empfange keine weiblichen Geister.

YUANYUAN Sie haben eine ganz schöne Fahne, sind Sie betrunken?

HE YUNQING Wer bist du? Der Fuchsgeist Xiao Cui?[12]

---

11 Im „Buch des Go" *(Qi jing)* aus dem 11. Jahrhundert.

12 Anspielung auf eine Geschichte aus dem „Liaozhai zhi yi" von Pu Songling (1640-1715).

YUANYUAN Ich heiße Huang Yuanyuan, ich bin Si Yans Freundin. Darf ich reinkommen? Ich habe nicht viel an und es ist kalt.

He Yunqing lässt sie hinein.

HE YUNQING *(mustert Yuanyuans Beine)* Wie? Gibt es im Jenseits keine Hosen?

YUANYUAN Onkel ...

HE YUNQING *(unterbricht sie)* Es gibt keine Tante, was nennst du mich Onkel?

YUANYUAN Onkelchen, ich bringe eine Nachricht von Si Yan.

HE YUNQING Warum kommt er nicht selbst? Hat er unsere Verabredung vergessen?

YUANYUAN Seine Mutter und er sind in einen schrecklichen Streit verwickelt. Sie hat erfahren, dass er Go spielt.

HE YUNQING Si Hui? *(betrachtet Yuanyuan)* Du siehst ihr ähnlich.

YUANYUAN Sie kennen sie?

HE YUNQING Hm ... Ja. Entschuldige, setz dich einen Moment, ich bin gleich wieder da.

YUANYUAN Wo wollen Sie hin? Ich möchte nicht allein hier bleiben.

HE YUNQING *(schwankt)* Ich habe ein bisschen zu viel getrunken, ich muss kurz wohin, bin gleich wieder da.

YUANYUAN Ich helfe Ihnen.

Yuanyuan nimmt He Yunqing am Arm und führt ihn hinaus, He Yunqing übergibt sich. Yuanyuan führt ihn wieder herein.

YUANYUAN *(holt ein Glas Wasser)* Spülen Sie Ihren Mund damit aus.

He Yunqing spült seinen Mund mit Wasser.

HE YUNQING Mir ist ganz schwindlig. Du siehst Si Hui wirklich ähnlich.

YUANYUAN Legen Sie sich hin. Ich ähnele ihr überhaupt nicht.

Yuanyuan führt He Yunqing zum Bett und deckt ihn gut zu.

YUANYUAN Sie ... Sind Sie Si Yans Vater?

HE YUNQING *(geheimnisvoll)* Komm näher, dann erzähle ich es dir.

Yuanyuan kommt näher.

HE YUNQING *(nimmt Yuanyuans Hand)* Nein.

YUANYUAN *(setzt sich auf den Bettrand)* Wer ist sein Vater?

HE YUNQING Er ist gerade gegangen. Ein Geist.

YUANYUAN Es ist ziemlich kalt hier, ich muss gehen. Auf Wiedersehen. *(steht auf und öffnet die Tür, fröstelt)* Draußen ist es noch kälter und der Mond scheint nicht, es ist stockfinster.

HE YUNQING Dann komm wieder her.

Yuanyuan schließt die Tür und setzt sich an den Tisch.

YUANYUAN Darf ich ein wenig von dem Schnaps trinken? *(schenkt sich ein und trinkt)*

HE YUNQING Trink, trink, er war eigentlich für Si Yan.

YUANYUAN Si Yans Mutter möchte Sie sehen.

HE YUNQING Wozu?

YUANYUAN Sie will ihren Sohn zurück. Erst hat sie gesehen, wie er all die Bücher aus seinem Zimmer wegwarf, dann hat er aufgehört mit ihr zu sprechen. Den ganzen Tag saß er alleine und mit geschlossenen Augen da. Dann hörte sie nachts immer ein Klicken und Klackern aus seinem Zimmer. Als sie schließlich eines Tages ins Zimmer stürmte, sah sie ihn alleine Go spielen.

HE YUNQING Und dann ist sie vor Wut explodiert?

YUANYUAN Noch schlimmer. Sie sagte kein Wort, Tränen schossen ihr in die Augen und dann weinte sie drei Tage und Nächte ohne Unterlass, bis sie sich fast die Augen ausgeweint hatte.

HE YUNQING Um Himmels willen! Wie hat Si Yan reagiert?

YUANYUAN Er hat weitergespielt.

HE YUNQING Und woher weiß Si Hui, dass er mit mir gespielt hat?

YUANYUAN Sie sagte, er hätte eine ähnliche Haltung beim Spielen wie Sie. Alle Ihre Bewegungen seien immer ungelenk gewesen. Nur wenn Sie einen Stein aufnahmen *(sie nimmt mit Zeige- und Mittelfinger einen weißen Spielstein und setzt ihn mit einem Klacken auf das Brett)* und ihn bedächtig auf dem Brett platzierten, hätte das eine gewisse Eleganz gehabt.

HE YUNQING Aber sie hat doch gar nie hingesehen, es hat sie doch immer gestört.

YUANYUAN Ja. Sie sagte, sie hasste es, wie schön und elegant ihre Finger aussahen, wenn Sie die Steine bewegten. In diesen Momenten ...

HE YUNQING Sprich weiter.

YUANYUAN Ich traue mich nicht.

HE YUNQING Ist doch egal, sag schon, ich ... werde dir nicht böse sein.

YUANYUAN Sie sagte ... in ihren eigenen Worten ... Sie sagte, in dem Augenblick, in dem Sie die Steine setzten, hätten Sie verdammt nochmal wie ein Gott ausgesehen.

HE YUNQING Was geht sie das an?

YUANYUAN Sie will, dass Sie verstehen, dass Sie ein Mensch sind und kein Gott.

HE YUNQING Aha ... Schenk mir auch einen Becher Schnaps ein.

YUANYUAN Sie sollten nicht noch mehr trinken, Sie haben sich gerade übergeben. Wenn Sie jetzt weitertrinken, wird es Ihnen noch schlechter gehen.

HE YUNQING Schenk ein.

YUANYUAN Es gibt nur einen Becher. *(schenkt ein und reicht He Yunqing den Schnaps)*

HE YUNQING *(trinkt leer)* Sie hat bestimmt den Tauben ausgefragt.

YUANYUAN Ja, er hat sofort alles zugegeben.

HE YUNQING Verräter.

YUANYUAN Er sagte, man hätte eine Go-Bombe neben ihr platziert.

HE YUNQING *(lacht)* Das war er, nicht ich.

YUANYUAN Sie war stinkwütend. Seien Sie vorsichtig, Sie wird sicher zu Ihnen kommen, um Sie zur Rede zu stellen.

HE YUNQING Wie ist Si Yan zu dir?

YUANYUAN Er scheint nicht interessiert an mir. Ich versuche ihn so gut zu decken, wie ich kann.

HE YUNQING Wer sein Temperament nicht unter Kontrolle hat, wird niemals ein guter Go-Spieler. Alle großen Meister behalten auch außerhalb des Go-Bretts immer ihre Ruhe. Gewöhnliche Menschen ertragen solch ein Leben nicht.

YUANYUAN Dieser Schnaps ist gut. *(nimmt einen Schluck aus der Flasche)*

HE YUNQING Du kannst aber trinken!

YUANYUAN Bin ich schon rot im Gesicht? *(streicht sich mit der Hand über das Gesicht, bereits etwas angeheitert)*

HE YUNQING Frauen sind am entzückendsten, wenn sie trinken und wenn sie Go spielen. Angeheitert steigt ihnen die Pfirsichröte ins Gesicht; die Augenbrauen gerunzelt können sie sich nicht zum nächsten Zug entschließen.

YUANYUAN *(nimmt noch einmal einen großen Schluck)* Männer sind am unausstehlichsten, wenn sie diese beiden Dinge tun. Stockbesoffen lallt ihre Zunge; finster starrend kämpfen sie darum, ihre falschen Züge zurückzunehmen.

HE YUNQING *(lacht schallend)* Gut gesprochen! Gut gesprochen!

YUANYUAN *(steht auf, schwankt)* Ich ... Ich bin betrunken ... Nein, ich bin nicht betrunken.

He Yunqing richtet sich mühsam auf, unsicheren Schrittes nimmt er Yuanyuan am Arm.

YUANYUAN Finden Sie, ich bin zu freizügig?

HE YUNQING Nein.

YUANYUAN Das ist gelogen. Aber eine Reiseführerin muss doch wohl freizügig sein? Sie dürfen ruhig so denken. *(trinkt)*

HE YUNQING Trink nicht noch mehr. Ich weiß nichts über Reiseführerinnen.

YUANYUAN Waren Sie noch nie auf Reisen? Am Huangshan oder Lushan, vorne ein Mädchen mit einem Fähnchen und dahinter eine Gruppe Touristen?

HE YUNQING Ich habe dieses Haus schon Jahrzehnte nicht mehr verlassen.

YUANYUAN Das glaube ich nicht, nur ein Urahn des Bodhidharma könnte zehn Jahre auf eine Wand starren.

HE YUNQING Es ist wahr. Seit dreißig Jahren, seit meine Frau mich verlassen hat, bin ich diesem Go-Brett nicht mehr von der Seite gewichen.

YUANYUAN Das ist wirklich bemitleidenswert.

HE YUNQING Alle Go-Spieler haben mich immer um meine Ungebundenheit beneidet, heute höre ich zum ersten Mal, dass man mich bedauert.

YUANYUAN Haben Sie sich etwa noch nie bedauernswert gefühlt?

HE YUNQING Was sollen diese Fragen?

YUANYUAN Haben Sie noch nie mit einer Frau gespielt?

HE YUNQING Frauen wollen nicht spielen.

YUANYUAN Wollen wir eine Runde „Fünf in eine Reihe" spielen?

HE YUNQING Aber das hat doch nichts mit Go zu tun!

YUANYUAN Das muss man doch nicht so eng sehen! Ich möchte mit Ihnen spielen!

HE YUNQING Na gut. *(bringt das Spielbrett in Ordnung)* Diese Runde habe ich gerade mit einem Geist gespielt.

YUANYUAN Das will ich nicht hören, Sie machen mir Angst.

He Yunqing und Yuanyuan nehmen einander gegenüber Platz und spielen.

YUANYUAN Glauben Sie mir, dass die meisten Reiseführerinnen anständige Mädchen sind?

HE YUNQING Ich glaube dir.

YUANYUAN Ich ... *(schluchzt)* Ich bin es nicht. *(sprachlos vor Pein)*

HE YUNQING Lass uns trinken!

He Yunqing und Yuanyuan sehen sich an, das Licht wird schwächer.
Das Perpetuum mobile bewegt sich unentwegt.
Licht aus.

Zweite Szene

Es klopft an der Tür.
Das Licht geht an, es ist bereits wieder Tag.
Zeit: am nächsten Morgen.
In He Yunqings Haus.
He Yunqing und Yuanyuan stehen hastig auf, die Kleidung in Unordnung.

HE YUNQING Ich gehe. *(geht zur Tür)* Wer ist da?

He Yunqing öffnet die Tür einen Spalt, die Person draußen drückt die Tür auf und drängt nach drinnen. Es ist Si Hui.
Si Hui sieht sich in der Wohnung um und entdeckt sofort Yuanyuan, die beschämt das Gesicht wegdreht und sie nicht ansieht. Si Hui ist zugleich wütend und verlegen.

SI HUI Ich hätte wirklich nicht erwartet ... Yuanyuan, ich habe diesen Moment nicht mit Absicht gewählt, aber du solltest dich dennoch erklären.

YUANYUAN Nicht nötig. Ich werde es Si Yan selbst sagen. Wir haben keine Zukunft. Auf Wiedersehen. *(geht ab)*

SI HUI *(zu He Yunqing)* Hast du in deinem Alter doch noch einen zweiten Frühling.

HE YUNQING Ohne die Stimme hätte ich dich kaum wiedererkannt.

SI HUI *(tränenerstickte Stimme)* So viele Jahre haben wir uns nicht gesehen und dann muss ich so eine Enttäuschung erleben!

HE YUNQING Was soll man machen, ich bin auch nur ein Mensch.

SI HUI Sie ist die Freundin meines Sohnes, wusstest du das?

HE YUNQING Ja.

SI HUI Erst bringst du ihm das Go-Spiel bei und dann nimmst du ihm auch noch die Freundin weg ...

HE YUNQING *(verärgert)* Das eine hat mit dem anderen nichts zu tun!

SI HUI Du betrügst ihn! Du benutzt ihn!

HE YUNQING *(aufgeregt)* Der Himmel soll mein Zeuge sein, wie sehr mich sein Talent verblüfft hat! Ich habe mich vollkommen aufgeopfert, um ihm das Spielen beizubringen.

SI HUI Er ist nicht dein Sohn.

HE YUNQING Das hat doch wiederum überhaupt nichts damit zu tun.

SI HUI Er ist mein Sohn, er sollte auf mich hören.

HE YUNQING Er ist kein Kind mehr, er kann selbst entscheiden. Wenn er Go liebt, dann kann er ohne Go nicht leben ...

SI HUI *(tränenerstickt)* Ohne ihn kann ich auch nicht leben.

HE YUNQING ... Was willst du von ihm?

SI HUI Ich will, dass er mich im Herzen trägt und nicht sein Herz an das Go verliert.

HE YUNQING Setz dich und wir reden.

Si Hui und He Yunqing setzen sich an den Tisch.

HE YUNQING *(betrachtet das Go-Brett)* Seltsam, mit wem habe ich denn noch gespielt außer der Partie „Fünf in eine Reihe" mit Yuanyuan?

SI HUI *(erregt)* Go hier, Go da, dreißig Jahre war ich nicht hier, und du redest immer noch ausschließlich über Go.

HE YUNQING Warte, lass mich kurz nachdenken. Es war eine ruhelose Seele, ein echter Geist. Ich ließ ihn den ersten Stein in den „Ursprung des Himmels" setzen.

SI HUI Du bist wirklich verrückt geworden, träumst sogar schon, du hättest mit Geistern Go gespielt.

HE YUNQING Aber der Geist behauptete selbst, er wäre der Vater von Si Yan.

SI HUI *(ängstlich)* Er ist noch am Leben?

HE YUNQING Er ist ein Geist.

SI HUI Warum ist er nicht zu mir gekommen?

HE YUNQING Si Hui, sei vernünftig, er ist schließlich ein Geist.

SI HUI Ich will doch nur jemanden zum Reden. Ist mir egal, ob er ein Geist ist, immer noch besser als ihr Holzköpfe, die ihr euch nur für Go interessiert.

HE YUNQING Er sagte, er sei ein Geist, der nichts mehr zu sagen hätte. Er wollte sogar Go lernen, um sich von der Einsamkeit abzulenken.

SI HUI He Yunqing, du verführst sogar noch die Geister. Alle Menschen, die an meiner Seite waren, hast du mir genommen. Ich hasse dich, dich und dein Go!

HE YUNQING Du verstehst mich nicht. Ich will schon seit Jahren kein Go mehr spielen, ich habe sogar das Spielbrett zerhackt und verbrannt und meine langjährigen Spielkameraden hinausgeworfen. Sie waren meine Freunde, seit ich denken kann, so viele Jahre haben wir zusammen gespielt und sie haben sich immer um mich gekümmert. Du weißt doch, dass ich außer Go nichts kann.

SI HUI Eben weil du sie nicht aufgeben konntest, bin ich damals gegangen.

HE YUNQING Ich wollte nur, dass du glücklich bist, ich bin dir nicht böse, dass du gegangen bist.

SI HUI *(weint)* Bevor ich ging, sagte ich zu dir, ich gehe jetzt, ich gehe. Aber du hast nicht einmal von deinem Spiel aufgesehen, einfach weitergemacht.

HE YUNQING ... und ich habe dir gesagt, aber du wolltest mir ja nicht glauben, dass diese Ansage unter Go-Spielern keine Aufmerksamkeit erregt. Du hättest es anders formulieren müssen, dann hätte ich aufgemerkt. Wenn wir am Spielen sind, sagen wir doch ständig „ich gehe jetzt", „bin ich dran mit gehen?", „ich gehe!".

SI HUI *(verlegen)* Ist das so? Wenn du an jenem Tag mit mir gesprochen hättest, wäre ich vielleicht nicht gegangen.

HE YUNQING Du bist gegangen und damit hat es sich, was sollen wir uns noch um die Vergangenheit Gedanken machen. Er hat dich gut behandelt, also bist du gegangen, hast ein neues Leben begonnen. Es war gut so.

SI HUI *(sehnsüchtig)* Ja, er hat mir mehr Aufmerksamkeit geschenkt, er war nicht so ein spröder Holzklotz wie du. *(He Yunqing seufzt.)* Er hat sich immer mit einem unterhalten, bis es dunkel wurde. Er wartete geduldig, bis man eingeschlafen war und ist erst dann selbst eingeschlafen. *(He Yunqing schüttelt den Kopf.)* Wenn morgens die Spatzen in den Bäumen zwitscherten, flüsterte er einem ins Ohr, ganz vorsichtig, sodass man langsam und ohne Erschrecken aus seinen Träumen aufgewacht ist ...

HE YUNQING Das hätte ich niemals gekonnt ... *(wütend)* Das reicht!

SI HUI *(enttäuscht)* Aber er ist ganz plötzlich verschwunden, auf einmal war er weg. Dann hat mir niemand mehr ins Ohr geflüstert, niemand hat mich mehr mit Späßen aufgeheitert, nur das weinende Baby blieb zurück. Also redete ich den ganzen Tag mit dem Kind, und redete und redete, bis es auf einmal groß geworden war und mir nicht mehr zuhören wollte. Es antwortete mir nur noch grummelnd und manchmal war ihm selbst ein Grummeln zu viel ... *(weint)*

HE YUNQING Si Hui, mit dem Alter muss man lernen, seine Gefühle zu kontrollieren.

SI HUI Das kann ich nicht, ich kann sie nicht kontrollieren. Ich flehe dich an, spiel nicht weiter mit ihm!

HE YUNQING Du bist so egoistisch. Damals hast du mir meine Freude genommen und jetzt willst du mir wieder meine Hoffnung nehmen.

SI HUI *(verärgert)* Das wollte ich auch gerade sagen, du bist der Egoist!

HE YUNQING Warum werde ich dich nicht los? Du bist doch damals aus dieser Tür gegangen, damit war es vorbei mit uns, was soll dieses Rumgeheule hier noch? Ich will dich nicht mehr sehen!

SI HUI ...

HE YUNQING Geh bitte! Geh!

SI HUI Er ist mein Kind ...

HE YUNQING Er ist ein Go-Kind. Er versteht das Go wie kein anderer, ein Talent, wie es nur einmal alle paar Jahrhunderte vorkommt! Er führt auch mein Leben fort.

SI HUI *(betet)* Mein armer Ehemann im Jenseits, knie mit mir nieder und bitte ihn, von unserem Sohn zu lassen. Hörst du mich?

GEISTERSTIMME Er ist ihr Kind ...

HE YUNQING *(verwirrt)* Der Himmel hat dir geantwortet ... Als ein Mann sich nach fünfzig Jahren entschied, das Go-Spiel aufzugeben, wie sehr litt er innerlich? Ein blühender Baum begann zu verwelken, sein Leben ging zu Ende. In diesem Moment tauchte Si Yan auf, und wie sein Name sagt, brannte in ihm ein Feuer, ein Feuer junger Weisheit, das den vertrockneten Baum entzündete. Wie hätte es ihn nicht verzehren können ...

SI HUI Übertreib nicht seinen Einfluss.

HE YUNQING Merkst du nicht, dass ich dir etwas sagen will? Ich will dieses Feuer löschen, ich will auf dich hören. Ich werde nicht mehr mit ihm spielen. Ich werde nicht mehr mit ihm spielen.

SI HUI ... *(gerührt)* Danke, Yunqing.

HE YUNQING Aber wer kann ihn noch aufhalten? Er wird weiter unaufhörlich brüten, er wird sich weiter Go-Partien ausdenken ... Er ist so jung ... so enthusiastisch.

SI HUI Wenn es so weitergeht, wird er verbrennen. Ich will doch nur, dass er ein normales Leben hat. Aber im Moment, du hast es selbst gesehen, nicht einmal seine Freundin will bei ihm bleiben. Ich mache Yuanyuan keine Vorwürfe, ich weiß doch, wie Frauen sich fühlen. Hilf mir.

HE YUNQING Er ist dein Kind …

SI HUI *(es blitzt auf in ihren Augen)* Endlich siehst du es so.

HE YUNQING In einer kalten Winternacht brach eine ruhelose Seele aus dem Dunkel auf, durchwatete die Flüsse der Unterwelt und brachte mir ihre Bitte vor …

SI HUI Es war mein armer Mann!

HE YUNQING *(mit sanfter Stimme)* Si Hui.

SI HUI *(schaut mit Tränen in den Augen auf)* Yunqing, verzeih mir.

HE YUNQING Sag nichts, ich habe mich entschieden. Ich muss ihn mit einer Partie Go brechen.

SI HUI Was? Suchst du etwa nach einem Vorwand, um weiter mit ihm spielen zu können?

HE YUNQING Das ist kein Vorwand. Das wird eine selbstmörderische Partie. Du wirst sehen, wenn wir fertig gespielt haben, werden weder er noch ich je wieder Go spielen. Das wird unser allerletztes Spiel!

SI HUI So salbungsvoll, wie du das sagst, klingt das eher nach einer Opferzeremonie an den Himmel.

HE YUNQING Es wird ein Opfer, das Opfer, das wir darbringen, ist unsere Geisteskraft. Wir geben sie dem Himmel zurück … Und machen nie wieder Gebrauch davon!

SI HUI Mein ganzes Leben wollte ich nie beim Go zusehen, aber bei dieser Partie muss ich dabei sein.

HE YUNQING Es wird eine außergewöhnlich aufwühlende und tragische Partie werden, das musst du nicht sehen.

SI HUI Ich werde für euch beten, von Anfang bis Ende.

HE YUNQING *(streng und hochmütig)* Geh und sag deinem Söhnchen, dass das Go-Spiel nichts für ihn ist, er soll sich in deinen Schoß legen und Milch nuckeln. Wenn er mir nicht glaubt, brauche ich nur eine Partie, und er wird vergessen, wo die Sonne aufgeht.

SI HUI *(steht langsam auf)* Yunqing … *(verdeckt ihr Gesicht und weint)*

He Yunqing sitzt aufrecht da und bewegt sich nicht.

Vorhang fällt.

VIERTER AKT

Erste Szene

Vorhang auf.
Frühlingsanfang, früher Morgen.
Zeit: einige Tage nach der letzten Szene.
In He Yunqings Haus.
Hu Tietou, Gui Toudao, Shuang Feiyan und Yizi Bushe stehen in respektvoller Haltung.
Der Taube hilft He Yunqing, seine Kleidung zu wechseln.

HE YUNQING Wie ist das langärmelige weiße Seidenhemd?

HU TIETOU Sieht gut aus, aber ist es nicht ein wenig zu kalt?

HE YUNQING Ist das Feuer an?

GUI TOUDAO Das Feuer im Ofen brennt.

HE YUNQING Dann ist es nicht kalt, vielleicht schwitze ich sogar. Ich mag Weiß, und gerade heute muss ich Weiß tragen.

HU TIETOU Warum so ernst?

HE YUNQING Warst du es nicht, der sagte, dass selbst du ihm nicht standhalten könntest?

YIZI BUSHE Wie könnte er es mit dir aufnehmen?

HE YUNQING Ich gebe ihm heute zwei Steine Vorsprung.

GUI TOUDAO Ich fürchte, das ist zu viel, so gut wie er ist, solltest du ihm höchstens einen Stein Vorsprung geben.

HE YUNQING Keine Widerrede, ich muss ihm zwei geben.

SHUANG FEIYAN Das wird dich aber Kraft kosten, vielleicht ...

HE YUNQING Heute werde ich euch zeigen, was es heißt, jemanden zu vernichten. Mein ganzes Leben habe ich es verabscheut, den letzten, tödlichen Zug zu tun[13], aber heute werde ich gegen das heilige Verbot des Tötens verstoßen.

HU TIETOU Heute bekommen wir etwas zu sehen.

DER TAUBE Das wird die großartigste Partie, die ich jemals organisiert habe.

HE YUNQING Und es wird die letzte sein. Sind die Steine gewaschen?

DER TAUBE Alle 360 Steine wurden mit dem Quellwasser der Westberge gewaschen.

---

13 Ziel des Go ist normalerweise nicht die vollständige Vernichtung des Gegners, sondern ein möglichst großes Gebiet zu erobern und möglichst viele „Gefangene" zu machen. Eine Partie endet normalerweise dadurch, dass beide Spieler passen, da sie sonst ihr eigenes Gebiet verkleinern oder dem Gegner unnötig Gefangene liefern würden. Die Punktzahl eines Spielers ist die Summe der durch Steine der eigenen Farbe umschlossenen freien Punkte (Gebiet) und der gefangenen Steine (gegnerischer Farbe). Der Spieler mit der höheren Punktzahl gewinnt das Spiel.

HE YUNQING Es darf kein Stein fehlen.

DER TAUBE Ich bin alle durchgegangen, alle sind da und in Ordnung.

HE YUNQING Die schwarzen Steine müssen klar wie dunkle Jade sein.

DER TAUBE Sie lassen das Sonnenlicht durchscheinen wie Jade und liegen prächtig wie schwarzes Gold auf dem Brett.

HE YUNQING Die weißen Steine müssen makellos sein.

DER TAUBE Sie sind so erhaben wie die Wolken am Himmel, man wagt kaum, sie zu berühren. Schneeweiß und glatt wie Talg liegen sie auf dem Brett.

HE YUNQING *(streicht über das Brett)* Kein Makel darf das Brett verschandeln.

DER TAUBE Ich habe den besten Lackierer gebeten, noch einmal die Linien nachzuzeichnen und den Lack zu erneuern. Das ist nicht reflektierender Lack, er schluckt das Licht, damit es die Augen nicht reizt. Schweißflecken von den Händen lösen sich augenblicklich auf.

HE YUNQING Danke. Hände waschen.

Der Taube wäscht He Yunqing mit klarem Wasser in einer Tonschale die Hände. Dann trocknet er sie mit einem weißen Handtuch.

HE YUNQING Gebt mir den Fächer.

HU TIETOU Bei dem Wetter braucht es doch keinen Fächer.

DER TAUBE Er liegt schon bereit. *(reicht ihm einen Fächer)*

HE YUNQING *(öffnet langsam den Fächer und schreibt in schneller Kursivschrift groß das Zeichen 无 („Nichts") darauf)* Sie müssten gleich kommen. *(faltet den Fächer raschelnd zusammen)*

Es klopft.

HE YUNQING Herein!

Die Tür öffnet sich, die Morgensonne wirft zuerst die langen Schatten von Si Yan und Si Hui herein.

Am Arm gestützt und schweren Schrittes kommt die Mutter herein.

Si Hui trägt einen Qipao aus schwarzem Samt, darüber einen weißen Kaschmirmantel.

Si Yan trägt eine schwarze Schuluniform.

Si Yan verbeugt sich vor He Yunqing, He Yunqing erwidert die Verbeugung.

He Yunqing und Si Yan setzen sich.

Si Hui nimmt dazwischen Platz, der Taube stellt sich neben sie.

Hu Tietou, Gui Toudao, Shuang Feiyan und Yizi Bushe verteilen sich auf beide Seiten.

DER TAUBE *(öffnet die Körbe mit den Spielsteinen und schaut hinein, dann gibt er die schwarzen Steine Si Yan)* Zwei Steine Vorsprung.

SI YAN *(mit widerwilligem Gesichtsausdruck)* Reicht es nicht, wenn ich beginnen darf?

HE YUNQING Hat deine werte Mutter meine Worte überbracht?

SI YAN Natürlich. Ich denke, Sie wollten mich absichtlich provozieren. Eigentlich sind Sie überhaupt nicht so. Es passt überhaupt nicht dazu, wie Sie sonst waren.

HE YUNQING Auch wenn du zwei Steine Vorsprung bekommst, solltest du dennoch vorsichtig spielen. Wenn du diese Partie verlierst, wirst du der Bitte deiner Mutter nachkommen und nie wieder Go spielen. Alle hier Anwesenden sind meine Zeugen.

SI YAN Kein Problem. Kann ich beginnen?

HE YUNQING Du musst einen Schwur leisten.

SI YAN Muss das sein? Ich werde mein Wort halten.

SI HUI Yunqing, es geht doch auch ohne.

HE YUNQING Die Herzensgüte einer Frau! Der Schwur muss sein.

SI YAN Ich ... Was soll ich sagen?

HE YUNQING Wenn ich gegen He Yunqing verliere, werde ich nie wieder Go spielen und mich mit ganzem Herzen meiner Mutter widmen. Sag es.

SI YAN Wenn ich gegen He Yunqing verliere, werde ich nie wieder ... Go spielen und mich mit ganzem Herzen *(traurig und wütend)* meiner Mutter widmen.

HE YUNQING *(nickt)* Lass uns beginnen.

SI YAN Zwei Steine Vorsprung?

DER TAUBE So ist es.

Si Yan nimmt feierlich einen schwarzen Stein aus dem Korb und setzt ihn rechts oben vor sich, dann nimmt er noch einen Stein und setzt ihn links unten vor sich.

He Yunqing betrachtet das Brett einen Moment, dann nimmt er einen weißen Stein und setzt ihn mit unvergleichlicher Eleganz in die Mitte des Spielbretts.

HU TIETOU Was? In die Mitte? Das ist doch verrückt!

Si Yan hebt den Kopf und wirft einen Blick auf He Yunqing, dessen ungewöhnlicher Zug ihn verwundert hat.

Dann nimmt er ruhig einen schwarzen Stein und setzt ihn in seinen unteren rechten Sternpunkt.

He Yunqing setzt einen Stein auf seinen unteren rechten 3-4-Punkt.

Si Yan spielt einen niedrigen Annäherungszug an den weiß besetzten 3-4-Punkt und nimmt Weiß mit zwei Punkten Abstand hoch in die Klammer. Er spielt die Standardsequenz namens „Taisha joseki".

HU TIETOU Die ewig variierende Taisha joseki! Noch die Geister fürchten sie. Diese Komplexität und Tiefgründigkeit lässt selbst Großmeister vor Ehrfurcht erstarren! Ich liebe es, einem solchen Spiel zuzuschauen. Das wird eine große Schlacht!

Beide Seiten setzen die Steine nun in rascher Folge. Die Steine klackern und bilden ansehnliche Muster.

SI HUI *(zum Tauben)* Haben Sie die Pillen dabei?

DER TAUBE Wie? Ja, natürlich.

Der Taube holt eine Schachtel Pillen aus seiner Tasche und gibt Si Hui eine, die sie schnell herunterschluckt.

Der Taube nimmt ebenfalls eine Pille.

DER TAUBE Ich muss auch eine nehmen, das ist einfach zu aufregend. Meine Herren? *(hält den anderen die Pillen hin)*

Keiner beachtet ihn, alle schauen weiter wie gebannt auf das Spielbrett.

HU TIETOU Weiß scheint es an System zu fehlen, Schwarz ist wirklich gut.

GUI TOUDAO Nein, Weiß gaukelt absichtlich Schwäche vor.

DER TAUBE Meine Herren, bitte stören Sie das Spiel nicht.

HU TIETOU UND GUI TOUDAO Ja, ja.

YIZI BUSHE Nicht gut, diese Züge von Weiß sind gefährlich.

GUI TOUDAO Er opfert nur ein paar Steine. Weiß schreckt vor Opfern nicht zurück, denn es braucht nur eine leichte Wendung und schon hat er das Zentrum besetzt.

YIZI BUSHE Aber diese Steine darf er doch nicht aufgeben, sie sind zentral für seine Stellung!

HU TIETOU Wenn man so geizig ist wie du, wird man für die Vermeidung kleiner Verluste einen umso höheren Preis zahlen.

YIZI BUSHE Schau nur, Weiß ist noch immer umzingelt, diese Steine sind einfach zu wichtig.

Si Hui beobachtet nervös das Spielbrett und versucht immer wieder verwirrt an den Augen und Gesichtsausdrücken der Opponenten abzulesen, wer gerade die Oberhand hat.

HU TIETOU Schwarz ist wirklich stark, Weiß sitzt bereits in der Falle.

GUI TOUDAO Woher denn, Weiß hat einen Willen, der Berge versetzen kann. Das ist ein beispielloser Schlagabtausch. Weiß hat Schwarz zuvor absichtlich einige Steine geschenkt, weil er fürchtete, dass Schwarz sonst nicht darauf eingehen würde. Jetzt kann Schwarz nicht anders, aber er wird sich den Magen an den vielen Steinen verderben, die er zu schlucken hat!

SI HUI *(zum Tauben)* Wer wird gewinnen?

DER TAUBE Zu früh, das zu sagen. Wir müssen still sein.

SI HUI Aber für wen sieht es gerade besser aus, sagen Sie es mir.

HU TIETOU Es wechselt zu schnell, die Stellungen sind zu kompliziert, das lässt sich nicht klar sagen.

SHUANG FEIYAN Selbst der Scharfrichter weiß nicht, wo er die Klinge ansetzen soll, natürlich lässt sich da nichts klar sagen.

GUI TOUDAO Der Stein in der Mitte spielt eine große Rolle, was für ein raffinierter Zug!

Si Yan verfällt in Nachdenken. Sein Gesichtsausdruck bekommt etwas Nervöses.
He Yunqing wirft einen Blick auf Si Yan, dann öffnet er gemächlich seinen Fächer und wedelt sich leicht Luft zu, dabei ruht er mit geschlossenen Augen.
Auf Si Yans Gesicht zeichnen sich Reue und Schmerz ab, er kaut unbewusst auf den Nägeln.
SI HUI *(sanft)* Si Yan, sollten wir nicht aufgeben?
Si Yan starrt sie grimmig an.
SI HUI Schau mich nicht so grimmig an. Wie hätte ich ahnen können, dass ein Spiel so brutal sein kann.
SI YAN Und, freust du dich jetzt? Was heißt es für mich, wenn ich verliere? Ich werde nie wieder spielen können!
HE YUNQING *(ein mitleidiger Ausdruck huscht über sein Gesicht)* Schau genau hin, ganz genau. Noch ist es ausgeglichen.
SI YAN Sparen Sie sich Ihr Mitleid. Schauen Sie lieber genau auf Ihre eigenen Steine. *(zum Tauben)* Ich brauche ein Glas Wasser.
DER TAUBE Ihr da, holt einen Becher Tee.
HU TIETOU *(zu Gui Toudao)* Geh du schnell.
GUI TOUDAO Yizi Bushe, du gehst.
YIZI BUSHE Shuang Feiyan, du bist am nächsten dran, geh du.
SHUANG FEIYAN Aber bestimmt spielen die beiden genau dann weiter, wenn ich gehe.
DER TAUBE Meine Güte! Ich achte darauf, dass sie erst weiterspielen, wenn das Wasser da ist.
Shuang Feiyan schaut widerstrebend auf das Spielbrett und bewegt sich nur zentimeterweise weg.
SI HUI *(steht auf)* Dann gehe ich eben.
Si Hui schenkt einen Becher Tee ein, ihre Hände zittern. Sie stellt den Becher vor Si Yan, der ihn in einem Schluck leer trinkt.
SI HUI Langsam, er ist heiß.
Si Yan denkt weiter nach.
Die Rufe eines Schwarms Wildgänse ertönen vom Himmel.
HE YUNQING Sind das Wildgänse?
YIZI BUSHE Anscheinend schlachtet das Restaurant nebenan gerade ein paar Enten.
HE YUNQING *(hält inne)* Das sind Wildgänse. „Mitte Februar kommt das Wasser, Anfang März die Gänse".[14]

---

14 Vers aus einem traditionellen Volkslied zur Bestimmung der Zeit.

HU TIETOU Du solltest bei der Sache bleiben.
Yuanyuan öffnet mit einem „rumms" die Tür. Sie trägt ein sehr dünnes Kaschmiroberteil und einen kurzen Rock, der junge Frühling strömt ihr aus allen Poren.
YUANYUAN Kommt schnell her, Wildgänse ziehen am Himmel vorüber!
DER TAUBE Ruhe!
YUANYUAN Ihr leblosen Menschen! Wenn ihr zu lange wartet, sind sie weg!
HE YUNQING Wo sind sie? *(steht auf, geht schnellen Schrittes zu Yuanyuan)*
Yuanyuan nimmt He Yunqing am Arm und zieht ihn nach draußen, wo die beiden lange in den Himmel schauen.
Drinnen starren alle noch immer auf das Spielbrett.
HE YUNQING So viele Jahre habe ich den Blick nur nach unten auf das Spielbrett gerichtet und nie nach oben zum Himmel geschaut.
YUANYUAN So viele Gänse!
Eine Gans ruft.
HE YUNQING Das sind Weibchen, die zum Brüten nach Norden ziehen.
YUANYUAN Herr He, ich komme, um mich zu verabschieden. Ich fahre in die Tropen, es geht sofort los. Ich werde mir die Partie nicht anschauen.
HE YUNQING Du fährst an einen Ort, wo man das ganze Jahr über Röcke tragen kann?
YUANYUAN Werden Sie mich besuchen kommen?
HE YUNQING Diese Partie ... Ich weiß nicht, ob ich sie zu Ende bringen kann ...
YUANYUAN Nächstes Jahr im Frühling komme ich Sie bestimmt besuchen.
HE YUNQING Nächstes Jahr? Nächstes Jahr!
YUANYUAN Auf Wiedersehen! *(dreht sich um, winkt und geht ab)*
HE YUNQING Weit fort fliegen sie.
Hu Tietou kommt herausgestürmt und zieht He Yunqing hinein.
HU TIETOU Schnell, du bist dran!
HE YUNQING *(setzt sich gemächlich)* Entschuldigt. Yuanyuan kam, um sich zu verabschieden. Sie zieht an einen wärmeren Ort.
SI YAN *(kalt)* Ich weiß.
HE YUNQING Sie hat es dir gesagt?
SI YAN Mich interessiert nichts außer dem Go.
He Yunqing senkt den Kopf und schaut auf das Spiel, er sagt nichts mehr. Er hat einen Schwachpunkt in seiner Stellung entdeckt und runzelt fast unmerklich die Augenbrauen. Er öffnet den Fächer, wedelt ein paar Mal und stoppt dann wieder. Unbewusst reißt er den Fächer Stück für Stück ein.
Nur Si Hui bemerkt diese Regungen He Yunqings.

Si Yans Gesichtsausdruck entspannt sich, gelassen und mit der Haltung eines großen Feldherrn setzt er seine Steine.

YIZI BUSHE Weiß! *(wird ohnmächtig)*

HU TIETOU *(befehlend)* Hebt ihn auf.

DER TAUBE *(kommt angerannt)* Nicht bewegen. *(öffnet Yizi Bushes Augenlider, fühlt seinen Puls)* Es war zu viel Aufregung für ihn. Tietou, hilf mir ihn auf das Bett zu legen. Es wird ihm gleich wieder besser gehen.

Zusammen legen sie ihn auf das Bett.

DER TAUBE Meine Herren, wer schwache Nerven hat, sollte sich mental vorbereiten.

SHUANG FEIYAN Ich kann nicht mehr, ich gehe raus, ein bisschen frische Luft schnappen.

Geht nach draußen, man sieht seine Gestalt im Fenster. Er atmet tief ein.

DER TAUBE *(zu Si Hui)* Wollen Sie sonst ...

Si Hui schüttelt den Kopf.

Shuang Feiyan schaut durch das Fenster herein, zugleich ängstlich und neugierig.

SI HUI Blut! Yunqing, deine Nase blutet!

Blut tropft auf Yunqings Kleidung.

Yunqing fasst sich an die Nase und betrachtet das Blut an seiner Hand.

HE YUNQING *(ruhig)* Nur zu viel innere Hitze. Gebt mir ein kaltes Handtuch.

Der Taube holt ein Handtuch, reicht es nach draußen zu Shuang Feiyan, der es am Wasserhahn im Hof mit Wasser tränkt. Man hört, wie das Wasser aus dem Handtuch auf den Boden tropft.

SI HUI Yunqing, kannst du noch weiterspielen?

HE YUNQING Die Klingen sind gezückt und wurden gekreuzt, es gibt jetzt kein Zurück mehr.

Si Yans Gesicht bekommt einen siegessicheren Ausdruck.

Shuang Feiyan bringt das Handtuch herein und wischt über das Spielbrett, bange wendet er den Kopf ab und rennt wieder nach draußen.

Der Taube wischt He Yunqing vorsichtig das Blut ab.

SI HUI Lass mich machen. *(wischt anstelle des Tauben das Blut weg)*

Si Hui winkt mit dem blutgetränkten Handtuch in Richtung Shuang Feiyan, er kommt herein und rennt erneut mit dem Handtuch nach draußen, um es unter das Wasser zu halten.

SI YAN Sie sind dran.

HE YUNQING Ich weiß.

Shuang Feiyan kommt mit dem gewaschenen Handtuch zurück.

Si Hui legt He Yunqing das nasse Handtuch auf die Stirn.

Shuang Feiyan schnappt nach Luft, schaut aus der Entfernung auf das Spielbrett.

SHUANG FEIYAN *(leise zum Tauben)* Wer ist dran?

Es ist totenstill.

Si Yans Teebecher fällt auf dem Boden und zerspringt in tausend Teile.

SI YAN Verzeihung.

HE YUNQING *(nimmt einen Stein, malt einen Kreis in die Luft und stoppt dann)* Si Hui, noch kannst du es aufhalten.

SI HUI *(betet still)* Spiel.

HE YUNQING *(zu sich selbst)* Aber dieser Zug wird tödlich sein! Wenn ich diesen Stein setze, werden die Geister über diesem Brett weinen! *(fasst Si Yan fest ins Auge)*

SI HUI Ich nehme die Schuld auf mich.

Si Yans Blick wandert verständnislos zwischen Si Hui und He Yunqing hin und her.

HE YUNQING *(zu sich selbst)* Wie könnte ich es übers Herz bringen, diesen Jungen zu vernichten? Was hat er denn getan? Er hat einen starken Geist, er versteht, echte Weisheit zu lieben. Er braucht Unterstützung, Hilfe. Wie könnte er meinen vernichtenden Schlag überstehen?

SI YAN Sie sind dran.

HE YUNQING *(zu sich selbst)* Verzeih mir, ich hoffe, du kannst verlieren.

Mit einem hellen und klaren „klack" setzt He Yunqing seinen Stein.

Si Yan starrt auf das Spielbrett, dann vergräbt er plötzlich sein Gesicht.

Hu Tietou und Gui Toudao halten nervös die Luft an.

SI YAN *(schreit)* Nein!

Hu Tietou und Gui Toudao sind völlig verängstigt.

Si Hui leidet unsägliche Qualen.

SI YAN Nein! Das ist ungerecht! Ich will weiterspielen!

HE YUNQING Nicht mehr in dieser Welt.

SI YAN *(wirft ungestüm das Spielbrett um)* Ich werde dich im Jenseits erneut herausfordern!

Si Hui will Si Yan in den Arm nehmen, aber er stößt sie weg und läuft davon.

Man hört ihn schreien: Nein, nein ...

Stille.

Vorhang fällt.

Zweite Szene

Vorhang auf.
Tief in der Nacht.
Zeit: nicht lange nach der vorigen Szene.
In He Yunqings Haus.
He Yunqing sitzt am Tisch, starrt auf das Perpetuum mobile.
Das Perpetuum mobile glitzert und bewegt sich geräuschlos.
HE YUNQING Si Hui – was ist es, das wir aufgeben sollten? Was ist es?
Die Tür öffnet sich geräuschlos. Si Yan kommt wie ein Windstoß herein und stellt sich hinter He Yunqing, nach Atem ringend.
He Yunqing spürt einen Luftzug an seinem Rücken und dreht sich langsam um, verblüfft.
HE YUNQING Stimmt, du wolltest kommen. Ich hätte daran denken müssen.
SI YAN Eine Frage von Leben und Tod.
HE YUNQING Natürlich.
SI YAN Bin ich wirklich tot?
HE YUNQING ... Was meinst du?
SI YAN Mein Spiel. Hätte es noch eine Möglichkeit gegeben?
HE YUNQING Das Spiel? Ich habe nicht mehr darüber nachgedacht. Es ist vorbei.
SI YAN Nein. Ich habe noch einmal nachgedacht, ich bin nicht tot.
HE YUNQING Du meinst das Spiel.
SI YAN Ja, das Spiel.
HE YUNQING Unmöglich.
SI YAN Lass uns die Partie noch einmal wiederholen.
HE YUNQING Wir haben einen Schwur geleistet, nie wieder zu spielen.
SI YAN Wir spielen nicht, wir wiederholen die Partie nur.
HE YUNQING Ich fürchte, mir fehlt die Kraft, um die Steine noch einmal hervorzuholen.
SI YAN Das ist ungerecht. Wenn es um Leben und Tod geht, muss man genau prüfen. Ich will den Ausgang der Partie gar nicht verändern, ich will sie nur mit dir untersuchen. Immerhin hat sie mir das Go für immer genommen ...
HE YUNQING Erinnerst du dich denn noch?
SI YAN Ganz genau.
HE YUNQING Na gut, dann lass mich sehen.
Si Yan spielt die Partie noch einmal nach.
SI YAN Dein letzter Zug war dieser, richtig?
HE YUNQING Genau.

SI YAN *(setzt einen Stein)* Wenn ich diesen Zug gemacht hätte, wie hättest du reagiert?

HE YUNQING ... Seltsam ... Was für ein genialer Zug!

SI YAN Bin ich immer noch tot?

HE YUNQING Nein, du lebst, du lebst, dein Spiel ist nicht vorbei, gerade ... Himmel! Wie konnte ich dir solch ein Unrecht antun!

SI YAN Nein, ich bin tot.

HE YUNQING Aber nein, du lebst, du darfst weiterspielen. Deine Mutter und ich haben verloren.

SI YAN Es ist nicht wichtig. Hauptsache, du siehst es. Ich bin wirklich tot. Ich bin gestorben, nicht mein Spiel.

HE YUNQING Nein, nein, du redest Unsinn, Unsinn. Du bist noch so jung.

SI YAN Ich bin endlich in einer freien Welt, ich kann spielen, wie ich will.

HE YUNQING *(schmerzerfüllt)* Nein, wie soll deine Mutter das ertragen! Du musst für sie ...

SI YAN Ich will mein Leben für mich, ist das zu viel verlangt?

HE YUNQING Kind!

SI YAN Nichts durfte ich, sie wollte mich nicht nachdenken lassen. Sterben lassen wollte sie mich auch nicht, aber nun bin ich endlich tot.

HE YUNQING Du armes Kind.

SI YAN Ich gehe, mach dir keine Sorgen um mich. Es ist gar nicht so schlecht dort, wie du denkst. Auf Wiedersehen.

Wie ein Lufthauch verschwindet Si Yan in der unendlichen Nacht.

He Yunqing lässt betrübt den Kopf sinken.

Es schlägt gegen die Tür. Mit zerzausten Haaren stürmt Si Hui herein.

SI HUI *(heult erbärmlich)* Yunqing ...

He Yunqing steht langsam auf und begrüßt Si Hui.

HE YUNQING *(schwermütig)* Er war bei mir.

SI HUI *(aufgeregt)* Geht es ihm gut? Er lebt noch?

HE YUNQING Sein Geist war hier.

SI HUI *(trauernd)* Mein Sohn!

He Yunqing nimmt Si Hui in den Arm, sie lässt sich an seine Brust fallen.

Endlose Nacht.

Im immer schwächer werdenden Licht bewegt sich das Perpetuum mobile unentwegt weiter.

Vorhang fällt.

ENDE

Liao Yimei

Bernstein

(2005)

Aus dem Chinesischen von Stefan Christ

Einleitende Worte

Eine Fliege in einem Bernstein
Ein Moskito in einem Bernstein
Eine Ameise in einem Bernstein
Eine Spinne in einem Bernstein
Eine Wespe in einem Bernstein
Ein Spatz in einem Bernstein
Ein Igel in einem Bernstein
Ein Hase in einem Bernstein
Eine Ziege in einem Bernstein
Ein Zebra in einem Bernstein
Ein Elefant in einem Bernstein
Ein Dinosaurier in einem Bernstein
Ein Brot in deinem Bauch, ein Flügel in deiner Liebe
Eine Nacht in deinem Blick, ein Winter in deinem Herzen

ERSTER AKT

SZENE 1: Wissen ist Macht

Irgendeine Bar.
Gao Yuan spielt voller Energie mit zehn Leuten simultan Schach. Sein Gehilfe Schattentänzer steht an der Seite.

GAO YUAN Die letzten zehn Minuten! Meine Damen und Herren, um Ihrer Ehre und Ihres Geldes willen, zeigen Sie keine Gnade! Greifen Sie mich an! Ich habe Sie herausgefordert, nun liegt es in Ihrer Hand, ob ich zum siegreichen Feldherrn werde oder verende wie ein geprügelter Hund. Sie haben noch zehn Minuten! Sie sind dran, Brille.

BRILLE Ich weiß, dass niemand hier es mit Ihnen aufnehmen kann, Gao Yuan. Aber um meiner selbst willen muss ich durchhalten bis zum bitteren Ende!

GAO YUAN Das nenne ich Charakter! Auch verlorene Schlachten bis zum bitteren Ende zu kämpfen ist das sicherste Zeichen für die Wandlung vom Helden zum Feigling.

BRILLE Ich lasse mich nicht ärgern, ich muss ruhig bleiben. Bringt noch eine Flasche Bier! Was heißt es schon, wenn ich verliere.

GAO YUAN Es stimmt schon, eine Partie Schach zu verlieren, ist nicht wichtig. Wirklich wichtig ist es, im Leben nicht zu verlieren! Wie gewinnt man im Leben? Indem man mit kleinen Einsätzen große Gewinne erzielt! Was bleibt in dieser schönen neuen Welt noch, um Geld zu verdienen? Nudelmaschinen, Grill-Imbisse, Reinigungen, Nudelsuppenrestaurants, diebstahlsichere Handyhüllen, Jeans im casual style, Wimpernwachstumsliquide, Selbstverteidigungstaschenlampen, Miniepilierer, Tabletten zur Wachstumsbeschleunigung, Aktiv-Regenerationssalben zur Narbenbehandlung, Gehirntrainingsmatten für Kinder, die Wiederherstellung von Jungfernhäutchen, texanische Burgerläden ... Du bist dran, zorniger Jugendlicher.

ZORNIGER JUGENDLICHER Ich spiele bestimmt nicht mit dir, um ein Held zu werden, sondern um deine 50.000 Yuan zu gewinnen. Siehst du die vier Finger an meiner rechten Hand? Wenn ich verliere, dann gehören sie dir. Dann kann ich nie wieder Musik machen!

GAO YUAN Sie sind dran, Dr. phil.

DR. PHIL. Ich bin an der Reihe. Dank meiner langjährigen Studien in Deutschland und meiner Lebenserfahrungen, die meine wissenschaftliche Sensibilität noch übertreffen, ist mir klar: Ich habe diese Partie verloren. Ich werde mir dennoch meinen unbeschwerten und abgeklärten Charakter bewahren.

GAO YUAN Ich stimme zu. Möchten Sie nicht noch eine Tasse Kaffee?

SCHATTENTÄNZER Der Dr phil. hat bereits sechzehn Tassen Kaffee getrunken, dazu kommen vier Bier und sechs Teller saure Gurken.

GAO YUAN Das geht alles auf meine Rechnung.

CHEFIN Du bist doch auch zu großzügig. Wenn ich verliere, gehört meine Bar sowieso dir!

Ratte tritt auf. Er trägt einen großen Koffer und auf der Brust eine rote Seidenblume, auf der „Moderator" steht.

RATTE Ich bin zurück!

SCHATTENTÄNZER Die Braut war sicher hässlich, sonst hättest du die Feier nicht so schnell enden lassen.

RATTE Nein. Die Braut soll bildhübsch sein, aber ich habe sie gar nicht gesehen, denn sie ist nicht erschienen.

SCHATTENTÄNZER Na dann bist wohl du noch trauriger als der Bräutigam.

RATTE Glücklicherweise hatte die Mutter des Bräutigams einen Herzanfall, bei der Gelegenheit konnte ich gleich ein paar Flyer für unseren Bestattungsservice verteilen.

SCHATTENTÄNZER Und dann?

RATTE Dann was? Rausgeworfen wurde ich natürlich.

GAO YUAN Warum verschwende ich hier meine Zeit mit dieser Gruppe von Dilettanten? Ihr seid ein Haufen Intellektueller mit Magenverstimmung, stinkende Hundescheiße!

SCHATTENTÄNZER Noch fünf Minuten. Alles läuft nach Plan.

Ein junger Mann, „stinkender Flickschuster", kommt mit verwirrtem Ausdruck herein.

STINKENDER FLICKSCHUSTER Entschuldigung, ich suche den Verleih für Hochzeits- und Bestattungsartikel?

RATTE *(holt ein Firmenschild aus dem Koffer)* Da sind Sie hier genau richtig! Wir bieten internationale Marken ebenso wie chinesische Spezialitäten! Wir verleihen und verkaufen, der Kreativität sind keine Grenzen gesetzt! Hier bekommt man, was sich sonst nirgends findet, und wenn man es auch woanders findet, ist es bei uns besonders! Aufblasbare Festbögen, römische Säulen, Schwäne, Kokospalmen, Höhenluftschiffe, riesige Brautsänften, handbemaltes Totengeld, Särge in Übergrößen, Lampions, Kerzen und Dekoration für Hochzeitswagen, königliche Salutschüsse für Beerdigungen. Jeden Tag neue Angebote! Zum Leihen, Kaufen oder als Komplettpaket ...

STINKENDER FLICKSCHUSTER Ich möchte eine Leiche mieten.

RATTE *(verwundert)* Ich ... Ich ... Ich muss wohl zugeben, dass das sogar mir etwas zu kreativ ist. Sie sind bestimmt Künstler und brauchen sie für ein Kunstprojekt?

STINKENDER FLICKSCHUSTER Bitte entschuldigen Sie, dass ich Sie damit so überfalle. (*mit gesenkter Stimme*) Ich bin in großen Schwierigkeiten. Ich habe mit einer Gruppe Russen Geschäfte gemacht und schulde ihnen 200.000 Yuan. Ich kann weder das Geld auftreiben noch mich verstecken. Verstehen Sie?

RATTE Aber wieso kommen Sie damit hierher? Sie sollten sich an so etwas wie ein Krematorium, ein Krankenhaus oder eine Leichenhalle wenden. Ich kann Ihnen eine Telefonnummer heraussuchen …

STINKENDER FLICKSCHUSTER Ich habe gehört, hier gibt es den besten Service …

RATTE Unsere Leichname sehen Ihnen aber gar nicht ähnlich …

STINKENDER FLICKSCHUSTER Kein Problem, für Ausländer sehen wir Chinesen sowieso alle gleich aus.

RATTE Unterschreiben Sie hier, wir geben Bescheid, wenn die Ware da ist …

STINKENDER FLICKSCHUSTER Wer hilft, muss bis zum Letzten gehen. Kann ich eine Tasse Kaffee haben? (*schaut auf das Schachbrett*) Nun zieh doch endlich! Im Schach braucht es keine Wahrsagerei.

RATTE Mein Guter, Sie sollten weniger reden!

SCHATTENTÄNZER Die Zeit ist um! Ihr habt leider verloren, die gesammelte Intelligenz von euch Schach-Amateuren war nicht genug, die Geisteskraft eines Einzelnen zu besiegen!

ZORNIGER JUGENDLICHER (*hebt den Kopf zum Himmel und seufzt tief*) Oh weh! Wie schade um die vier Finger meiner rechten Hand! Abhacken!

Ein Geschäftsmann tritt nach vorne auf die Bühne, zieht einen Vertrag hervor. Er reißt ihn wie wild in Stücke, wirft ihn zu Boden und geht wortlos von der Bühne.

ÄLTERER MANN Du kleiner Rotzlöffel, dieses Mal lasse ich dich noch davonkommen, aber halt dich in Zukunft von meiner Tochter fern! (*geht ab*)

JUNGER VERLIEBTER Du musst mir nur eins versprechen: Pass gut auf sie auf! (*wischt sich die Tränen aus dem Gesicht und geht ab*)

VERMIETER Ich gebe dir noch drei Monate! Dann schicke ich jemanden, um die Miete abzuholen. Wehe, es fehlt auch nur ein Cent! (*geht ab*)

GAO YUAN Und ihr?

DR. PHIL. Ich gestehe ein, dass ich verloren habe! Ich tue, was immer du verlangst – solange es nicht gegen Moral, Anstand, Gesetze oder meine persönlichen Wünsche verstößt!

GAO YUAN Selbstverständlich. Ich versichere euch, dass ihr euren Spaß daran haben werdet! Und die anderen?

Alle nicken mit dem Kopf.

Einige fluchen unzufrieden auf Englisch.

GAO YUAN Danke euch allen!

Gao Yuan winkt, Schattentänzer nimmt ein Buch, geht in den vorderen Bühnenbereich und beginnt zu lesen.

SCHATTENTÄNZER „... Ein tiefer Kuss voller Begierde, ihre Zungenspitzen tief im Mund des anderen. Inmitten der Leidenschaft spürte er auf einmal ein starkes Saugen. Seine Seele verließ ihn und glitt gemächlich in den Körper des Mädchens hinein. ... Punkt Punkt Punkt ... Ihre Gefühle erreichten einen Höhepunkt, ein echter Austausch ihrer Seelen ... Punkt Punkt Punkt ... Als sich ihre Augen trübten, ihr Gesicht die Farbe einer Pfirsichblüte annahm und ihr nackter Körper erschlaffte ... Punkt Punkt Punkt ...“

GAO YUAN Stopp! Hier müssen 682 Wörter gestrichen werden.

SCHATTENTÄNZER Ich habe noch nicht fertig gelesen.

ALLE Er hat noch nicht fertig gelesen!

GAO YUAN Vergnügt euch zu Hause damit! Was wir gehört haben, war ein Auszug aus dem medizinischen Fachbuch „Ursprünge der Eugenik und Sexualität“ des amerikanischen Orderville-Verlags aus dem Jahr 2002. Ich will für eure Niederlage in unserem Schachturnier kein Geld. Stattdessen bitte ich euch, meine Einladung anzunehmen, zusammen den großartigsten erotischen Roman der Geschichte zu schreiben! Jeder schreibt innerhalb von sieben Tagen ein Kapitel von 10.000 Wörtern Länge. Hintergrund ist irgendeine belebte Großstadt im Süden. Jedes Kapitel handelt von einer jungen Frau, die alle Sinnlichkeiten in sich vereint und deren einzig nennenswerte Eigenschaft ihr Sexualtrieb ist. Sex ist ihr einziger Sport, das ganze Buch dreht sich nur um Sex, alles, was zu brav ist, wird gestrichen!

STINKENDER FLICKSCHUSTER Verstehe! Es soll ein schmutziger Bestseller werden!

GAO YUAN Das Wort „schmutzig“ wird gestrichen. Gebt dem Mann etwas zu trinken!

STINKENDER FLICKSCHUSTER Darf ich mitmachen?

GAO YUAN Nachdem unsere sinnliche, junge Protagonistin in der Liebe enttäuscht wurde, beschließt sie, sich an jeden Mann in ihrer Umgebung heranzumachen und darüber Buch zu führen. Sie alle haben literarisches Talent. Nutzen wir es, um einen erotischen Roman zu schaffen, der eine sensationelle Story bietet, absurde und abartige Fantasien, eine völlig respektlose Wortwahl, Beschreibungen perverser Geschlechtsakte, Gefühlskälte, Zügellosigkeit und Hemmungslosigkeit! Ich lade Sie herzlich ein, Teil dieser Unternehmung zu werden!

STINKENDER FLICKSCHUSTER Verstehe! Wenn alle Holz sammeln, wird das Feuer größer! Je mehr wir sind, desto leichter geht es von der Hand! Mit mehr als drei Leuten kann man sogar eine Bank ausrauben! Mit einer Gruppe Käfer lässt sich die größte Mistkugel rollen!

GAO YUAN Gebt dem Mann etwas zu trinken!

STINKENDER FLICKSCHUSTER Also darf ich mitmachen?

DR. PHIL. Nur wer das Vulgäre meistert, ist für die große Kunst bereit! Ich habe schon immer davon geträumt, den Roman „Jin Ping Mei"[1] fortzusetzen.

GAO YUAN Wir nennen unseren erotischen Bestseller: „Bettgeschrei"!

ALLE Prost!

Bohrgeräusche, Musik.

Alle singen zusammen.

SZENE 2: Eine Illusion: Gao Yuan und ein Kardiologe philosophieren

Ein weißes Krankenhaus.

Die riesige Abbildung eines Herzens.

Ein Arzt ist dabei, Gao Yuans Herz zu untersuchen. Eine Vielzahl von Apparaten ist mit seinem Körper verbunden. Man hört das Pochen seines Herzschlags.

ARZT Als Arzt glaube ich von jeher nur an ein Prinzip: die Wissenschaft. Sie sollten ebenso an sie glauben, denn sie hat Ihnen das Leben gerettet.

GAO YUAN ... Er nahm eine Nadel, eine lange, wie man sie für die Akupunktur benutzt, sie schien nicht sonderlich dünn. Er sagte: „Es wird überhaupt nicht weh tun." Er hatte eine raue Stimme, weder schön noch hässlich. Ich schaute zu, wie die Nadel in den Arm des Jungen eindrang. Er gab keinen Ton von sich, seine Augen waren die ganze Zeit geschlossen und sein Gesicht vollkommen ausdruckslos. Als er die Nadel herauszog, war komischerweise kein Tropfen Blut zu sehen, der Nadelstich war nicht viel größer als eine Pore. Das hätten Sie sehen sollen!

ARZT Magie?

GAO YUAN Ärzte setzen doch auch Hypnose ein.

ARZT Das sind Psychiater. Wir Chirurgen sind eher wie Tischler, wir reparieren, was wir können, und setzen ansonsten Ersatzteile ein.

GAO YUAN Ich hatte gestern Nacht einen Traum.

Traumwelt.

GAO YUAN Im Traum stand ich auf einer Bühne und ein weibliches Zwillingspaar hielt mich zu beiden Seiten am Arm. Ein Magier kam langsam auf mich zu, dann stieß er plötzlich eine eiskalte Hand in meine Brust und riss mein Herz heraus. Das Publikum blickte zuerst erstarrt auf den pulsierenden roten Fleischball in seiner Hand, aber dann brach lauter Applaus los. Ich stand wie betäubt auf der

1 Chinesischer Roman aus dem 16. Jahrhundert, berühmt für seine explizit erotischen Passagen.

Bühne, nur ein wenig überrascht, aber völlig ohne Schmerzen. Eigentlich fühlte es sich gar nicht so schlecht an, kein Herz zu haben.

ARZT Das Seltsame ist, dass all Ihre Organe normal funktionieren, obwohl wir Ihnen ein fremdes Herz eingesetzt haben.

GAO YUAN Daran ist nichts seltsam, ich empfange alles in dieser Welt mit offenen Armen.

ARZT Wollen wir es hoffen. Nehmen Sie pünktlich Ihre Medikamente, lassen Sie sich regelmäßig untersuchen, leben Sie nicht zu ausschweifend, machen Sie keine Nächte mehr durch, regen Sie sich nicht zu sehr auf, haben Sie nicht zu oft Sex und seien Sie weder zu pessimistisch noch zu optimistisch!

GAO YUAN (*richtet sich auf*) Das klingt nach Vorschriften für einen Heiligen.

ARZT Die Vorschriften für Kranke und Heilige sind ein und dieselben.

GAO YUAN Wir sind im Leben ganz auf uns gestellt, können nur unseren launenhaften Instinkten folgen. Was ist das Leben anderes als die Qual aus unendlichem Verlangen, Enttäuschung, Überdruss und Schmerz, die Sterne sind grausam und Wasserlilien welken im Sand ... Arbeitet Schwester Liu heute eigentlich?

ARZT Gehen Sie es ruhig an, ich hoffe darauf, dass Sie den Rekord im Weiterleben brechen.

GAO YUAN Endlich ein ehrliches Wort, selten zu hören von Ärzten!

Ein Paar Zwillingsschwestern tritt in den Vordergrund der Bühne und führt einen Zaubertrick auf. Die Krankenschwestern freuen sich und jubeln ihnen zu.

GAO YUAN Was machen die beiden Süßen hier?

SCHWESTER LIU Sie wurden während der Vorstellung ohnmächtig.

GAO YUAN Gemeinsam?

SCHWESTER LIU Richtig, sie tun alles gemeinsam. Sie weinen gemeinsam und lachen gemeinsam, wenn du der einen auf das Knie klopfst, geht das Bein der anderen empor.

GAO YUAN Schlägt eine sich den Magen voll, ist auch die andere satt; hat eine Frühlingsgefühle, macht auch die andere den Männern schöne Augen. Wo ist der Magier?

SCHWESTER LIU Der Magier? Ich weiß es nicht. Die junge Frau dort hat sie hergebracht.

Xiaoyou erscheint.

Xiaoyou und der Arzt.

XIAOYOU Alles normal?

ARZT Alles normal.

XIAOYOU Er ist so gesund wie zuvor?

ARZT Genau.

XIAOYOU Ein medizinisches Wunder?
ARZT Das würde ich nicht sagen.
XIAOYOU Er hat gerade mit der Schwester geflirtet.
ARZT Er hat sie zum Abendessen eingeladen.
XIAOYOU Nur zum Abendessen?
ARZT Wahrscheinlich nicht nur zum Essen.
XIAOYOU Jedes Mal eine andere Frau?
ARZT Jedes Mal eine andere.
XIAOYOU Er ist attraktiver als erwartet.
ARZT Sie sind zunehmend an ihm interessiert?
XIAOYOU Nein, ich habe nur an einer Sache Interesse. Sie wissen, was ich meine.
Xiaoyou lässt den Arzt stehen und geht hinüber zu Gao Yuan.
GAO YUAN Mir scheint, ich habe dich irgendwo schon einmal gesehen. „Ich fand den dunklen Honig, den ich kannte aus dem Wald / und berührte auf deinen Hüften jene düsteren Blütenblätter, / die mit mir entstanden und meine Seele bilden." Das stammt nicht von mir, sondern aus einem Gedicht von Pablo Neruda.
XIAOYOU „Auf der Welt gibt es nur zwei Arten von Menschen: solche, die man liebt, und solche, die man hasst. Angesichts deines Blicks für Schönheit sei dir die Unanständigkeit verziehen." Das stammt auch nicht von mir ...
GAO YUAN Interessant ... He, warte!
Xiaoyou geht ab.
GAO YUAN Es war einmal ein Mann namens „Dampfbrötchen". Er war sehr hungrig, also aß er sich selbst. Es war einmal ein Mann namens „Eis am Stiel". Es war sehr heiß, also er ging schwimmen, mit dem Ergebnis, dass er schmolz.

SZENE 3: Eine vergnügliche Verführung für das Verlangen oder wie man einen Bestseller produziert

Gao Yuan sitzt inmitten eines Haufens Medikamente. Er hält ein Glas Wasser in der Hand und nimmt ein Medikament nach dem anderen ein.
Um ihn herum stehen die anderen.
DR. PHIL. „... Ihre Kurven waren dermaßen üppig ... Nein, ihr fehlte das Kalkül einer Hure und sie wusste nichts mit ‚lasziv' anzufangen. Sie war vollkommen natürlich, in ihrem Sexleben frei und unbeschwert wie ein Spatz oder eine Taube ... Die Hände glitten über ihr Gesicht, dann in ihren Ausschnitt und liebkosten ihre Brust. Verlangen benebelte ihr Gehirn wie starker Alkohol und breitete sich in ihrem ganzen Körper aus ..."

SCHATTENTÄNZER „... Ich traf sie im Internet. Sie sagte, wir seien füreinander gemacht. Ich dächte mit meinem Penis, sie mit ihrer Vagina. Ich sagte: Na los, zieh deine Klamotten aus. Sie sagte: Sind schon aus, ich sitze immer nackt vor dem Computer ..."

STINKENDER FLICKSCHUSTER „... Da sehen wir die gelangweilte Ehefrau, die Tür leicht angelehnt und, den Rock locker, liegt sie in den Kissen. Der Mann hat keine Lust auf langes Vorspiel und ruft: Meine Liebe, wie hab ich dich vermisst! Er löst im Gehen schnell mit einer Hand den Gürtel, vor ihm strahlt die Frühlingspracht, nackt liegt sie da. Aus dem Herz der Blume tropft der Nektar, der Fisch schwimmt durch das Frühlingswasser. Im Abendregen öffnet sich der Drei-Schluchten-Traum, nachdem das Boot bereits zehntausend Berge querte ..."

Gao Yuan schaut auf das Medikament in seiner Hand.

GAO YUAN „Huanbaosu", 1978 erschienenes Immunosuppressivum, jeden Tag zwei Stück, bis ich sterbe. Ich sollte den Frauen nicht mehr sagen, dass sie meine Sonne oder meine Jahreszeiten sind, sondern mein „Huanbaosu". Wenn du nicht wärst, würde mein Körper sein neues Herz abstoßen, absonderliche Flüssigkeiten aussondern und seine Blutgefäße verklumpen lassen ...

ZORNIGER JUGENDLICHER „... Ich liebe Ficken ..."

Gao Yuan wirft das Medizinfläschchen weg und stöhnt auf. Alle schauen einander ratlos an.

GAO YUAN Habt ihr schon einmal an den Tod gedacht? In seine eiskalten Augen geblickt? Am Morgen liegst du vielleicht noch in der Sonne, den Kopf auf den Schenkeln deines Mädchens, aber dann drehst du dich um und ein Paar roter Augen starrt dich von hinter der Telefonzelle an der Ecke an. Erst fröstelt dich, dann frierst du und die Kälte kriecht in deine Glieder und bis in dein Gehirn. Deine Lippen beginnen zu zittern und dein Gesicht wird ganz bleich. Selbst die Wärme aus den Schenkeln deines Mädchens verlässt dich. Kennt ihr dieses Gefühl? Wir Menschen sind geboren, um zu sterben, alle Lebewesen sind es. Ohne den Tod zu sehen, lässt sich das Leben nicht spüren, lässt sich nichts von Erotik verstehen! Solschenizyns „Krebsstation", Thomas Manns „Zauberberg", Camus' „Pest", Boschs Gemälde „Die Versuchungen des heiligen Antonius" von 1505, sie sind alle aus der Erfahrung des Todes entstanden, sie waren vollendete Antworten ihres Zeitalters!

STINKENDER FLICKSCHUSTER Sie meinen, unser erotischer Roman ist noch nicht bewegend genug?!

DR. PHIL. Noch nicht raffiniert genug!

ZORNIGER JUGENDLICHER Noch nicht Rock 'n' Roll genug!

GROSSE KATZE Noch nicht impulsiv genug!

KATZE NR. 2 Noch nicht postmodern genug!

GAO YUAN Elbert Johnson, der 1986 den amerikanischen National Book Award gewann, sagte einmal einem Reporter: In meinem neuen Buch gibt es 59 Morde, zwölf Vergewaltigungen, neun Fälle abnormalen sexuellen Verhaltens und dazu noch sechs Orgien. Der Protagonist stürzt sich in Affären mit 14 unterschiedlichen Frauen, heiratet schlussendlich aber nur fünf davon.

ALLE Wie aufregend!

GAO YUAN ... Aber er hatte trotzdem nicht den erwarteten Erfolg. Warum wohl?

SCHATTENTÄNZER Weil er ein Mann war.

GAO YUAN Richtig! Was wir für dieses herausragend schablonenhafte, klischeebelastete und mediokre Manuskript jetzt noch finden müssen, ist eine passende Autorin. Drei Bedingungen müssen erfüllt sein: weiblich, freizügig und schamlos!

STINKENDER FLICKSCHUSTER Verstehe! Wir müssen eine unerträglich vulgäre, streitlustige junge Schönheit suchen, die vor Sexappeal trieft und einen großen Skandal auslösen wird!

DR. PHIL. 17 Jahre alt!

GROSSE KATZE Und sie sollte wegen schlechter Leistungen von der Schule geflogen sein!

KATZE NR. 2 Eine gut aussehende Autorin!

DR. PHIL. Oder eine nach einer Geschlechtsumwandlung gut aussehende „Autorin"!

RATTE Die Eltern ließen sich scheiden, ständig schwänzte sie die Schule und trieb sich herum!

STINKENDER FLICKSCHUSTER Nachdem sie in einem nationalen Wettbewerb den zweiten Platz belegt hat, wird sie über Nacht berühmt und als „junges Talent" gehandelt!

GROSSE KATZE Als junges weibliches Talent!

KATZE NR. 2 Als schönes, weibliches, junges Talent!

RATTE Eine Prostituierte geht nicht, die sind zu konservativ und schamhaft.

DR. PHIL. Auch keine von der Schauspielschule, die sind nicht alternativ genug.

ZORNIGER JUGENDLICHER Wie wäre es mit meiner Freundin? In meiner Heimat gilt sie als Schönheit, eine Bohnenquark-Aphrodite. Sie ist attraktiv, kann flirten und würde es umsonst machen!

DR. PHIL. Oder wir nehmen eine russische Ballerina, die Chinesisch kann!

RATTE Nicht vulgär genug!

GAO YUAN Abwarten, bitte alle abwarten.

SZENE 4: Die Arena der Schönheiten

Eine Annonce im Internet: Gesucht wird eine Schauspielerin. Heute bist du noch völlig unbekannt, morgen kennt dich die ganze Welt!
Auf der Bühne erscheinen einige Schönheiten. Jede von ihnen stellt ihr Talent zur Schau.
Yao Yueyue tritt auf.

YAO YUEYUE Um die Welt zu verändern, muss man unbedingt berühmt sein. Ich bin Yao Yueyue, 26 Jahre, Sternzeichen Jungfrau, Größe 1,67 m, wohnhaft in Beijing, Philosophie-Studentin an der Beijing Union University, Fünf-Sterne-Bloggerin, sexuell frühreif mit elf Jahren, Hobbies sind Schreiben und Sex, mein Schreibstil ist körperlich und unter der Gürtellinie, mein Sexstil ist demokratisch und libertär, mein Lebensstil ist unmoralisch.

GAO YUAN (*zu Yao Yueyue*) Du hast dein erstes Date: Isst du lieber zuerst und hast dann Sex oder gehst du direkt zum Sex über?

YAO YUEYUE Das hängt davon ab, ob ich hungrig auf Essen oder hungrig auf Sex bin.

GAO YUAN Mein Magen ist nicht so gut, ich bin es gewohnt, erst zu essen.

YAO YUEYUE Du bist der Chef, ganz nach dir.

Xiaoyou taucht inmitten all der Schönheiten auf.

RATTE Und wie ist Ihr Name?

XIAOYOU Shen, Shen Xiaoyou.

RATTE Und weswegen interessieren Sie sich für diesen Job?

XIAOYOU Ich bin gekommen, weil ich eine Verabredung habe, eine Verabredung, die vor sehr langer Zeit getroffen wurde.

RATTE Eine Verabredung? Mit wem sind Sie verabredet? Wer von euch kennt sie?

Alle schütteln den Kopf.

GAO YUAN (*lässt von Yueyue ab und kommt skeptisch näher*) Meinst du etwa mich? (*mustert Xiaoyou*) Eine Verabredung mit einer Schönheit wie dir hätte ich unmöglich vergessen. Obwohl, in letzter Zeit hatte ich ein paar Herzprobleme, vielleicht hat sich das auch auf mein Gedächtnis ausgewirkt. Mir schwant, ich bin dir wirklich schon einmal irgendwo begegnet ...

XIAOYOU Du hast mich zu einem Abendessen eingeladen.

GAO YUAN Das ist möglich, Frauen wie dir spreche ich normalerweise solche Einladungen aus. Aber ich kann mich absolut nicht daran erinnern, dass ich noch jemanden eingeladen habe.

Yao Yueyue stellt sich an Gao Yuans Seite.

XIAOYOU Mir ist es egal, ob wir zu zweit oder zu dritt essen.

GAO YUAN (*sehr interessiert*) Mir macht es auch nichts aus. (*zu Yao Yueyue*) Dir?
YAO YUEYUE Natürlich nicht!

SZENE 5: Ein Abendessen zu dritt und das „Chrysanthementreffen"

Ein mit einem weißen Tischtuch bedeckter Esstisch steht auf der Bühne.
Nur Xiaoyou und Yao Yueyue sitzen am Tisch, von Gao Yuan ist keine Spur zu sehen.
Die beiden Zwillingsschwestern führen im Restaurant Zaubertricks auf. Xiaoyou und Yao Yueyue sitzen schweigend da.
YAO YUEYUE Was fällt ihm ein, uns hier alleine sitzen zu lassen?
XIAOYOU Er macht sich einen Spaß auf unsere Kosten.
YAO YUEYUE Das ist pervers.
XIAOYOU Er hat immer einen leicht überdrüssigen Ausdruck im Gesicht, als wollte er sagen: Ich würde alles tun, solange es mich nur nicht langweilt. Bestimmt will er, dass wir uns schlagen, oder dass eine von uns geht, um ihm die Sache zu erleichtern.
YAO YUEYUE Ich gehe bestimmt nicht. Was machst du beruflich?
XIAOYOU Ich bin Museumsführerin.
YAO YUEYUE Das ist kein sonderlich trendiger Beruf.
XIAOYOU Ich bin keine sonderlich trendige Person.
YAO YUEYUE Magst du diesen Gao Yuan?
XIAOYOU Nein.
YAO YUEYUE Du musst mich nicht anlügen. Ich habe kein Interesse an ihm, ich will nur berühmt werden.
XIAOYOU Ich bin weder an ihm noch am Berühmtwerden interessiert.
YAO YUEYUE Du lügst. Lass uns einen Deal machen: Ich überlasse ihn dir und du lässt mir die Gelegenheit. Deal?
XIAOYOU Einverstanden.
YAO YUEYUE Deal. Ich brauche nichts vorzuspielen, ich bin Schriftstellerin, du kannst dir im Internet meinen Blog ansehen. Ich bin nur noch nicht berühmt, weil ich nicht verrucht genug schreibe. Wenn mir eine Gelegenheit geboten wird, dann werde ich sie sicher nutzen und es wird nicht nötig sein, die Leute mit Nacktfotos zu locken. Ich muss mich nur anstrengen, noch verruchter zu schreiben!
GAO YUAN (*taucht endlich im hinteren Bereich der Bühne auf und kommt herangelaufen*) Nicht nötig, ich habe bereits etwas Passendes geschrieben, du brauchst nur noch so zu tun, als seist du die Autorin. Wenn du dann berühmt bist, kannst du dich immer noch anstrengen, verruchter zu schreiben.

YAO YUEYUE Das verstößt gegen meine Schreibprinzipien, da ist Aufrichtigkeit das höchste Gut.

GAO YUAN Solange es nicht gegen deine menschlichen Prinzipien verstößt, geht es.

YAO YUEYUE Als Mensch habe ich keine Prinzipien.

GAO YUAN Na, dann ist doch gut. Einer so attraktiven Frau wie dir steht es nicht, Prinzipien zu haben. (*wendet sich Xiaoyou zu*) Xiaoyou, hübscher Name. Ich könnte einen unschuldigen Liebesroman schreiben und dich zur Autorin machen.

YAO YUEYUE Lässt sich nicht verkaufen.

GAO YUAN Lässt sich genauso gut verkaufen wie erotische Romane. Es geht immer nur darum, wie man sich präsentiert. Yao Yueyue, dein Name muss geändert werden, du heißt ab jetzt Yao Yaoyao[2]. (*mustert Xiaoyou, wendet sich dann und spricht mit Yao*) Du hast schon bekommen, was du haben wolltest, also kannst du gehen.

YAO YAOYAO Einverstanden.

Yao Yaoyao stolziert verführerisch von der Bühne.

Am Tisch bleiben Gao Yuan und Xiaoyou zurück.

XIAOYOU Ich gehe auch.

GAO YUAN (*hält sie zurück*) Weißt du, wann es sich am einfachsten mit schönen Frauen umgehen lässt?

Xiaoyou schüttelt den Kopf.

GAO YUAN Wenn man herausgefunden hat, was sie wollen. Dann kann man es ihnen geben, oder auch nicht. Wenn man es ihnen gibt, werden sie gehorsam sein. Wenn man es ihnen nicht gibt, werden sie umso mehr danach verlangen. Was ist es, das du willst?

XIAOYOU Kannst du es dir etwa nicht denken?

GAO YUAN Nein, das ist auch der Grund, warum ich sie fortgeschickt habe. Wenn die Antwort zu offensichtlich ist, dann wird es langweilig.

XIAOYOU Soll das ein Spiel sein?

GAO YUAN Das ganze Leben ist ein Spiel. Ich mache nur Liebe, aber ich verliebe mich nicht. Ich gebe nur Geld aus und spare keines. Ich miete Wohnungen, aber kaufe keine, weil ich mich der Welt nicht beugen will. Ich will mich von ihr distanzieren, ich will sie beherrschen wie ein alter Könner, ihr gegenüber Gefühllosigkeit bewahren und den Verstand nicht verlieren. Egal, wie sie sich mir gegenüber verhält.

---

2 Ein sprechender Name, wörtlich: „ich will, ich will, ich will".

XIAOYOU Du hast alle schlechten Angewohnheiten eines Spießbürgers. So eitel, selbstgerecht, launisch und egoistisch ...

GAO YUAN Du schmeichelst mir.

XIAOYOU Ja.

GAO YUAN Warum wolltest du dich mit mir treffen?

XIAOYOU Wegen des Chrysanthementreffens.

GAO YUAN „Chrysanthementreffen"?

XIAOYOU Kennst du die Geschichte nicht?

Gao Yuan schüttelt den Kopf.

XIAOYOU Ich erzähle sie dir. Vor langer Zeit gab es einen Gelehrten namens Fan Juqing, der zur kaiserlichen Beamtenprüfung in die Hauptstadt reiste. Unterwegs wurde er jedoch schwer krank, lag in einer Herberge und konnte sich nicht mehr rühren. Der Herbergsvater hatte Angst vor ansteckenden Krankheiten und kümmerte sich nicht um ihn. Zum Glück wohnte in der Herberge noch ein anderer Prüfling namens Zhang Yuanbo, der sagte: „Leben und Tod sind vorbestimmt, wie kann man aus Angst vor Krankheiten die Menschlichkeit vergessen?", und Fan Juqing gesund pflegte. Nicht lange und Fan war wieder vollkommen wohlauf, aber beide hatten ihre Prüfungen verpasst, was Fan außerordentlich leid tat. Durch diese Geschichte wurden sie einander eng wie Brüder. Später verabschiedete sich Fan Juqing von Zhang Yuanbo und ging in seine Heimatstadt zurück. Es war die Zeit der im Herbstlicht leuchtenden gelben Chrysanthemen und roten Blätter, genau zum Fest der Doppelneun. Sie vereinbarten, am gleichen Tag im folgenden Jahr erneut zusammenzukommen, um bei Wein die Chrysanthemen zu bewundern. Das Jahr verging rasch und wieder war es der neunte Tag des neunten Monats. Schon früh am Morgen fegte Zhang Yuanbo seine Hütte, steckte einen Chrysanthemenstrauß, schlachtete ein Hühnchen und stellte den Wein bereit. Seine Familie sagte ihm, dass keine Eile geboten sei, die Strecke sei weit, sein Gast würde wohl kaum pünktlich eintreffen, er könne das Hühnchen auch noch schlachten, wenn er angekommen wäre. Zhang Yuanbo hörte nicht darauf, er wartete vom Morgen bis zum Mittag, vom Mittag bis zum Abend, aber als die Sonne hinter den Bergen verschwand, war Fan Juqing noch immer nicht erschienen. Die Familie meinte, Fan Juqing würde nicht mehr kommen und riet ihm zu essen und sich hinzulegen, aber Zhang Yuanbo hörte immer noch nicht auf sie und wartete allein die halbe Nacht. Dann erschien eine Gestalt an der Tür. Fan Juqing war, von Mondlicht umhüllt, tatsächlich gekommen. Die beiden erfreuten sich an ihrem Zusammensein, nur aß und trank Fan nichts. Als Zhang Yuanbo ihn nach dem Grund fragte, antwortete Fan Juqing: „Bruder, ich bin in Wahrheit ein Geist. Als ich letztes Jahr ohne die Prüfung abgelegt zu haben nach

Hause kam, stürzte ich mich in Geschäfte und war tagein, tagaus so beschäftigt, dass ich unsere Verabredung vergaß. Als mir am neunten Tag des neunten Monats das Chrysanthementreffen wieder einfiel, war es bereits zu spät, um die Strecke von tausend Meilen noch zu schaffen. In meiner Verzweiflung kamen mir die Worte der Alten in den Sinn: Menschen schaffen keine tausend Meilen an einem Tag, nur die Geister können es. Da zog ich mein Schwert, schnitt mir die Kehle durch, und ritt mit den Winden zu unserer Zusammenkunft."

GAO YUAN Du machst mir Angst.

XIAOYOU So sind die Menschen. Vergessen manchmal über Alltäglichkeiten ihre Freunde und sind zugleich in der Lage, sich für das Einhalten eines Versprechens die Kehle durchzuschneiden. Hier bin ich.

SZENE 6: Casanovas Bett: Sex und die Lebensgeschichte Xiaoyous

GAO YUAN Bist du nicht eine kluge Frau, deine Arme zu öffnen und zugleich deine Schenkel zusammenzupressen?

XIAOYOU Bist du nicht ein albernes Kind, ebenso geschickt im Necken wie im Verschwinden?

GAO YUAN (*verzieht schmerzerfüllt die Miene und fasst sich ans Herz*) Meine Schlüssel, bring mich nach Hause.

Xiaoyou nimmt langsam die Schlüssel aus seiner ausgestreckten Hand, sie weiß nicht, ob sie aufgeregt sein oder zögern soll.

Auf der Bühne erscheint eine große Leinwand mit einer Dokumentation über Xiaoyous Leben.

(AUS DEM OFF) Xiaoyou ist ihr Name. Sie ist 26 und leitet Führungen in einem Naturkundemuseum. Jetzt sitzt sie in ihrer verlassenen Küche und lässt ihren Blick umherschweifen. Die Schränke der Einbauküche, die elektrischen Geräte und das schwache Neonlicht, das durch das Fenster hereinfällt, machen ihren Geist eisig klar. Völlig gefangen von Gao Yuans Herzschlag wird ihr klar, dass sie in eine selbst gestellte Falle getappt ist.

Sie hatte zu den besten Schülerinnen gehört, den zweiten Platz im Modellbauwettbewerb Beijings belegt, war Präsidentin des Biologieclubs und aktiv als Schülerreporterin. Kurz vor dem Abschluss an der Mittelschule litt sie an Magersucht und psychischen Problemen. Nach einer enttäuschten Liebe, bei der sie auch noch schlecht gegen eine Kontrahentin abgeschnitten hatte, schottete sie sich ab und war meist in sich gekehrt, wurde schnell rot und stotterte, litt an Magenkrämpfen, Angstschweiß und unregelmäßiger Menstruation. Bis sie end-

lich eines Tages einem jungen Mann begegnete und die beiden sich ineinander verliebten.
Eines Morgens um halb sieben wachte sie auf, alles war wie immer und doch nicht wie immer. Sie warf einen Blick in den Spiegel und entdeckte, dass sie eine schöne junge Frau war. In den ersten Strahlen der Morgensonne und der noch kühlen Luft begann sie zu weinen.
Liebe lag in der Luft, Wunder ereigneten sich, Zellen wuchsen, Morgenrot füllte den Himmel. Sie trank die erste Tasse Kaffee des Morgens, kaute auf ihren Nägeln und betrachtete den Mann, der im Bett lag, ihre erste große Liebe.
Sie dachte an den Geschmack von Küssen und daran, wie sie im Museum die Geschichte von Dinosauriern und Stegodonten erklärte, an ihre Reisen, wie sie im Bett lag und die Decke betrachtete, wie sie das Rauchen gelernt hatte und wie man lässig Zigarettenstummel in die Kanalisation schnippt, wie sie locker sitzende, schulterfreie Kleider trug, wie sie Rockmusik hörte, wie sie bei populären Fernsehserien weinte, wie sie beim Fußballschauen weinte, wie sie beim Streiten mit den Nachbarn weinte und wie sie beim Apfelschälen weinte, wie ihr der Videorekorder kaputt ging, wie sie so lange auf der Parkbank saß, bis sie am ganzen Körper fror, und wie sie oft Kuscheltiere lange betrachtete. Sie war nicht unbedingt sentimental, sondern einfach nur ein ganz gewöhnliches Tier, das verliebt in die eigene Liebe war.
Der Name ihres Geliebten war Lin Yichuan, er war Assistenzprofessor an der Universität. Er starb unerwartet bei einem Autounfall. Es schneite, die Straße war glatt, starker Wind, niedriger Luftdruck. Laut einem Augenzeugen passierte alles ganz schnell, bis man es richtig wahrgenommen hatte, war es schon vorbei.
Der Schmerz um den Verlust Lin Yichuans brachte Xiaoyou an den Rand der Gewichtslosigkeit und Zerstörung. Liebe wurde gleichbedeutend mit Schmerz, ein doppelter Absturz. Hysterische Verzweiflung, Krämpfe am ganzen Körper, depressive Trance. Ihr ganzer Körper erstarrte, Panikanfälle, Niedergeschlagenheit, Angstattacken. Die Katastrophe war passiert und nichts konnte sie je wieder rückgängig machen, nie mehr. Die Furcht, dieses eiskalte Ding, ließ sich nicht mehr vertreiben.

XIAOYOU Wir hatten eine Abmachung, den allergewöhnlichsten Schwur.

(AUS DEM OFF) Nach einem Jahr und drei Monaten schien sich Xiaoyou langsam zu beruhigen. Sie sah sich eine geheimnisvolle Zaubershow an, bei der auch ein Paar Zwillingsschwestern mit übernatürlichen Kräften auftraten. Sie wurden beim Auftritt von ihren Kräften überwältigt und fielen ihn Ohnmacht. Xiaoyou brachte sie ins Krankenhaus und traf dort auf Gao Yuan …

Das Bild Xiaoyous bleibt auf der großen Leinwand stehen und verblasst dann allmählich.

SZENE 7: Der Supermarkt-Marsch

In einem Supermarkt, überall schwarz-weiße Strichcodes.
Die Hausfrauen im Supermarkt unterhalten sich ausgiebig über „Bettgeschrei".
Alle möglichen Leute kaufen das Buch aus den unterschiedlichsten Gründen und tragen es zusammen mit ihrer Milch, ihrer Zahnpasta und ihren Schlappen nach Hause.
Gao Yuan geht mit Yao Yaoyao durch die Menschenmenge und wirkt dabei sehr selbstzufrieden.
Yao Yaoyao flirtet mit Gao Yuan.
Im Chor wird das Lied „Das glückliche Leben im Konsum-Zeitalter" gesungen.
Eine Pressekonferenz.

REPORTER Yao Yaoyao, sind Sie Jungfrau?

YAO YAOYAO Haben Sie schon einmal an Ihren Fingern geleckt? Ich sage Ihnen, es schmeckt jedes Mal anders.

REPORTER Yao Yaoyao, Sie beschreiben in Ihrem neuen Buch alle nur vorstellbaren sexuellen Erfahrungen – entschuldigen Sie meinen Ausdruck. Woher nehmen sie dieses üppige Vokabular?

YAO YAOYAO Ihre Fantasie ist noch sehr viel üppiger, Sie sind nur heuchlerischer als ich, haben es mehr mit Tugend und Moral. Wenn Männer von Tugend und Moral reden, sind es normalerweise falsche Heilige; wenn es Frauen mit Tugend und Moral haben, sind sie meistens alte Schabracken.

REPORTER Denken Sie etwa nicht, dass Ihr Werk „Bettgeschrei" wertloser Müll, widerlich, abgeschmackt, extrem langweilig und eine Verhöhnung der Literatur und der menschlichen Intelligenz ist?

YAO YAOYAO Das gleiche haben die Leute über Tolstoi, Beckett und Kawabata Yasunari gesagt. Erotik ist kein Verbrechen, Sex ist legitim. In diesem sich rasend schnell entwickelnden Internetzeitalter ist es doch völlig normal, dass jeder im Jahr fünfzig verschiedene Sexpartner hat.

REPORTER Bitte erzählen Sie uns mehr zu Ihrem Schreiben über sexuelle Erfahrungen.

YAO YAOYAO Der einfachste Weg, Männer zu verstehen, ist, mit ihnen ins Bett zu steigen. Das ganze Liebesgesäusel kann man getrost lassen.

REPORTER Plädieren Sie etwa öffentlich für Promiskuität?

YAO YAOYAO Ich trete sicher nicht für Keuschheit ein. Keuschheit ist eine Forderung, die einseitig nur an Frauen gerichtet wird, während für Männer ganz andere Standards gelten.

REPORTER Ihr Roman hat sich überraschend gut verkauft, 400.000 Exemplare in nur einer Woche. Sind Sie glücklich darüber?

YAO YAOYAO Das bestätigt nur, was ich über die geheimen Sehnsüchte und unterdrückten Instinkte gesagt habe.

REPORTER Sie sprechen von Voyeurismus?

YAO YAOYAO Es hat Tradition in patriarchalischen Gesellschaften, Autorinnen in Sexobjekte zu verwandeln, darauf war ich mental vorbereitet.

REPORTER Was ist Ihrer Meinung nach wichtiger, Huren oder Ehrenbögen für keusche Witwen?

YAO YAOYAO Ich möchte diese beleidigende Frage beantworten. Die Hure ist der Passierschein für den Ehrenbogen, seine Inschrift ihr Epitaph. Ich danke Ihnen.

REPORTER Yao Yaoyao, wann darf ich Sie wieder interviewen?

YAO YAOYAO Wenn Sie mich wieder interviewen wollen, müssen Sie zuerst mit mir ins Bett. So lange, wie Sie dort durchhalten, so viel Zeit bekommen Sie danach für ein Interview.

Großer Aufruhr. Musik ertönt.

Die Reporter stieben wie Vögel auseinander.

Gao Yuan steht im Vordergrund der Bühne an der Seite und lacht laut. In einer Hand hält er eine Zeitung, mit der anderen hält er Yao Yaoyao im Arm.

GAO YUAN Worin liegt die Tragödie dieser Geschichte? (*liest aus Zeitungen vor*) Die Youth Daily titelt: „Abscheulicher Müll" – und hat absolut Recht damit. In der Rezension der New York Times heißt es: „Banal und geschmacklos. Yao Yaoyao ist kein Einzelphänomen, sondern Ausdruck der Verantwortungslosigkeit in der heutigen chinesischen Gesellschaft." Das reicht, um den Verkauf anzufeuern! „In einer Woche 600.000 Exemplare verkauft! Unangefochtener erster Platz auf den Bestsellerlisten! Die berühmtesten Regisseure des Landes wetteifern um die Filmrechte, bald schon soll der Dreh beginnen." Was sagt uns das? Wir heben das Dasein auf eine neue Stufe, verleihen ihm Sinn. Wir schaffen Zusammenhänge in Raum und Zeit, die eigentlich nicht existieren. Was macht mich zu dem seltsamen Wesen, das ich bin? Sein oder Nichtsein? Das ist hier die Frage. Am rebellischen Geist der Jugend festhalten und sich dem Fortlauf der Zeit verweigern? Oder entschieden zu etwas werden, das man früher verabscheut hätte? Was beweist mehr Größe? Was davon ist besser für Herz und Seele? Die Medizingeschichte kennt einen Fall, in dem ein Mann fest davon überzeugt war, ein Spiegelei zu sein. Er weigerte sich zu sitzen, denn er fürchtete aufzuplatzen und sein Eigelb zu verlieren. Die besten Ärzte versuchten seine Furcht mit allerlei Medikamenten zu beruhigen, aber es half alles nichts. Ein Arzt akzeptierte schließlich seinen Wahn und schlug ihm vor, immer einen weichen Laib Brot bei sich zu führen, auf den er sich setzen könne ohne auszulaufen. Der Kranke folgte dem Rat und führte nachher ein fast normales Leben. Wie intelligent!

In einer Woche schon 600.000 Exemplare verkauft, der Geschmack der Masse ist doch ein Haufen Hundescheiße! Shit! Ich bin der Arzt, der Brotlaibe verteilt. Achtung! Ihr Eigelb könnte auslaufen! Worin liegt die Komik dieser Geschichte? Lassen Sie mich Ihnen ein Lied singen, es heißt „Wenn wir uns der Realität verweigerten".

Gao Yuan singt.

Yao Yaoyao stimmt mit ein, alle Reporter singen gemeinsam.

Xiaoyou erscheint, mit ihrem Liebesthema stimmt sie in den Gesang mit ein.

Gao Yuan geht zwischen Xiaoyou und Yao Yaoyao hin und her.

Als das Lied seinen Höhepunkt erreicht, fällt Gao Yuan plötzlich in Ohnmacht.

Ein Trupp Ärzte tritt auf und kümmert sich um ihn.

ZWEITER AKT

SZENE 1: Platons Bett: Ein Flirt zwischen Gao Yuan und Xiaoyou

Ein Krankenhausbett.

Eine Krankenschwester misst Gao Yuans Blutdruck.

SCHWESTER LIU 80 zu 160. Der Blutdruck ist etwas hoch.

GAO YUAN Sie sollten eine andere Schwester zum Messen schicken. Wenn eine so hübsche Krankenschwester das Zimmer betritt, steigt doch der Blutdruck eines jeden Patienten an!

Schwester Liu beachtet Gao Yuan nicht, zieht seine Hose herunter und gibt ihm eine Spritze in den Hintern.

GAO YUAN (*schreit laut*) Au! Die schönsten Frauen sind auch immer die grausamsten.

SCHWESTER LIU Spar dir deine geistreichen Bemerkungen, dann lebst du ein paar Tage länger.

GAO YUAN Wenn ich noch ein paar Tage länger lebe, würdest du mit mir essen gehen?

Die Krankenschwester erblickt den Arzt in der Nähe und setzt Gao Yuan eine Sauerstoffmaske auf.

SCHWESTER LIU Inhalier das eine Stunde lang.

Krankenschwester geht ab.

Xiaoyou tritt ein. Als der Arzt Xiaoyou sieht, tritt er zurück.

Xiaoyou geht zu Gao Yuan.

XIAOYOU Hast du einen Korb bekommen? Es scheint, du bist nicht mehr so attraktiv wie früher.

GAO YUAN (*wiederholt sich absichtlich*) Irgendwo habe ich dich doch schon einmal gesehen. An dem Tag hast du mich am Morgen heimlich wie eine schwarze Katze verlassen ...

XIAOYOU Warum eine schwarze Katze?

GAO YUAN Die schwarze Katze bringt mir Glück, sie hat mich dich wiedersehen lassen ...

XIAOYOU Deine Sprüche funktionieren heute nicht.

GAO YUAN Und wenn ich ein ganz braver Junge bin, bleibst du dann eine Weile bei mir?

XIAOYOU Das kommt darauf an, wie brav du bist.

GAO YUAN (*legt seinen Kopf auf Xiaoyous Bein*) Ich werde brav wie dein eigenes Kind sein, quengeln, sabbern, an deinen Haaren ziehen und dir ins Gesicht tatschen.

XIAOYOU Launisch wie ein Kind bist du auch.

GAO YUAN Ich schwanke als Verehrer zwischen Schüchternheit und Rüpelei, Angeberei und Schweigsamkeit. Ich habe mal einen Papagei gekauft und ihm beigebracht „Gao Yuan ist ein toller Typ" zu sagen. Dann habe ich ihn verkauft, um meinen Ruf zu verbreiten. Ich werde noch einen Papagei kaufen und ihm beibringen „Xiaoyou ist gut im Bett" zu sagen, dann ... Schau, ein kultivierter Mensch muss überhaupt nicht hinterherpfeifen, gaffen, Zettel schreiben oder wilde Versprechungen machen, um seine Bewunderung auszudrücken.

XIAOYOU Du hast also einen unkontrollierbaren Drang zum Verführen?

GAO YUAN Das ist ein Liebesbekenntnis meines Gehirns. Ich muss „Gehirn" sagen, denn mein Herz ist das eines anderen. Ich trage es erst seit einem Jahr und vier Monaten in meiner Brust.

XIAOYOU Da ist dein Herz, du solltest vorsichtig sein.

GAO YUAN 1967 hat der südafrikanische Arzt Christiaan Barnard zum ersten Mal erfolgreich ein menschliches Herz transplantiert, inzwischen sind diese Operationen völlig normal und einfach. Empfänger fremder Herzen erfreuen sich in der ganzen Welt bester Gesundheit und haben sogar Außergewöhnliches vollbracht. Ein Schwede bestieg mit fremdem Herzen sechs Mal die Alpen und hatte dann auf dem Gipfel auch noch drei Stunden und 52 Minuten wilden Sex mit einer Inderin – neuer Guinness-Weltrekord! Zwei Empfänger von Herzspenden in Afghanistan gravierten die Menschenrechtserklärung auf eine Kamelhaut, sie ist jetzt im New Yorker MOMA ausgestellt und ein absoluter Publikumsmagnet. Der Vizepräsident des Welttaucherverbandes hielt 72 Stunden nach der Transplantation eine feierliche Scheidungszeremonie unter Wasser ab. In Yunnan kämpfte ein Angehöriger einer ethnischen Minderheit mit neuem Herzen und bloßen Händen unzählige Male gegen wilde Tiger.

XIAOYOU Ich mag deine zynische Art, aber es reicht jetzt.

GAO YUAN Ich war ein bisschen aufgeregt, dass du gekommen bist. Wähle mich!

XIAOYOU Ich denke, du solltest dich ein wenig beruhigen ...

Im stillen Zimmer hört man das Geräusch des Windes.

XIAOYOU Draußen schneit es.

GAO YUAN Am besten ist es, in Maßen zu lieben, verstehst du? Egal, was man liebt, man sollte es in Maßen tun. Wenn das Gegenüber deiner Liebe verschwindet, besteht so noch Hoffnung, dass du einen Rest Liebe auf einen anderen übertragen kannst ...

XIAOYOU Wieder ein verschneiter Tag, an verschneiten Tagen passiert immer etwas ...

GAO YUAN An jenem Abend hast du eine schreckliche Geschichte erzählt und dann die Wunde auf meiner Brust gestreichelt. Da verlor ich endlich meine geistige Unschuld. Wer bist du eigentlich? Wo habe ich dich kennengelernt? Magst du diese Wunde?

XIAOYOU Sie ist wunderschön!

GAO YUAN Du bist ja pervers.

XIAOYOU Schön und traurig!

GAO YUAN Grausam ist es. In meinem Körper stecken zwei Menschen. Meine täglichen Freuden und Wünsche werden vom Herzen eines anderen bestimmt. Ich bin zügellos und hochmütig, aufbrausend und vergnügungssüchtig, weil ich nur so die stürmische Unsicherheit der Dekadenz und der dunklen Schatten ertrage. Wenn ich sanft und zurückhaltend werde, angepasst und anständig, dann droht mich die Hoffnungslosigkeit sofort zu vernichten ... Mein Herz tut weh ... Aus Sicht der Biologie bin ich nicht nur ein Primat, der sich am Leben halten, essen und seine Gene weitergeben will. Mein eitles Herz hat mich zu einem Kulturkrieg angestiftet, um mich zu retten. Warum weinst du?

XIAOYOU Ich weine nicht, das kommt von den Kontaktlinsen ...

GAO YUAN Ich mag das Gefühl, wenn du meine Wunde küsst, Xiaoyou, aber du verstehst das Ding nicht, das darunter liegt. Alkohol, Drogen, Verzweiflung, Furcht, Zügellosigkeit, Betrug, Macht und Ehre können ihm alle nichts anhaben. Nur eine Sache ist tödlich: Liebe!

XIAOYOU Noch mehr Süßholzgeraspel.

GAO YUAN Aber es hat dich berührt.

XIAOYOU Jede Liebe ist schmerzhaft, aber trotzdem ist sie das Herrlichste, was wir kennen.

GAO YUAN Magst du mich?

XIAOYOU Ich weiß nicht, ob deine Existenz für mich etwas Gutes oder Schlechtes ist.

GAO YUAN Willst du etwa nicht zugeben, dass du mich magst?

XIAOYOU Ich will, dass dein Herz nie wieder verletzt wird.

GAO YUAN Dann beschütze mich. Xiaoyou, ich kann allem widerstehen, nur nicht der Versuchung. Leg deine Lippen nicht auf das Herz, sondern auf meine Lippen. Es kann doch nicht sein, dass sich die Liebe einer Frau nur auf den kleinen Fleck beim Herzen beschränkt?

XIAOYOU Der Arzt hat mich ermahnt, dass ich dich nicht aufregen darf.

GAO YUAN ... Dann hättest du mich schon längst getötet!

Die beiden küssen sich.
Musik erklingt.
Xiaoyou und Gao Yuan beginnen zu fliegen.
Der Arzt schaut aus der Ferne zu.

SZENE 2: Sieben Bettszenen

Musik.
Auf der Bühne stehen sieben Betten.
1. Bettszene: Dialog zwischen einem Universitätsprofessor und einer vermeintlich schwangeren Studentin.
2. Bettszene: Dialog zwischen einem Polizisten und einem Selbstmörder.
3. Bettszene: Dialog zwischen einem Bergsteiger und einer Schauspielerin.
4. Bettszene: Öffentlich ausgestrahlter Dialog zwischen dem Moderator von „Zärtlich ist die Nacht" und seiner ersten großen Liebe.
5. Bettszene: Leidenschaftlicher Dialog zweier afrikanischer Ameisen in einem Labor (Animationsfilm).
6. Bettszene: Dialog zwischen einem Internetsüchtigen und einer Internetsüchtigen.
7. Bettszene: Zwei Astronauten werden in der Raumkapsel beim Turteln erwischt.

SZENE 3: Gao Yuans Lumpenpack versammelt sich

GAO YUAN Ich bin außergewöhnlich.

ALLE Wir sind außergewöhnlich.

GAO YUAN Ich bin absolut außergewöhnlich.

ALLE Wir sind absolut außergewöhnlich.

GAO YUAN Mein Gemüt ist unbeschwert.

ALLE Unsere Gemüter sind unbeschwert.

GAO YUAN Meine Gedanken sind klar.

ALLE Unsere Gedanken sind klar.

GAO YUAN Ich kann alle Probleme lösen, die mir das Leben stellt.

ALLE Wir können alle Probleme lösen, die uns das Leben stellt.

GAO YUAN Ich liebe Herausforderungen.

ALLE Wir lieben Herausforderungen.

GAO YUAN An meinen Nerven lässt sich ablesen, dass mein Körper bereit ist.

ALLE An unseren Nerven lässt sich ablesen, dass unsere Körper bereit sind.

GAO YUAN Ich fühle mich großartig.

ALLE Wir fühlen uns großartig.

GAO YUAN Ich stecke voller Energie.

ALLE Wir stecken voller Energie.

GAO YUAN Ich werde Erfolg haben.

ALLE Wir werden Erfolg haben.

GAO YUAN Ich sollte noch mehr Geld machen.

ALLE Wir sollten noch mehr Geld machen.

GAO YUAN Ich muss nur an meinen Überzeugungen festhalten und stolz auf mich selbst sein.

ALLE Wir müssen nur an unseren Überzeugungen festhalten und stolz auf uns selbst sein.

SZENE 4: Leere Augen – Xiaoyou und der Arzt

Xiaoyou macht sich vergnügt zurecht. Der Arzt tritt auf.

ARZT Früher hatte ich Angst vor deinen Augen, sie waren so glanzlos und leer, dass man direkt durch sie hindurch ins Nichts fiel.

XIAOYOU Doktor! Sie hier!

ARZT Du gehst aus?

XIAOYOU Ja, ein Freund hat Geburtstag.

ARZT Gao Yuan.

XIAOYOU (*fühlt sich ertappt, aber will es auch nicht mehr verbergen*) Ja. Hat er Sie auch eingeladen?

ARZT Nein. Kranke wollen ihre Ärzte nicht sehen, wenn sie glücklich sind.

XIAOYOU Stimmt.

ARZT Du willst mich auch nicht sehen, das heißt, dass du glücklich bist.

XIAOYOU Ja, ich bin wieder mit Lin Yichuan zusammen.

ARZT Das ist nicht Lin Yichuan!

XIAOYOU Ich höre seinen Herzschlag, es schlägt wie immer.

ARZT Im Bett? Nachdem er dich beglückt und befriedigt hat?

XIAOYOU Und wenn schon?

ARZT Das ist Gao Yuan! Ein kleiner Schwindler, der sich für brillant hält und sein Leben mit Herumhuren verbringt, der letzte Abschaum! Weißt du, was du da tust?

XIAOYOU Ist mir egal. Mir geht es nur um das Herz.

ARZT Ich bereue es wirklich! Tag für Tag saßest du mit deinen leeren Augen vor der Tür, die Augen so leer, dass man direkt durch sie hindurch ins Nichts fiel. Ich hätte dich ohne Rücksicht hinauswerfen sollen!

XIAOYOU Das hätte nichts gebracht. Ich hätte ihn immer gefunden, ganz egal wie.

ARZT Xiaoyou, sei doch vernünftig. Ein Herz ist nur ein Organ, um das Blut zirkulieren zu lassen. Es hat kein Bewusstsein. Was erhoffst du dir von Gao Yuan?

XIAOYOU Ich erhoffe mir gar nichts, ich will nur bei ihm sein.

ARZT Du magst ihn doch nicht etwa und lässt dich wie die naiven Krankenschwestern von seinem aalglatten Süßholzgeraspel beeindrucken?! Oder hat sein attraktiver Körper dein lange in der Einsamkeit vergrabenes Begehren geweckt? Schau dich nur an, deine Wangen glühen und deine Augen leuchten, du begehrst ihn! Erinnerst du dich überhaupt noch an Lin Yichuan? Erinnerst du dich noch an sein Gesicht? Er war überhaupt nicht attraktiv oder kultiviert, er war ein trockener Mathematikdozent. Im Bett konnte er sicher nicht mit diesem Playboy mithalten!

Xiaoyou gibt dem Arzt eine Ohrfeige.

ARZT Du bist dir selbst nicht mehr sicher, deine rührende Liebe ist bereits völlig mit deinem Begehren verschmolzen, auch wenn du es selbst noch nicht gemerkt hast.

XIAOYOU Warum sagen Sie so etwas? Warum wollen Sie lieber Schmerz, Verzweiflung und Tod sehen als frohe Gesichter?

ARZT Gute Frage. Freude ist doch Freude, egal, woher sie kommt. Auf Wiedersehen!

Xiaoyou lässt sich niedergeschlagen auf den Boden fallen.

XIAOYOU (*Monolog*) Eigentlich hätte ich nicht zu ihm gehen müssen, aber ich konnte nicht länger warten. Ich habe seinen Herzschlag schon ein Jahr nicht mehr gehört. Ich musste ihn einfach hören. Diese Notwendigkeit beruhigt mich – ich musste ihn bekommen, dafür war nichts zu viel. Aber wieso fühle ich mich überhaupt nicht gezwungen oder unglücklich? Ich mag diesen kleinen zynischen Schwindler doch nicht etwa, diesen Playboy? Wie ist das möglich! Hat Lin Yichuans Herz solch eine Kraft? Habe ich etwa nicht insgeheim gezweifelt? Seine Augen waren in Wahrheit überhaupt nicht wie die von Lin Yichuan. Wie sollte ich beweisen, dass ich meiner Liebe treu bin? Sollte ich Gao Yuan hassen, seinen Körper, sein schönes Gesicht und die Freude, die er mir macht? Sollte ich mich schuldig fühlen für die Freude, die nichts mit dem Herz zu tun hatte?

SZENE 5: Warum ich die Massenkultur so sehr liebe

Alle singen gemeinsam den „Skandalsong".
In einer Bar. Es ist Gao Yuans Geburtstag, er ist betrunken.

GAO YUAN Eine Frau zu erobern ist wie Schachspielen, es braucht Strategie und kluges Taktieren, die richtigen Züge zur richtigen Zeit. Am wichtigsten ist, seine Gefühle unter Kontrolle zu halten, wer sich zuerst verliebt, verliert. Trinkt!

RATTE Du kannst nicht noch mehr trinken.

SCHATTENTÄNZER Xiaoyou ist nicht gekommen, Gao Yuan wurde zum ersten Mal von einer Frau versetzt.

GAO YUAN Ein Philosoph hat einmal gewarnt: Vorsicht vor geheimnisvollen Frauen, die niemals mit dir ins Bett steigen, aber dich trotzdem um den Schlaf bringen. Sie werden dich nicht nur den Schlaf kosten, sondern auch den Appetit. Es ist gemein, Salz in meine Wunde zu streuen ...

CHEFIN Na dann lasst uns Bier in seine Wunde gießen!

GAO YUAN Trinkt!

VERKÄUFER Ich denke, Sie brauchen alle eine geistige Entgiftung. Führen Sie ein Tagebuch, essen Sie gesund, lassen Sie sich die Füße massieren, machen Sie Yoga und laden Sie Leute zum Essen ein, um Ihr Selbstwertgefühl wiederzufinden. Am wichtigsten: Schweigen ist Gold. Darf ich Ihnen eine Packung Jasmintabletten zur Unterstützung der geistigen Entgiftung anbieten? Sie sind überhaupt nicht teuer!

STINKENDER FLICKSCHUSTER Als Auto wäre ich ein Porsche! Als Farbe wäre ich Grün wie Hundescheiße! Als Stück Stoff wäre ich ein Lumpen! Und als Flickschuster wäre ich ein stinkender Flickschuster!

SCHATTENTÄNZER Eine Frau ist gekommen, sie hat Blumen dabei!

GAO YUAN (*springt auf*) Schnell!

Alle singen „Happy Birthday", Gao Yuan verbindet sich mit einer Krawatte die Augen.
Der Ankömmling ist der langhaarige zornige Jugendliche, niemand macht einen Laut.

GAO YUAN Xiaoyou, du kommst zu spät.

Gao Yuan spürt die merkwürdige Stimmung und nimmt die Krawatte von den Augen ab. Niedergeschlagen geht er zurück zum Tisch.
Alle treten einen Schritt zur Seite.
Gao Yuan bekommt plötzlich einen Anruf von einem Reporter. Die Stimmung wird angespannt.

GAO YUAN Hallo! Was? Woher wissen Sie das? Ich meine, wo zum Teufel haben Sie das gehört? Das ist purer Unsinn! Hallo? Ich kann Sie nicht richtig hören, der Empfang ist zu schlecht.

Gao Yuan legt auf, das Telefon fängt gleich wieder an zu klingeln.

GAO YUAN Hallo! Wer sind Sie? Bitte glauben Sie nicht leichtfertig Gerüchten! Nein! Wie wäre das möglich? Ihre Unwissenheit und Ignoranz machen mich traurig! Danke! Wie? In welcher Bar sind Sie? Hier in der Nähe?

Zwei Reporter stürmen herein.

REPORTER A Herr Gao Yuan, wir sind geschockt über das, was Sie getan haben sollen. Sagen Sie, sind all diese Verrücktheiten wahr?

GAO YUAN Was möchten Sie beide trinken?

REPORTER B Entschuldigen Sie, aber wir haben keine Zeit zu trinken. Was wir von den Medien wollen, sind Schlagzeilen. Ihr Plan schien perfekt, aber es gab eine undichte Stelle.

GAO YUAN Ich werde Ihnen die Wahrheit sagen, aber schalten Sie das Aufnahmegerät ab. (*flüstert*) Es war nur ein Experiment, um die Leichtgläubigkeit und Ignoranz der Öffentlichkeit zu testen. Wenn Sie das veröffentlichen, bevor das Buch auf Platz eins der Bestsellerlisten steht, ruinieren sie alles, dann bin ich erledigt. Bitte warten Sie noch die zwei Wochen, bis wir auf dem ersten Platz stehen.

REPORTER A In Ordnung, aber dann bekommen wir dafür die Exklusivrechte.

GAO YUAN Abgemacht! Sie können sich darauf verlassen.

Ein professionell aussehender Reporter kriecht unter dem Tisch hervor.

REPORTER C Ich habe es gehört! Alles! Dieser erotische Roman wurde von 15 Nichtsnutzen zusammengeschustert, oder stimmt es etwa nicht?

GAO YUAN Wenn Sie nur noch eine Woche warten, gebe ich Ihnen die Exklusivrechte ...

REPORTER C Unmöglich! Unser Herausgeber will es schon morgen.

GAO YUAN Aber Sie können doch nicht blind losschreiben, ohne die Fakten zu prüfen. Zumindest die Zahlen sollten stimmen: Es waren nicht 15, sondern 69, und keine Taugenichtse, sondern alle mit Schulabschluss, im vergangenen Herbst ...

REPORTER C Hören Sie, die Sache wird morgen veröffentlicht! Wenn Sie nicht mit mir sprechen, dann nehme ich eben, was ich bis jetzt habe. Die Enthüllung hat doch auch für Sie Vorteile, also geben Sie mir jetzt noch einen kurzen Kommentar.

GAO YUAN Na gut. *(winkt mit der Hand)* Plan B!

Gao Yuan steht lächelnd vor einer großen Zahl von Medienvertretern und posiert im Blitzlicht der Fotografen.

GAO YUAN Meine sehr geehrten Damen und Herren von den Medien, ich danke für Ihr Interesse. Und ich danke für das Aufdecken dieses neuesten sogenannten moralischen Skandals. Es wurden bereits mehr als zehn Millionen Exemplare dieses modernen Klassikers „Bettgeschrei“ verkauft, dennoch möchte ich als Kopf der Verschwörung mein Bedauern ausdrücken. Ich denke nicht, dass es sich hier um einen Betrug handelt, vielmehr um einen Test, um eine wissenschaftliche Untersuchung und Infragestellung der öffentlichen Meinung. Die Öffentlichkeit hat noch nie selbst gedacht, sondern immer nur anderen nach dem Wort geredet. Die Praxis zeigt, dass, wenn man nur laut und provozierend genug auftritt und dazu noch ein paar angebliche Experten anführt, alles möglich ist. Es gab einmal eine Petition für die strenge Kontrolle oder das Verbot einer chemischen Substanz namens „Dihydrogenmonoxid“. Zahlreiche wissenschaftliche Gründe wurden ins Feld geführt: Die Substanz sei verantwortlich für Schweißanfälle und Erbrechen, ein wichtiger Bestandteil sauren Regens, könne als Gas schwere Verbrennungen verursachen, die Bremsfähigkeit von Fahrzeugen beeinträchtigen und sei in Tumoren Krebskranker vorhanden etc., 99 Prozent der Menschen unterzeichneten. Nur einer merkte an, dass es sich bei dieser chemischen Substanz um „Wasser“ handele. Das ist die Öffentlichkeit, mit der wir es zu tun haben! Ich danke Ihnen allen, Sie werden jetzt verstehen, warum ich die Massenkultur so sehr liebe. Geht, geht und seid Mittelmaß! Nur die Mittelmäßigen werden weiterbestehen und sich vermehren, sie sind die Zukunft, die wahren Überlebenden. Um es mit Nietzsche zu sagen: „Der Irrsinn ist bei Einzelnen etwas Seltenes – aber bei Gruppen, Parteien, Völkern, Zeiten die Regel.“

Der Ozean ist nicht einfach Ozean, er bildet sich aus vielerlei Gewässern; der Wald ist nicht einfach Wald, er besteht aus vielerlei Bäumen; Volk und Masse sind nicht einfach Volk und Masse, sie bestehen aus Architekten, Psychologen, Tellerwäschern, Baumwollbauern, Anwälten, Kleinunternehmern, Dichtern, Schmieden, Hirten, Dompteuren; auch aus Fischern, Kinderfrauen, Mathematikern, Malern, Metzgern, Beamten, Eis-am-Stiel-Verkäufern, Wachleuten, Polizisten, Schneidern, Chemikern, Baumwollhandschuhproduzenten, Gärtnern, Kesselflickern, Sprachlehrern, Kindergärtner, Korbflechtern, Essayisten, Kellnern, Astronomen, Gerbern, Obstverkäufern, Zeitungsverkäufern, Raubkopienverkäufern, Türstehern, Pianisten, Flötisten, Schlagzeugern, Violinisten, Gitarristen, Akkordeonspielern, Trompetern, Holzbläsern und Unterhaltern; außerdem aus Holzfällern, Metallarbeitern, Forstarbeitern, Landarbeitern, Textilarbeitern, Bauarbeitern und Matrosen; auch aus Wäschern, Setzern, Fahrkartenverkäufern, Labortechnikern, Bedienungen, Lageristen, Eintrittskartenverkäufern, Schreibkräften, Zimmerleuten, Meteorologen, Bakteriologen, Melkern, Optikern, Zahnärzten, Fahrern, Packern, Feuerwehrmännern, Dirigenten, Friseuren, Schauspielern, Fußballern, Tiefseeforschern, Steinbrechern, Messerschleifern,

Hundefängern, Hoteliers, Sekretären, Postboten, Bankiers, Hebammen, Athleten und Steuerbeamten ...

SZENE 6: Zweite Untersuchung: die Wahrheit

Gao Yuan ist bei einer Routineuntersuchung.

GAO YUAN Na Herr Doktor, haben Sie Ihre Meinung geändert, dass ich den Rekord im Weiterleben brechen könnte?

ARZT Bis jetzt nicht.

GAO YUAN Gibt es neue Empfehlungen?

ARZT Im Jahr 2000 lag die durchschnittliche Wahrscheinlichkeit nach einer Herztransplantation noch ein Jahr zu leben bei 79%, noch fünf Jahre zu leben bei 63% und noch zehn Jahre zu leben bei 48%. Wieso haben Sie plötzlich Interesse daran, weiter zu leben? Das überrascht mich.

GAO YUAN In der Tat. Wenn Sie wüssten, dass jedes Essen, jede Liebkosung und jede Freude die letzten sein könnten, dann würden Sie auch verrückt werden. Würden wir ewig leben, müssten wir uns um nichts sorgen. Ich lerne gerade, mir keine Sorgen zu machen.

ARZT Haben Sie nach der Herztransplantation eine Veränderung in Ihrer Persönlichkeit, Ihren Lebensgewohnheiten oder Interessen feststellen können?

GAO YUAN Naja, mein Bart scheint schneller zu wachsen als früher.

ARZT Und was ist mit Ihren sexuellen Bedürfnissen und Gefühlen?

GAO YUAN Meinen Sie, das neue Herz könnte mich verändert haben? So verändert, dass ich nicht mehr ich selbst bin? Mich zu einem anderen Menschen gemacht haben?

ARZT Jede Art der Transplantation, egal ob es sich um menschliche oder tierische Organe handelt, um Stammzellen oder Gewebe, ist ethisch umstritten. Eigenschaften des Organspenders können sich auf den Empfänger übertragen, ein sanftes Gemüt etwa kann durch das Herz eines leicht reizbaren Spenders ebenfalls jähzornig werden. Wird die Niere eines jungen Menschen einem alten Menschen eingesetzt, können seine Haare wieder schwarz werden.

GAO YUAN Man sagt immer „Mein Herzallerliebster", aber ist es wirklich das „Herz", das liebt? Wie war der Spender, von dem mein neues Herz stammt?

Der Arzt zögert und sagt schließlich nichts.

GAO YUAN Doktor!

ARZT Er war Dozent an der Universität.

GAO YUAN Wie hieß er?

ARZT Lin Yichuan.
GAO YUAN Lin Yichuan ... Was noch?
ARZT Er war dreißig und hatte eine junge Verlobte namens Shen Xiaoyou.
GAO YUAN Tatsächlich ... Was für ein Pech ...

SZENE 7: Im Bett von Yao Yaoyao

Gao Yuan und Yao Yaoyao rauchen zusammen im Bett.
Gao Yuan summt beim Rauchen ein Stück aus „Carmen".

YAO YAOYAO Im Konsumzeitalter gibt es keinen guten oder schlechten Ruf, es gibt nur noch Prominenz! Prominenz bringt materiellen Vorteil und Redefreiheit mit sich. Es gibt schon fünf Verlage, die sich um mein neues Buch reißen. Das ist die Belohnung dafür, dass du mich zu einem schlimmen Mädchen gemacht hast, das man beschimpft und wie eine Ware konsumiert. Zum Glück bin ich ziemlich taff ... Was singst du da?
GAO YUAN Ich singe über mich selbst.
YAO YAOYAO Du hast mir gar nicht zugehört.
GAO YUAN Ich hatte einen Traum ... Als ich sie das erste Mal sah, war sie nicht sonderlich schön. Ihre Nase war zu spitz, ihre restlichen Gesichtszüge zu weich. Sie war keine perfekte Schönheit, aber sie hatte ein außergewöhnlich lebhaftes und elegantes Gesicht. Ihre Gesichtsausdrücke machten einen nachdenklich. Wenn sie die Stirn runzelte oder lächelte, war sie wie ein im Sonnenlicht die Farbe wechselnder Schmetterling, der seine bunten Flügel ausbreitet.
YAO YAOYAO Was ist los mit dir?
GAO YUAN Nichts.
YAO YAOYAO Du hast dich in diese Schlampe aus dem Naturkundemuseum verliebt, die immer so anständig tut.
GAO YUAN Ich fange an, dich zu verabscheuen, weil ich mich selber verabscheue.
YAO YAOYAO Das ist das Romantischste, was ich je gehört habe.
GAO YUAN Mach den Mund auf.
YAO YAOYAO Ist offen.
Gao Yuan tippt die Asche in Yao Yaoyaos Mund.
GAO YUAN Wie ist es?
YAO YAOYAO Erregend.
GAO YUAN Was noch?
YAO YAOYAO Schmeckt nach Asche.
GAO YUAN Und weiter?

YAO YAOYAO Eine intelligente Frau sollte zugleich verstehen, wie man geliebt und wie man verlassen wird.

GAO YUAN Das ist auch das Romantischste, was ich je gehört habe.

YAO YAOYAO „... Sie sagte kein Wort, lachte nur verächtlich. Ihr Gesicht war ganz blass geworden, sie atmete schwer. Sie hatte es zu wild getrieben und war nun völlig erschöpft. Sie fühlte sich unendlich dumm, zitterte am ganzen Körper ... Sie wollte schreien, bis ihr die Stimme versagte, öffnete den Mund, aber sie schmeckte nur Asche ... Wie hatte sie nur für so einen wert-, scham- und geschmacklosen Charakter Bewunderung und Leidenschaft empfinden können ..."

GAO YUAN Dramen zu schreiben liegt dir nicht besonders ...

YAO YAOYAO (*wechselt die Stimmlage*): „... Als ich ihn sah, war es schon spät in der Nacht. Seine Hand glitt vom Rücken zu meiner Hüfte, dann legte er sie sanft auf meinen Bauchnabel. Mein Atem wurde schneller, während sein Atem nach Alkohol roch und in meinen Haaren kitzelte ... Seine Hand glitt in mein Höschen, zögerte kurz und zog sich dann wieder zurück ..."

Yao Yaoyao hüpft weiter redend von der Bühne.

GAO YUAN (*schamlos*) „Frauen, man muss ihnen nur eine Gelegenheit geben, dann gibt es kein Opfer, das sie nicht bringen würden." Wer hat das noch gesagt?

SZENE 8: Xiaoyous Geschichte: eine verrückte kleine Sache namens Liebe

Im Naturkundemuseum.

Xiaoyou steht vor dem Skelett eines riesigen Dinosauriers und singt das Lied „Eine verrückte kleine Sache namens Liebe".

GAO YUAN So ist Gott nun mal.

XIAOYOU Er hat dich gerettet! Er hat dir sein Herz gegeben!

GAO YUAN Ich bin absolut nicht dankbar. Ich wusste von klein auf, dass ich jederzeit sterben kann. Leben und Tod kümmern mich nicht.

XIAOYOU Was kümmert dich dann?

GAO YUAN Früher hat mich nichts gekümmert. Ich war ein Hedonist, der das Leben im Angesicht des Todes genoss. Aber dann bist du aufgetaucht! Lügnerin! Zum Glück habe ich mich nicht in dich verliebt. Ich wünschte, ich hätte mich nie in dich verliebt. Schenk mir irgendetwas zur Erinnerung. Deine ziellose Leidenschaft, deinen irrationalen Schmerz und deine so hoffnungslose Liebe. Weißt du was? Es gibt nur eine Sache, in der wir noch gleichziehen können: im Schmerz.

Gao Yuan lässt Xiaoyou zurück und geht ab.

XIAOYOU Hast du schon einmal so tiefe Sehnsucht verspürt, dass sie dir fast körperliche Schmerzen bereitet hat? Eine Sehnsucht, die dich ganz und gar von deiner Umgebung abschneidet, bis diese fade wird und langsam ihre Farbe verliert? Manchmal fühlst du dich so abgekapselt, dass du fast keine Luft mehr bekommst und die Kapsel völlig rücksichtslos mit einer Nadel zum Platzen bringen willst. Selbst wenn du nur ein kleines Loch hineinpiekst, kannst du wenigstens einmal durchatmen. Komisch nur, dass er die Nadel ist und zugleich auch die Kapsel, in der ich gefangen bin.

SZENE 9: Zusammenkunft der Betrüger

Ein Nachtclub.
Gao Yuan feiert ausgelassen, trinkt und macht Musik. Yao Yaoyao und die anderen sind bei ihm.
Gao Yuan springt und tanzt wie verrückt auf dem Bett herum, dazu singt er laut und außer Atem.

GAO YUAN Vom Trinken schmerzt mir der Kopf! Vom Schlafen schmerzt mir der Kopf! Vom Denken schmerzt mir der Kopf! Selbst vom Nichtstun schmerzt mir der Kopf! (*holt tief Luft*) Der Hase läuft unentwegt hin und her, um Nahrung zu finden; der Mensch läuft hin und her, weil er von seinen Begierden getrieben wird.

Der Arzt tritt auf.

GAO YUAN Sie kommen gerade richtig, Doktor, ich brauche einen Zeugen. Schauen Sie nur, wie erfolgreich Ihre Operation war! Ich bin völlig gesund, noch gesünder als ein normaler Mensch.

ARZT Sind Sie lebensmüde?

GAO YUAN Der Tod existiert nur in unserer Vorstellung, Doktor, das Universum weiß nicht, was der Tod ist. Nur wir selbst messen unserem Leben Wert bei. Selbst wenn die Menschheit ausstirbt, wird das Universum wie eh und je teilnahmsloser Betrachter sein. Lassen Sie uns trinken! Ich muss sagen, Sie sind wirklich ein erstklassiger Arzt. Diese zwei Flaschen XO sind der Beweis dafür. Los, sagen Sie mir, was ist einem Herztransplantationspatienten noch alles untersagt? Wir probieren es gleich aus.

ARZT Bungee-Jumping, Sie könnten Bungee-Jumping versuchen.

GAO YUAN Bungee-Jumping? Was ist schon Bungee-Jumping?

YAO YAOYAO Sicher nicht aufregender als der Sex, den wir haben.

GAO YUAN Das habe ich gehört.

Alle lachen.
Xiaoyou tritt auf.
Gao Yuan erblickt Xiaoyou und fängt an wie verrückt zu lachen.

GAO YUAN Das ist wirklich eine große Versammlung von Lügnern heute. Schaut nur, hier kommt noch eine Lügnerin. Sie liebt mich nicht, aber lässt mich dennoch nicht los. Was willst du hier?

XIAOYOU Dich sehen.

GAO YUAN Mich sehen? Mich oder mein Herz?

XIAOYOU ... Dich.

GAO YUAN Ich verstehe. Meine Erscheinung hat deinen Eroberungswillen geweckt, dir zum ersten Mal im Leben ein wenig Aufregung verschafft. Wagst du etwa zu sagen, du hättest dich nicht in mich verliebt? Es hat überhaupt nichts mit jenem noblen Herz zu tun, du hast dich in mich verliebt. Dein ganzes Leben wolltest du einen schlechten Mann, an dem du herumnörgeln kannst, damit du etwas zu tun hast und dich groß und edel fühlen kannst und endlich die Initiative hast. Sag nur einmal die Wahrheit, hast du dich in mich verliebt? Ist doch nicht schlimm, wenn es auch nur ein wenig ist.

XIAOYOU Ich liebe dich.

GAO YUAN Was hat sie gesagt? Lauter, ich habe es nicht gehört.

ARZT Xiaoyou, lass uns gehen.

XIAOYOU Nein.

GAO YUAN Willst du ihre Geschichte hören? Yao Yaoyao, hör genau zu und stell die richtigen Fragen. Sie ist keine einfache Person, verglichen mit ihr bist du eine Heilige. Das Gute an dir ist, dass du sagst, was du denkst, ohne falsche Scham und Heimlichtuerei. Du hast zumindest eine Eigenschaft, auf die du stolz sein kannst: Ehrlichkeit.

YAO YAOYAO Es gibt keine guten oder schlechten Frauen, es gibt nur ehrliche und unehrliche Frauen.

GAO YUAN Xiaoyou, verkauf mir deine Geschichte! Wir machen noch einen Bestseller daraus, er wird sich großartig verkaufen: Die verrückte Schöne, die einen Mann nur wegen eines Herzens verführte ...

XIAOYOU Gao Yuan, lass uns nach Hause gehen.

GAO YUAN Diese Frau heißt Shen Xiaoyou. Meint ihr, sie hat mich umgarnt, weil sie mich liebt? Nein, sie liebt mein Herz. Sie will mir die Brust öffnen und das Herz herausreißen. Willst du mich etwa nicht töten und das Herz einem andern schenken? Nächstes Mal hast du vielleicht nicht so viel Glück und erwischst einen gut aussehenden jungen Mann wie mich, sondern einen Alten. Bist du bereit, auch einen Alten zu verführen und mit ihm ins Bett zu springen? Oder es wird eine Frau, wirst du dann zur Lesbe? Weißt du, wenn der Doktor mir nur helfen würde, ich wünschte, ich könnte mir selbst das Herz herausreißen und es dir vor die Füße werfen! Ich bin kein Ehrenmann oder so etwas, aber ich will nicht auf anderer Leute Kosten leben. (*zum Arzt*) Werden Sie mir helfen, Doktor?

ARZT Es tut mir leid.

GAO YUAN Schau, es ist nicht, dass ich es nicht wollte, er will mir nicht dabei helfen. Geh nach Hause und warte, bis ich tot bin. Es wird nicht mehr lange dauern.

XIAOYOU Du darfst dir nichts antun.

GAO YUAN Was kümmert es dich? Nein, dich kümmert nur das Herz.

XIAOYOU An jenem Tag war es sehr kalt und es schneite. Er rief mich an, sagte, er wäre bald da. Das Wasser auf dem Kohleofen kochte, damit er sich an einem heißen Tee die Hände wärmen könnte. Nur, er kam nicht. Als das Wasser kalt geworden war, war er immer noch nicht da. Er war plötzlich aus meinem Leben verschwunden, tot. Ich war vollkommen hilflos, der unheilbare Schmerz jenes Tages würde mich mein ganzes Leben begleiten und beherrschen, bis zu meinem Tod. Aber ich hatte Glück und traf dich ...

GAO YUAN (*spöttisch*) Es scheint, du kannst mich nicht gehen lassen, obwohl du mich nicht liebst. Du hasst mich, du verachtest mich ...

XIAOYOU Nein! Ich habe dich verletzt, aber ich wurde noch viel schlimmer verletzt. Hab Mitleid mit mir, und mit dir selbst!

GAO YUAN Du wirst mich nicht bekommen, das ist mein Herz, meins! Es ist der Sklave meines wilden Körpers und meiner ausschweifenden Gefühle! Diese violetten, gelben und weißen Pillen testen die Grenzen meines Herzens, ich muss sagen, sie sind nicht besonders weit. Fühl mal, habe ich wieder Fieber? 38,6 Grad. Doktor, ich habe wieder Halluzinationen ...

Gao Yuan fällt zu Boden, Xiaoyou schlingt ihre Arme um ihn.

SZENE 10: Das Herz des Hirntoten schlägt noch

In einem Sanatorium an der Küste.
Auf der Bühne erscheint ein riesiger Atompilz.
Der Arzt gibt Unterricht.

ARZT Drogenabhängigkeit ist eine chronische Krankheit mit hoher Rückfallrate, die durch den unkontrollierten Gebrauch von Suchtmitteln charakterisiert wird. Gründe für die Entstehung einer Abhängigkeit umfassen positiv und negativ verstärkende Faktoren sowie verstärkte Konditionierung. Alle Suchtmittel können durch irreguläre Wege das Belohnungssystem innerhalb eines Organismus stimulieren und einen Belohnungseffekt hervorrufen, der zu einer „psychischen Abhängigkeit“ führt. Bitte reichen Sie mir Herrn Gao Yuans Fall. Obwohl Herrn Gao Yuans Herz normal zu schlagen scheint, ist er aufgrund der überdosierten Einnahme von Suchtmitteln dem Zustand des Hirntods nahe. Bitte beachten sie, dass ich das Wort „nahe“ benutzt habe. Ich bin kein Spezialist auf dem Gebiet der Neurowissenschaften, ich bin Thorax- und Kardiovaskularchirurg. Wir können von klinischer Seite her diesen Menschen auf dem Krankenbett noch nicht als vegetativ bezeichnen; wir sollten ihn als normalen Menschen betrachten. Wir sollten unser Bestes tun, Herrn Gao Yuans Verwandte und Freunde dazu zu bringen, oft mit ihm zu sprechen, um so möglicherweise sein Bewusstsein zu stimulieren, ihn aufzuwecken und all seine normalen physiologischen und psychischen Funktionen zu aktivieren. Die Praxis zeigt, dass es zur völligen Heilung eines Patienten führen und ein medizinisches Wunder erzielen kann, diese besondere menschliche Eigenschaft einzusetzen.

Die Studenten machen sich Notizen, der Arzt lächelt selbstgefällig.

Es läuft ein Lehrfilm über die mehrfachen Operationen an Gao Yuans Herz.

Ein sintflutartiger Regen setzt ein. Verschiedene Leute kommen ins Sanatorium, um mit Gao Yuan zu sprechen und ihn dadurch wieder zu Bewusstsein zu bringen.

Zuerst kommen Ratte, stinkender Flickschuster, Schattentänzer und Dr. phil. mit einem Strauß frischer Blumen. Sie sehen niedergeschlagen, aber entschlossen aus.

RATTE Wir haben dir frische Blumen mitgebracht ...

STINKENDER FLICKSCHUSTER Genau, Blumen sind das Symbol des Lebens ...

RATTE Wir haben dir Wasser mitgebracht ...

STINKENDER FLICKSCHUSTER Genau, obwohl es hier eigentlich an Wasser nicht mangelt ...

RATTE Wir haben dir Anteilnahme mitgebracht ...

STINKENDER FLICKSCHUSTER Genau, Anteilnahme ist die Tugend der Männer ...

RATTE Wir haben dir Grüße mitgebracht ...

STINKENDER FLICKSCHUSTER Genau, die Grüße deines Lumpenpacks ...

RATTE Wir können dir keine Tränen bringen ...

STINKENDER FLICKSCHUSTER Genau, eigentlich braucht man hier auch keine Tränen ...

RATTE Wir haben kein Mitleid dabei ...

STINKENDER FLICKSCHUSTER Genau, denn der Arzt sagt, dein Herz schlägt ganz ordentlich ...

RATTE Uns geht es jetzt sehr gut ...

STINKENDER FLICKSCHUSTER Genau, uns geht es jetzt besser ...

RATTE Wir sind jetzt reich ...

STINKENDER FLICKSCHUSTER Genau, auch wenn wir kein Geld hätten, könnten wir uns doch selbst versorgen ...

RATTE Ohne dich dreht sich die Erde wie immer ...

STINKENDER FLICKSCHUSTER Genau, man muss aber zugeben, dass sie sich nicht mehr so herrlich dreht ...

RATTE Ohne dich legen die Hennen wie immer Eier ...

STINKENDER FLICKSCHUSTER Genau, aber man muss zugeben, dass sie nicht mehr so viele legen ...

RATTE Ohne dich ist das Wetter noch immer so gut ...

STINKENDER FLICKSCHUSTER Genau, aber man muss zugeben, dass es keine Fleischbällchen mehr vom Himmel regnet ...

RATTE Ich finde keine Worte mehr ...

SCHATTENTÄNZER (*unterbricht sie*) Ich will auch etwas sagen. Die anderen haben dir ein Symbol für das Leben mitgebracht, Grüße von deinem Lumpenpack, aber ich, ich habe nichts außer einer Packung Instantnudeln. Ich lege sie neben dein Kopfkissen, sodass sie dich durch deine Tage auf dem Bett begleiten. Eines Tages werden sie dir ein Lächeln aufs Gesicht zaubern, Weizen wird sprießen, der Weizen wird seinen Duft verbreiten, die Luft wird klar werden, der Sommer bringt die Hitze, der Winterschnee bringt Kälte. So wird die Zeit vergehen und wir werden immer an deiner Seite sein.

RATTE Schön gesagt!

STINKENDER FLICKSCHUSTER Genau, es klang ein bisschen wie eine Trauerrede.

RATTE Wieso bewegt er sich kein bisschen?

STINKENDER FLICKSCHUSTER Wie soll es sofort Wirkung zeigen? Der Arzt sagte, wir sollten auf unterschiedliche Weisen mit ihm sprechen.

SCHATTENTÄNZER Dann versuche ich es mal auf eine andere Art. (*tut, als hätte er einen Wutausbruch*) Du verdauungsgestörter Irrer! Sadist! Nichtsnutz! Idiot! Krüppel! Scheißefresser! Größenwahnsinniger! Aussätziger! Banker! Ehemann! Dummschwätzer! Grundschulbuch! Zeitung! Betrüger! Languste! Impotenter Sack! Stinkende Hundescheiße! Bettler! Kreditkarte! Dummkopf! Katzenpisse! Fäkalienrührstock! Taubstummer! Kaputtes Spielzeug!

RATTE Mach mal langsam, deine Vorstellung ist ziemlich plump!

STINKENDER FLICKSCHUSTER Aber sein Herzschlag hat sich beschleunigt! Es gibt Hoffnung! Beschimpf ihn weiter!

SCHATTENTÄNZER Ich finde keine Worte mehr.

Yao Yaoyao tritt auf. Anmutig, aber schwermütig, aufreizend, aber mit einstudierten Allüren. Sie tippt Gao Yuan mit dem Aufsatzheft aus der Grundschule in ihrer Hand an, ohne Reaktion seinerseits.

YAO YAOYAO Ich halte eine Taube im Arm und blicke in den azurblauen Himmel. Dann schließe ich die Augen und lasse die kleine Taube fliegen. Sie fliegt taumelnd los, ich sehe nur ihre schneeweißen Flügel flattern. Ihr kräftiger Körper zeichnet einen grazilen Bogen in den Himmel, mal wie ein weißer Lotus, der sich auf einem klaren Teich wiegt, mal wie ein weißer Geist, der im blauen Himmel treibt. Meinen Blick auf sie gerichtet, kommen mir unmerklich die Tränen. Das ist mein preisgekrönter Aufsatz aus der zweiten Klasse. Danach kommt noch: Kleine Taube, flieg tapfer, auch ich möchte wie du von Wind und Regen gestählt wachsen. Auf Wiedersehen, kleine Taube, ich werde dich nie vergessen!

Yao Yaoyao springt entrückt umher, geht ab. Keiner sagt etwas.

STINKENDER FLICKSCHUSTER Sein Herzschlag wird schwächer, bestimmt haben wir ihn erschreckt. Vielleicht sollten wir den Arzt rufen ...

RATTE Nicht nötig, vielleicht versuchen wir es einfach auf eine etwas sanftere und vernünftigere Art? Ihr kennt doch all die neuen Ausdrücke der Internetgeneration ...

SCHATTENTÄNZER Ich sage doch, ich finde keine Worte mehr. Herr Professor, Sie sind dran.

DR. PHIL. (*schwermütig*) Wenn ein Mensch hundert Jahre lebt, so verbringt er davon dreißig mit Schlafen, zehn mit Essen. Waschen und zurechtmachen brauchen sieben Jahre. Zu Fuß gehen, reisen und im Stau stehen machen weitere sieben Jahre, Telefonieren eineinhalb Jahre, Anrufe, die niemand abnimmt, ein Jahr und acht Monate. Fernsehen acht Jahre, im Internet surfen noch einmal acht. Auf dem Klo sitzen eineinhalb Jahre. Parolen brüllen und an Meetings teilnehmen machen drei Jahre, konfuse Werbung schauen weitere vier Jahre, verlorene Sachen suchen ein Jahr und acht Monate, shoppen anderthalb Jahre. Prügeleien in der Jugend, Streitereien als Erwachsene und schimpfen mit den Kindern verschlingen fünf Jahre. Plaudereien siebzig Tage, Nase putzen zehn Tage, Nägel schneiden 15 Tage, furzen acht Tage ... Schließlich bleiben dir noch zehn Jahre, was kann man in zehn Jahren schon machen?

CHEFIN Gao Yuan, jetzt beweg dich doch endlich mal! Es bleiben noch zehn Jahre!

ALLE Zehn Jahre! Genau zehn Jahre!! Was liegst du noch hier rum? Sag doch was! Mach doch was! Wir warten!!

Alle reden wild durcheinander.

In diesem Moment tritt der zornige Jugendliche mit einer Gruppe bizarr gekleideter Männer auf. Sie haben einen großen Verstärker und Musikinstrumente dabei und beginnen Rockmusik zu spielen.

Sie singen ein schönes Rockstück.

In ohrenbetäubender Lautstärke.

ALLE Du warst nie erfolgreich, du hast dein Leben ruiniert,
dein Leben ist so völlig bedeutungslos,
dass seine Bedeutungslosigkeit die Menschen mit Abscheu füllt.
Na gut, na gut,
das kann einem auch einfach so am Arsch vorbeigehen.
Der Mann verlässt pfeifend den Raum, und all die Frauen verbringen viele Jahre in Einsamkeit.
Und es kommt immer noch schlimmer und schlimmer,
ich verletze mich, ich verändere mich, ich betrüge mich, ich kann ewig nicht einschlafen.
Andere haben mich geküsst, aber du hattest keine Gelegenheit,
eine Geschichte, die so beginnt, nimmt oft kein gutes Ende.
Ich muss deine romantischen Anwandlungen und Briefe verbrennen.
Mein Schwanz wird noch hart,
ich sage dir, jeder, den ich sehe, macht mich an.
Jeder außer dir.

Während der Performance liegt Gao Yuan weiter regungslos im Bett.
Lautes Regengeräusch.
Gao Yuan liegt noch immer im weißen Bett und bewegt sich kein bisschen.
Xiaoyou tritt auf, in der Hand hält sie ein Buch.
Xiaoyou liest Gao Yuan am Bett eine Geschichte aus der griechischen Mythologie vor.

XIAOYOU Orpheus liebte auf dieser Welt nur zwei Dinge, seine Frau und seine Harfe. Jeden Tag, wenn die Sonne auf- und unterging, sang er für die schöne Eurydike ein Liebeslied. Aber kein Glück ist von Dauer und so wurde Eurydike eines Tages im Wald von einer giftigen Schlange gebissen und starb. Der bekümmerte Orpheus konnte keinen Tag ohne Eurydike aushalten und gelobte, seine Frau aus dem Reich des Todes zurückzuholen. Am Rande des Flusses Lethe fand er seine Frau. Bewegt vom wehmütigen Klang seines Liedes willigten die Geister der Unterwelt ein, dass er sie mit sich nehmen könne, unter der einzigen Bedingung, dass er nicht auf Eurydike zurückblicken dürfe, bevor er sie in die Welt der Lebenden zurückgeführt hätte.
Auf dem Weg, der in die Welt der Menschen führte, ging Orpheus eilig voran und seine geliebte Eurydike folgte ihm. Der Weg war verschleiert von dichtem Nebel, verlassen und menschenleer, kein Lebender schien ihn durchdringen zu können, es war furchteinflößend. Während er lief und lief, begann Orpheus zu zweifeln: War Eurydike immer noch hinter ihm? Warum hörte er denn nichts von Eurydike? Auch Eurydike begann zu zweifeln: Warum warf ihr Gatte ihr nicht einen einzigen Blick zu? Warum gab es da nichts außer dieser Eile? Bestürzt fing sie an zu wei-

nen und sagte, falls er sie überhaupt nicht liebte, würde sie viel lieber in die Welt des Todes zurückkehren. Zweifel! Zweifel war die Schlange, die den harfespielenden Sänger biss und umschlang, und so wurden seine Schritte langsamer und er drehte sich unwillkürlich um, um seine Frau mit eigenen Augen zu sehen. Er fand sie, und in seinen Augen war seine Frau so schön wie immer. Da ihr Ehemann endlich bereit war, sich nach ihr umzudrehen, lächelte auch sie erleichtert. Doch dieser Ausdruck blieb für immer und ewig auf ihrem Gesicht, denn damit fiel sie zu Boden und starb. Gao Yuan, lass deine ruhelosen und schmerzlichen Abende hinter dir. Ich kuschle mich ins Bett, ich zittre und bebe, die Vorhänge vorgezogen, der Tisch geneigt, das Brot vertrocknet, die Milch im Kühlschrank sauer, der Wasserhahn undicht, die Batterie der Armbanduhr aufgebraucht, Hände und Füße eiskalt, die Tränen salzig, die Dunkelheit brummt mit flatternden Flügeln, ich versuche mich mit allen möglichen Klischees zu trösten. Es ist nur ein Erdbeben, ein Schneesturm, ein Orkan, eine Blinddarmoperation. Ich gehe ins Bad und ziehe die Schubladen auf, ich greife mir jede einzelne Tablette, die ich finden kann: Aspirin, Grippemedizin, Magenberuhiger, Vitamine, Halspastillen und Schlafmittel! Liebeskummer ist wie ewige Schlaflosigkeit, sollte man dieses grausame und hoffnungslose Spiel mit dem Leben nicht beenden?Ja, ich hab mich in dich verliebt! Bist du jetzt zufrieden? Ich habe meine Liebe verraten und eine neue Liebe gefunden, ein neues Verlangen. Ich hab mich in dich verliebt, deinen Geruch, deine Wärme, deine sarkastischen Mundwinkel, deine Lebensüberdrüssigkeit, deine Arroganz und Geringschätzung, den Schmerz in deinem Körper und deine Tapferkeit. Gao Yuan, wach auf, umschling das misanthropische und liebenswerte Herz in deiner Brust nicht mit Zweifel, leg dich auf meinen Schoß, brav wie mein Kind. Ich weiß, dass du dich immer vor all den Ansprüchen an dein Leben fürchtest. Aber wir leben, wir lieben einander, wir dürfen nur keine Angst davor haben verletzt zu werden. Liebe mich.

Ich bin schwanger.

Gao Yuan erwacht, oder besser gesagt, er beschließt aufzuwachen.

GAO YUAN Ich hatte einen Traum. Ich träumte, dass mich jemand umbringen wollte, er legte ein Gewehr an meine Brust, ich schrie: Schieß mir in den Kopf, schieß mir in den Kopf, das Herz darf nicht getroffen werden! Mein Herz gehört Xiaoyou, ich muss es für sie bewahren.

XIAOYOU (*nimmt ihn fest in den Arm, mit sanfter Stimme*) Wir werden zusammen sein, du wirst Glück erfahren. Weil du lebst, kannst du das Glück erfahren.

GAO YUAN Ich fürchte, das kann ich nicht, ich werde sterben. Ich habe mit Absicht so gehandelt, so konnte ich deine Aufmerksamkeit auf mich ziehen, verhindern, dass du mich verlassen und dich nicht mehr um mich scheren würdest.

XIAOYOU Das hätte ich niemals getan.

GAO YUAN Doch, hättest du. Weil ich eitel und selbstsüchtig bin, wankelmütig und zu sehr von mir selbst überzeugt. Es ist nichts Gutes an mir, aber weil du nicht von diesem Herzen in mir lassen kannst, wusste ich, du würdest kommen, um mich zu stoppen und dich um mich zu kümmern. Schau, es hat geklappt, jetzt hältst du mich wieder in deinen Armen, und wie gut fühlt sich das an.

XIAOYOU Du darfst nicht sterben, ich lasse dich nicht.

GAO YUAN Ich hatte für das Leben nie etwas übrig, weil es mich ständig verlassen könnte. Ich weigerte mich, ein glücklicher Mann zu werden; sobald man glücklich ist, fürchtet man sich auch.

XIAOYOU Fürchtest du dich jetzt?

GAO YUAN Ja – deinetwegen fürchte ich mich vor dem Sterben.

XIAOYOU Jetzt bist du mein / Liebe, Kummer und Mühen sollten jetzt schlafen / Die Nacht dreht sich in unsichtbaren Rädern / Und du an meiner Seite bist rein wie schlafender Bernstein.[3] Horch, der Sturm kommt.

Starker Regen setzt ein, die Seelen treiben davon wie der Wind.

(GESANG) Bring deinen Himmel in meine Augen,
ich atme deinen Atem, aber wohne nicht dort,
gibt es noch andere wie uns, die sich lieben und dann zu Asche werden?
Wenn du willst, dann lass mich dort als Schiff unter deinem Namen vor Anker gehen.
Wenn das Leben auf uns zurollt und uns fest umschlingt,
dann können wir nur darauf warten, dass Regentropfen in den Staub fallen.
Deine Hände haben vergessen wie sie fliegen in den tiefen Schlaf.
Wenn du willst, dann lass mich dort als Schiff unter deinem Namen vor Anker gehen.

Der Nebel löst sich allmählich auf, die Luft zittert, ein leichtes Klingeln in den Ohren.

ENDE

3 Pablo Neruda: Soneto LXXXI.

Guo Shixing

Die Frösche

Ein Stück in drei Akten
(2006)

Aus dem Chinesischen von Stefan Christ

ZEIT Gegenwart und Zukunft
ORT am Meer

PERSONEN

FRISEUR
KUNDE
FRAU
REISENDER

ERSTER AKT

Ein spartanisch eingerichteter Friseursalon am Meeresufer. Darin ein Frisierstuhl mit drehbarem Sitz für den Friseur und ein Spiegel, der zwischen Stuhl und Publikum angebracht ist. Der Spiegel hat kein Glas, sein Dasein wird nur durch die Gesten der Schauspieler zum Ausdruck gebracht.
Außerdem gibt es eine Bank für wartende Kunden. Ein Haarwaschbecken mit Sitzgelegenheit steht in einer Ecke, in der anderen eine Frisierhaube.
Das Bühnenlicht ist heruntergedimmt, man hört leises Meeresrauschen und Möwengeschrei in der Ferne.
Friseur und Kunde betreten im Dunkeln die Bühne, der Kunde setzt sich auf den Frisierstuhl und der Friseur auf seinen Sitz.
Licht an, aber nur der vordere Bereich der Bühne wird beleuchtet, der Friseur und sein Kunde sind kaum zu sehen.
Die Frau betritt den vorderen Bereich der Bühne.

FRAU Viele Frauen wollen keine Kinder bekommen. Viele Bauern wollen ihre Felder nicht bestellen. Viele Mönche schauen Fernsehen. Viele Kinder nehmen Drogen. Es regnet wieder.
Sie nimmt einen Wasserschlauch und beginnt den Friseursalon zu besprühen.
Die Bühne wird nun komplett ausgeleuchtet. Der Friseur beginnt die langen Haare des Kunden zu schneiden.
Die Frau dreht das Wasser ab und geht in den Friseursalon. Mit einem Staubsauger saugt sie die Haare vom Boden und gibt sich beschäftigt.
KUNDE Es regnet schon wieder. Immer wenn ich Haare schneide, regnet es.
FRISEUR Ja, immer regnet es, wenn ich Haare schneide.
KUNDE Ich meinte, es regnet immer, wenn *ich* Haare schneide.
FRISEUR Ja, immer wenn ich Haare schneide, regnet es.
KUNDE Wenn wir so weitermachen, wird die Sache nicht klarer. Das Problem ist, dass es regnet.
FRISEUR Richtig, genau so. Immer regnet es. Ich weiß noch, als ich jünger war, hat es nicht so viel geregnet.
KUNDE Waren wir nicht zur gleichen Zeit jung?
FRISEUR Natürlich nicht. Sie sind zehn Jahre jünger als ich.
KUNDE Aber in unser beider Jugend hat es doch nicht so viel geregnet? Der Regen beschert uns eine gemeinsame Kindheit.
FRAU *(eine Möwe kreischt)* Das Meer rückt immer näher. Die Frauen wollen keine Kinder bekommen.

FRISEUR Nur die Bakterien wollen sich vermehren.

KUNDE Ich hab's, meine Frisur soll „Bitte um Vermehrung" heißen. Was meinen Sie?

FRISEUR Gutes Motto. Soll ich Ihnen ein Phallus-Symbol auf den Kopf setzen?

KUNDE Nein, ich dulde keine Genitalien auf meinem Kopf!

FRISEUR Wie soll eine Frisur namens „Bitte um Vermehrung" sonst aussehen?

FRAU Der Winter ist da, ist es noch lang bis zum Frühling?

FRISEUR Also, dann föhne ich Ihnen eine Strubbelfrisur, setze einen französischen Stinkekäse und einen chinesischen Stinketofu oben drauf und fixiere das Ganze mit Haargel aus Hundescheiße. Fliegen werden Ihren Kopf umkreisen und die Bakterien sich vermehren wie verrückt ...

KUNDE Bakterien sieht man nicht, ihre Vermehrung wird den Leuten also gar nicht auffallen.

FRISEUR Dann mache ich ein Vogelnest und lege zwei Eier hinein.

KUNDE Rohe oder gekochte?

FRISEUR Rohe natürlich, wie soll sich da sonst etwas vermehren?

KUNDE Was, wenn die rohen Eier zerbrechen?

FRISEUR Was, wenn die gekochten Eier gegessen werden?

KUNDE Hier bei uns isst man auch rohe Eier.

FRISEUR Dann beschriften wir sie einfach mit: Eier enthalten eine große Menge Cholesterin, das der Gesundheit schadet.

KUNDE Müssen wir unbedingt über gesundheitliche Probleme sprechen? Worüber reden wir eigentlich? Sie wollen doch nicht etwa einen auf Philosophie machen?

FRISEUR Was wir sagen wollen, ist: Fliegen befallen keine unbeschädigten Eier[1].

KUNDE Da ist was dran. Aber gibt es nicht viele solcher Sprichwörter? Warum soll es ausgerechnet dieses sein?

FRISEUR Oder dieser Satz hier: Sein oder Nichtsein, das ist hier die Frage.

KUNDE Oder: Die Gier treibt die Menschen auf den Mond.

FRISEUR Eigentlich heißt es: Die Gier ist eine Schlange, die einen Elefanten verschlingen will.

KUNDE Eine Schlange kann unmöglich einen Elefanten verschlingen, aber wir Menschen haben es wirklich auf den Mond geschafft.

FRISEUR Und warum wollen die Menschen auf den Mond?

KUNDE Weil schon einmal Menschen dort waren.

FRISEUR Und warum wollte der erste Mensch zum Mond?

---

1 Chinesisches Sprichwort.

KUNDE Neugier. Die seit Anbeginn der Menschheit existierende Neugier. Er ist stellvertretend für die ganze Menschheit geflogen.

FRISEUR Und warum sollten danach immer noch Leute dorthin?

KUNDE Ich habe gehört, es gibt dort ein reiches Vorkommen an seltenen Metallen.

FRISEUR Sie wollen sie vom Mond holen?

KUNDE Alles eine Frage der Technik.

FRISEUR Na, dann mache ich Ihnen eine Mondreise-Frisur.

KUNDE Wie soll die aussehen?

FRISEUR Ich schere den Kopf kahl bis auf ein Büschel Haare, das wir zu einer Rakete formen, färben und mit Haargel fixieren.

FRAU *(hebt den Kopf zum Himmel)* Der Mond ist ein schamloser Dieb, sein totenbleiches Licht stiehlt er von der Sonne. Das Meer ist ein Dieb, seine Gezeiten sind die Tränen des geschmolzenen Mondes. Die Erde ist ein Dieb, sie stiehlt die Ausscheidungen der Tiere, um sich zu düngen ...

KUNDE Kennt sie Shakespeare?

FRISEUR Sie kennt sogar Sócrates.

KUNDE Den Griechen?

FRISEUR Den Brasilianer.

KUNDE Ist das auch ein Philosoph?

FRISEUR Ein Fußballer.

KUNDE Wenn schon der Ruf des Mondes schlecht ist, ist unser aller Ruf nicht gut, also mache ich mir am besten eine Frisur wie ein Dieb.

FRISEUR Da gibt es nichts zu machen, Sie sehen jetzt schon danach aus.

KUNDE Ich sehe aus wie ein Dieb? Wie sieht ein Dieb aus?

FRISEUR Ein Dieb ist unauffällig, er zieht die Blicke der Leute nicht auf sich. Außerdem kümmern ihn nur die Gegenwart und die Zukunft.

KUNDE Um die Vergangenheit schert er sich nicht?

FRISEUR Nein, vorbei ist vorbei. Wurde er nicht erwischt, dann wurde er nicht erwischt. Hat er eine Tracht Prügel bekommen, dann denkt er eben nicht mehr daran. Ist das gestohlene Geld alles ausgegeben, dann bleibt nur noch der Blick in die Zukunft!

Die Frau nimmt den Wasserschlauch und spritzt in den Himmel.

FRAU Es regnet wieder.

KUNDE Ich ziehe die Blicke der Leute nicht auf mich? Dann haben Sie als Friseur Ihre Aufgabe nicht erfüllt. Wir müssen unseren Ansichten Ausdruck verleihen.

FRISEUR Dann schneiden wir Haare, uns bleibt nur das Haareschneiden.

KUNDE Genau, es bleibt uns nur das Haareschneiden.

Der Reisende tritt auf. Er trägt einen Regenschirm, die Frau lässt das Wasser darauf prasseln.

REISENDER *(rezitiert Haikus von Kobayashi Issa aus „Kampffröschen zusehen“)* „Weit fliegt der Schmetterling, / scheinbar erhofft er nichts von dieser Menschenwelt.“
„Wie die Menschen / halten die Seidenraupen in der Schale Mittagsschlaf.“

Die Frau legt den Wasserschlauch weg. Wirft einen Reissetzling nach dem anderen auf die Bühne und beginnt dann sie einzupflanzen.

REISENDER *(klappt den Regenschirm zu)* Chef, ich brauche einen Haarschnitt und eine Rasur. *(setzt sich auf die Bank)*

FRISEUR Da müssen Sie aber eine Weile warten.

REISENDER *(rezitiert ein Haiku von Issa aus „Am hellichten Tag auf den Yudai steigen“)* „In der Abenddämmerung kehren die Schwalben zurück ins Nest. / Ich habe kein Ziel für morgen.“

FRISEUR *(zum Reisenden)* Wir diskutieren über unsere Ansichten zur Moderne und die dazu passende Frisur. Ich fürchte, das wird noch eine ganze Weile dauern.

REISENDER Regen, Regen, noch mehr Regen. Meine Hosen sind nass und die Schuhe völlig durchgeweicht. Solange ich im Trockenen sitze, macht mir das Warten gar nichts aus. Ich freue mich auf ein dampfend heißes Handtuch auf meinem Gesicht und ein Messer, das mir die Bartstoppeln wegrasiert. Hat Ihre Diskussion bereits Ergebnisse gezeitigt?

FRISEUR Wir wollen eine Mondreise-Frisur machen ...

KUNDE Darüber sind wir doch längst hinaus!

FRISEUR Reisender, erzählt, was gibt es Neues in der Welt?

REISENDER Die zwei höchsten Türme New Yorks wurden von Flugzeugen zum Einsturz gebracht.

FRISEUR Da waren die Piloten aber wirklich schlecht ausgebildet. Selbst wir Friseure müssen durch eine harte Lehre, nicht eine Strähne dürfen wir falsch schneiden. Wie kann man ganze Wolkenkratzer übersehen?

REISENDER Sie waren eher zu gut ausgebildet, denn sie sind absichtlich in die Türme geflogen. Sie hatten keine Bodennavigation und konnten sich nur auf die eigene Sicht verlassen.

KUNDE Aber so kann man doch nicht zwei ganze Wolkenkratzer zerstören.

REISENDER In den Türmen ist Feuer ausgebrochen, dann sind sie innerhalb kürzester Zeit eingestürzt. Wirklich schrecklich.

FRISEUR Ich verstehe immer noch nicht, wie ein Flugzeug zwei Wolkenkratzer zerstören kann.

REISENDER Habe ich von einem Flugzeug gesprochen? Es waren zwei.

FRISEUR Wären die beiden Türme niedriger gewesen als alle anderen Gebäude, hätte man sie nicht treffen können.

KUNDE Da ist was dran.

REISENDER Na, dann hätten sie eben andere Hochhäuser gewählt.

KUNDE Kann man nicht alle Gebäude gleich hoch bauen?

FRISEUR Wie bei einem Bürstenschnitt.

KUNDE Alles klar, dann machen Sie mir einen Bürstenhaarschnitt.

FRISEUR Mit einem Bürstenhaarschnitt sieht man doch wie ein Mafioso aus.

KUNDE Was ist falsch an der Mafia? Sie ist viel effizienter als der Rest unserer Gesellschaft. Bis gerade eben habe ich mir noch Sorgen gemacht, ob ein Bürstenhaarschnitt modern genug ist, aber jetzt ist mir alles klar. Der Bürstenhaarschnitt steht für Effizienz.

REISENDER Können Sie das nicht später weiter diskutieren und mir schnell die Haare schneiden? Ich muss weiter.

KUNDE Die Zeit ist für alle Menschen gleich. Sie müssen warten, bis ich fertig bin.

FRISEUR Wer so weit gereist ist, dem wird doch eine kleine Rast nichts ausmachen. Blättern Sie ein bisschen in den Magazinen, immer mit der Ruhe.

REISENDER Ach, dann soll es wohl so sein.

Die Frau richtet sich auf und singt ein Reispflanzer-Lied.

Der Friseur schneidet dem Kunden die Haare.

FRISEUR Weitgereister, erzählt, was Ihr gehört und gesehen habt.

REISENDER Was wollt ihr wissen?

KUNDE Wie viele unterschiedliche Orte es auf der Welt gibt.

REISENDER Die ganze Welt gleicht sich immer mehr.

FRISEUR Das glaube ich nicht. Auch wenn wir hier kein Fernsehen haben und nicht sehen, wie es anderswo aussieht, wage ich doch zu behaupten, dass es himmelweite Unterschiede geben muss.

REISENDER Ist euch noch nie aufgefallen, dass die Milch sich auf der ganzen Welt immer mehr gleicht?

Friseur und Kunde lachen laut.

KUNDE Zu lustig! Die Milch überall gleich! Wie kommen Sie darauf, dass die Milch nicht überall gleich sein könnte?

REISENDER Sie finden das lustig? Früher wurde die Milch von unterschiedlichen Milchkühen produziert, heute kommt die Milch überall von der gleichen Sorte Milchkuh.

FRISEUR Was soll daran falsch sein?

REISENDER Menschen in unterschiedlichen Gegenden brauchen unterschiedliche Milch, sonst bekommen sie Durchfall.

KUNDE Dann sollen sie eben unterschiedliche Milch nehmen.

REISENDER Aber die holländischen Milchkühe sind am produktivsten und haben deshalb alle anderen Kuhrassen verdrängt.

KUNDE Das ist doch kein Problem. Und erst recht lässt sich doch deshalb nicht sagen, dass die Welt immer gleichförmiger wird.

REISENDER Die Hotels auf der ganzen Welt sind gleich: zwei Betten, zwei Nachttische, ein Fernseher. Die Nachrichten und Filme im Fernsehen sind auch überall die gleichen.

FRISEUR Das ist doch richtig so, daran sieht man, dass die Welt ein Ganzes bildet.

REISENDER Warum sollte ich dann noch woanders hin reisen?

KUNDE Eben, das sollten Sie sich mal fragen.

REISENDER Ein paar Unterschiede gibt es schon noch zu entdecken. Und wenn sie auch noch so klein sind, freue ich mich wie verrückt über jeden, den ich finde.

FRISEUR Die Frauen sind überall auf der Welt anders.

REISENDER Aber die Feministinnen sind überall auf der Welt gleich. Sie sind alle dagegen, dass man über die Köpfe der Frauen hinweg über sie bestimmt. Außerdem werden sich die Frauen überall auf der Welt immer ähnlicher, sie färben sich die Haare blond, tragen verrückte Frisuren und Bauchnabelpiercings.

FRISEUR Sind die älteren Frauen auch so?

REISENDER Die älteren Frauen sind nicht so, sie sind sogar die stärkste Kraft gegen die Vereinheitlichung der Welt. Sie nehmen keine Verhütungsmittel, schauen keinen Fußball, lesen keine Zeitung, essen keine Hamburger, nehmen keine Drogen und machen den Männern Essen.

KUNDE Na, dann sind doch die älteren Frauen überall auf der Welt gleich.

REISENDER Da gibt es aber einen qualitativen Unterschied zwischen diesem „gleich“ und dem anderen. Die älteren Frauen sagen „Nein“ zur heutigen Welt! Die jungen Frauen sagen „Yeah“!

KUNDE Aber wir können uns doch keine alten Frauen suchen! Ich bin dafür zu jung.

FRISEUR Wo ein Wille ist, ist auch ein Weg. Sie holen sie im Alter schon noch ein.

KUNDE Ich will sie aber nicht einholen!

FRISEUR Die Gesetze der Natur lassen sich aber nicht nach dem Willen der Menschen verändern. Alt werden Sie so oder so.

KUNDE Was haben Sie sonst für Unterschiede entdeckt?

REISENDER Ich habe am Polarkreis in einer Eskimodecke geschlafen, die aus den Fellen von Seehunden genäht war. Darin hat es nach Meer gerochen.

Die Reissetzlinge sind eingepflanzt, die ganze Bühne ist grün. Die Frau zieht ihr Oberteil aus, in ihrem Bauchnabel glitzert ein Piercing. Sie geht zum Reisenden und verpasst ihm eine Ohrfeige. Die beiden stehen sich kampfbereit gegenüber.

KUNDE *(zum Reisenden)* Worauf warten Sie noch?

REISENDER Ich warte auf den zweiten Schlag.

FRAU Es wird keinen zweiten Schlag geben. Meiner Meinung nach ist die Welt nicht symmetrisch.

KUNDE Na dann eben drei Schläge.

FRAU Vor dem dritten Schlag muss doch aber der zweite kommen. Und beim zweiten Schlag kommt es zur Symmetrie.

REISENDER Aber ich finde, Symmetrie macht ein Gesicht angenehmer. Die Welt ist symmetrisch. Die Menschen haben zwei Augen.

FRAU Eines größer, das andere kleiner.

REISENDER Menschen haben zwei Ohren.

FRAU Menschen haben nur eine Nase.

REISENDER Aber zwei Nasenlöcher.

FRAU Eines größer, das andere kleiner.

REISENDER Zwei Hoden.

FRAU Einer größer, der andere kleiner. Der eine hängt höher, der andere tiefer.

REISENDER Die Erde hat zwei Pole.

FRAU Aber der magnetische Pol wandert, er liegt nicht im Mittelpunkt.

REISENDER Aber Sie können mir doch keine Ohrfeige verpassen und asymmetrischen Schmerz bereiten.

FRAU Es ist widerlich, was Sie über alte und junge Frauen gesagt haben. Frauen sind Frauen.

REISENDER Aber sie sind wirklich nicht gleich!

FRAU Das Meer kommt immer näher.

Die Frau düngt das Reisfeld.

REISENDER *(zum Friseur)* Ehrlich gesagt, ich würde mich ja gern von Ihnen rasieren lassen, aber ich habe Angst vor Aids.

Friseur und Kunde lachen laut.

KUNDE Wir haben in unserem abgelegenen Ort an der Küste noch nie von Aids gehört. Was hat Rasieren mit dieser Krankheit zu tun?

REISENDER Die Krankheit wird durch Blut übertragen. Wird bei der Rasur das Gesicht verletzt, kann man sich dabei anstecken.

FRISEUR Sorgen Sie sich, dass ein Aidskranker dieses Messer benutzt haben könnte?

REISENDER Genau. Das kann jederzeit passieren, man muss ständig auf der Hut sein. *(zur Frau)* Sie sollten nicht so viel Dünger verwenden, das tötet die Frösche.

FRAU Wenn man die Pflanzen jetzt nicht ordentlich düngt, wachsen sie nicht richtig.

REISENDER Ich bin an so vielen Orten gewesen, die Frösche werden immer weniger.

FRISEUR Hier gibt es immer noch jede Menge, am Abend quaken sie so laut, dass man kaum einschlafen kann.

Frösche quaken.

REISENDER Ist der Haarschnitt jetzt bald fertig? Ich muss weiter!

FRISEUR Sie müssen doch nicht immer den ganzen Tag unterwegs sein. Ausgeruht kommt man viel weiter.

REISENDER Ich muss weiter, immer weiter.

KUNDE Erzählen Sie etwas Interessantes, dann vergeht die Zeit schneller.

REISENDER Wissen Sie, dass es mit uns Männern bergab geht?

KUNDE Was meinen Sie damit, „es geht bergab"?

REISENDER Die Genitalien der männlichen Krokodile in Südamerika werden immer kleiner, in einem solchen Ausmaß, dass es bereits ihre Fortpflanzung beeinträchtigt.

KUNDE Und was hat das mit uns Männern zu tun?

REISENDER Der Grund dafür ist das viele Östrogen, das in unsere Flüsse geleitet wird.

KUNDE Wieso sollte man Östrogen in unsere Flüsse leiten?

REISENDER Wie Sie wissen, ist Östrogen der Hauptbestandteil der Antibabypille.

KUNDE Sie meinen, was mit den Krokodilen geschieht, kann auch uns passieren?

REISENDER Ja. Früher oder später wird es auch uns treffen.

Die Frau lacht laut auf. Die drei Männer sind verlegen.

FRAU Wer will denn, dass Frauen verhüten?

KUNDE Die Frauen natürlich.

REISENDER Die Männer natürlich.

KUNDE Die Frauen.

REISENDER Die Männer. Wann sind Sie endlich mit dem Frisieren fertig?

FRISEUR Gleich, gleich.

FRAU Es ist teuflisch. Die Vernichtung der Menschen beginnt mit der Verhütung.

REISENDER ... Es macht Sinn. Die Intelligenten, Schönen und Kultivierten bekommen keine Kinder. Die Dummen, Hässlichen und Unkultivierten gebären dagegen wie verrückt.

KUNDE Das glaube ich nicht. Wenn ich hier fertig bin, fange ich an mit dem Kinderkriegen.

FRAU Aber Sie haben keine Frau.

KUNDE Das hier ist ja auch ein Friseursalon, oder? Wenn ich hier fertig bin, finde ich schon eine Frau.

FRAU Aber Sie sind nicht schön.

KUNDE Wenn ich hier fertig bin, werde ich schön sein.
FRAU Aber Sie sind nicht intelligent.
KUNDE Wenn ich hier fertig bin, werde ich intelligent sein.
REISENDER Sind Sie fertig?
FRISEUR Gleich, gleich, wir dürfen nur keine neuen Bedürfnisse anmelden.
KUNDE Natürlich brauchen wir neue Bedürfnisse. Was hätten wir ohne neue Bedürfnisse noch zu tun?
FRAU Aber Sie haben Kultur.
KUNDE Richtig, das haben Sie gut erkannt.
REISENDER Aber bestimmt keine Hochkultur.
FRAU Wenn Sie Kultur haben, können Sie keine Kinder haben.
KUNDE Für Kultur kann ich auf Kinder gerne verzichten.
FRAU Deshalb ist die Kultur zum Untergang verurteilt.
FRISEUR Das verstehe ich nicht. Warum muss alles Gute untergehen?
FRAU Am Anfang sind alle Dinge gut, aber wenn sie zu groß und stark geworden sind, werden sie zu etwas Schlechtem.
KUNDE Ist das nicht ein wenig übertrieben?
FRAU Alles wirkt aufeinander ein. Auf dieser Welt kann es nicht nur ein Ding geben. Alles auf der Welt existiert aus einem Grund.
REISENDER Wer sind Sie?
Die drei Männer schauen auf die Frau.
FRAU Eine Frau. Ich muss Unkraut rupfen gehen.
Geht ab.
REISENDER Seltsam.
FRISEUR Daran ist nichts seltsam, sie werkelt immer hier herum. Herrje, was wollten wir nun für eine Frisur schneiden?
KUNDE Genau, wir hatten uns doch geeinigt. Haben Sie es etwa vergessen?
FRISEUR Richtig, wir hatten uns geeinigt, aber worauf nur? Worauf? Können Sie mir nicht einen Tipp geben?
REISENDER Das machen Sie doch mit Absicht! Ich glaube, ich muss weiter. Nicht einmal eine gemütliche Rasur ist einem in dieser Welt vergönnt.
Steht auf und geht ab.
FRISEUR *(dem Reisenden hinterher)* Kommen Sie schon zurück.
KUNDE Die Menschen heutzutage sind so ungeduldig, können kein bisschen warten. Denken Sie, die Männer sterben wirklich aus?
FRISEUR Auch gut, Frauenhaarschnitte sind teurer. Wenn ich den ganzen Tag nur Männer schneiden müsste, würde ich verhungern.
KUNDE Aber Sie gehören doch auch zu den Männern?

FRISEUR *(für einen Moment verwirrt)* Er meinte die Männer nach uns. Wir, die wir schon hier sind, werden auch noch weiterleben.

Die Frau tritt mit einer Hacke auf der Schulter auf, jätet Unkraut auf dem Feld.

FRAU Gehackt wird selbst in der Mittagshitze / der Schweiß rinnt über Pflanzen und Erde. / Unser tägliches Brot, wer weiß denn schon / wie viel Mühe hinter jedem Korn steckt![2]

KUNDE Warum schneiden Sie nicht weiter?

FRISEUR Wie soll ich denn schneiden? Erinnern Sie sich?

KUNDE Es hatte mit dem zu tun, worüber wir geredet haben. Worüber haben wir geredet?

FRISEUR Genau, worüber haben wir geredet?

FRAU Viele Frauen wollen keine Kinder bekommen. Viele Bauern wollen ihre Felder nicht bestellen. Viele Mönche schauen Fernsehen. Viele Kinder nehmen Drogen. Es regnet wieder.

Sie nimmt einen Wasserschlauch und beginnt den Friseursalon zu besprühen.

Die Bühne wird nun komplett ausgeleuchtet. Der Friseur beginnt, die langen Haare des Kunden zu schneiden.

KUNDE Jetzt weiß ich es, ich sage: Es regnet schon wieder. Immer wenn ich Haare schneide, regnet es.

FRISEUR Ja, ich weiß jetzt auch, ich sage: Immer regnet es, wenn ich Haare schneide.

KUNDE Ich meinte, es regnet immer, wenn *ich* Haare schneide.

FRISEUR Ja, immer wenn ich Haare schneide, regnet es.

KUNDE Wenn wir so weitermachen, wird die Sache nicht klarer. Das Problem ist, dass es regnet.

FRISEUR Richtig, genau so. Immer regnet es. Ich weiß noch, als ich jünger war, hat es nicht so viel geregnet.

KUNDE Waren wir nicht zur gleichen Zeit jung?

FRISEUR Natürlich nicht, Sie sind zehn Jahre jünger als ich.

KUNDE Aber in unser beider Jugend hat es doch nicht so viel geregnet? Der Regen beschert uns eine gemeinsame Kindheit.

FRAU *(eine Möwe kreischt)* Das Meer rückt immer näher. Die Frauen wollen keine Kinder bekommen.

FRISEUR Nur die Bakterien wollen sich vermehren.

KUNDE Ich hab's, meine Frisur soll „Bitte um Vermehrung“ heißen. Was meinen Sie?

---

2 Gedicht aus der Tang-Zeit von Li Shen (722–846).

FRISEUR Gutes Motto. Soll ich Ihnen ein Phallus-Symbol auf den Kopf setzen?

KUNDE Nein, ich dulde keine Genitalien auf meinem Kopf.

FRISEUR Wie soll eine Frisur namens „Bitte um Vermehrung" sonst aussehen?

FRAU Der Winter ist da, ist es noch lang bis zum Frühling?

FRISEUR Also, dann föhne ich Ihnen eine Strubbelfrisur und setze einen französischen Stinkekäse und einen chinesischen Stinketofu oben drauf und fixiere das ganze mit Haargel aus Hundescheiße. Fliegen werden Ihren Kopf umkreisen und die Bakterien sich vermehren wie verrückt ...

KUNDE Bakterien sieht man nicht, ihre Vermehrung wird den Leuten also gar nicht auffallen.

FRISEUR Dann mache ich ein Vogelnest und lege zwei Eier hinein.

KUNDE Rohe oder gekochte?

FRISEUR Rohe natürlich, wie soll sich da sonst etwas vermehren?

KUNDE Was, wenn die rohen Eier zerbrechen?

FRISEUR Was, wenn die gekochten Eier gegessen werden?

KUNDE Hier bei uns isst man auch rohe Eier.

FRISEUR Dann beschriften wir sie einfach mit: Eier enthalten eine große Menge Cholesterin, das der Gesundheit schadet.

KUNDE Müssen wir unbedingt über gesundheitliche Probleme sprechen? Worüber reden wir eigentlich? Sie wollen doch nicht etwa einen auf Philosophie machen?

FRISEUR Was wir sagen wollen, ist: Fliegen befallen keine unbeschädigten Eier.

KUNDE Da ist was dran. Aber gibt es nicht viele solcher Sprichwörter? Warum soll es ausgerechnet dieses sein?

FRISEUR Oder dieser Satz hier: Sein oder Nichtsein, das ist hier die Frage.

KUNDE Oder: Die Gier treibt die Menschen auf den Mond.

FRISEUR Eigentlich heißt es: Die Gier ist eine Schlange, die einen Elefanten verschlingen will.

KUNDE Eine Schlange kann unmöglich einen Elefanten verschlingen, aber wir Menschen haben es wirklich auf den Mond geschafft.

FRISEUR Und warum wollen die Menschen auf den Mond?

KUNDE Weil schon einmal Menschen dort waren.

FRISEUR Und warum wollte der erste Mensch zum Mond?

KUNDE Neugier. Die seit Anbeginn der Menschheit existierende Neugier. Er ist stellvertretend für die ganze Menschheit geflogen.

FRISEUR Und warum sollten danach immer noch Leute dorthin?

KUNDE Ich habe gehört, es gibt dort ein reiches Vorkommen an seltenen Metallen.

FRISEUR Sie wollen sie vom Mond holen?

KUNDE Alles eine Frage der Technik.

FRISEUR Na, dann mache ich Ihnen eine Mondreise-Frisur.

KUNDE Wie soll die aussehen?

FRISEUR Ich schere den Kopf kahl bis auf ein Büschel Haare, das wir zu einer Rakete formen, färben und mit Haargel fixieren.

FRAU *(hebt den Kopf zum Himmel)* Der Mond ist ein schamloser Dieb, sein totenbleiches Licht stiehlt er von der Sonne. Das Meer ist ein Dieb, seine Gezeiten sind die Tränen des geschmolzenen Mondes. Die Erde ist ein Dieb, sie stiehlt die Ausscheidungen der Tiere, um sich zu düngen ...

KUNDE Kennt sie Shakespeare?

FRISEUR Sie kennt sogar Sócrates.

KUNDE Den Griechen?

FRISEUR Den Brasilianer.

KUNDE Ist das auch ein Philosoph?

FRISEUR Ein Fußballer.

KUNDE Wenn schon der Ruf des Mondes schlecht ist, ist unser aller Ruf nicht gut, also mache ich mir am besten eine Frisur wie ein Dieb.

FRISEUR Da gibt es nichts zu machen, Sie sehen jetzt schon danach aus.

KUNDE Ich sehe aus wie ein Dieb? Wie sieht ein Dieb aus?

FRISEUR Ein Dieb ist unauffällig, er zieht die Blicke der Leute nicht auf sich. Außerdem kümmern ihn nur die Gegenwart und die Zukunft.

KUNDE Um die Vergangenheit schert er sich nicht?

FRISEUR Nein, vorbei ist vorbei. Wurde er nicht erwischt, dann wurde er nicht erwischt. Hat er eine Tracht Prügel bekommen, dann denkt er eben nicht mehr daran. Ist das gestohlene Geld alles ausgegeben, dann bleibt nur noch der Blick in die Zukunft!

Die Frau nimmt den Wasserschlauch und spritzt in den Himmel.

FRAU Es regnet wieder.

KUNDE Ich ziehe die Blicke der Leute nicht auf mich? Dann haben Sie als Friseur Ihre Aufgabe nicht erfüllt. Wir müssen unseren Ansichten Ausdruck verleihen.

FRISEUR Dann schneiden wir Haare, uns bleibt nur das Haareschneiden.

KUNDE Genau, es bleibt uns nur das Haareschneiden.

Die Frau trägt einen Regenschirm, imitiert den Reisenden.

FRAU *(rezitiert Haikus von Kobayashi Issa aus „Kampffröschen zusehen")*
„Weit fliegt der Schmetterling, / scheinbar erhofft er nichts von dieser Menschenwelt."
„Wie die Menschen / halten die Seidenraupen in der Schale Mittagsschlaf."

Die Frau legt den Wasserschlauch weg. Wirft einen Reissetzling nach dem anderen auf die Bühne und beginnt dann sie zu einzupflanzen.

FRAU *(klappt den Regenschirm zu)* Chef, ich brauche einen Haarschnitt und eine Rasur. *(setzt sich auf die Bank)*

FRISEUR Da müssen Sie aber eine Weile warten.

FRAU *(rezitiert ein Haiku von Issa aus „Am hellichten Tag auf den Yudai steigen")* „In der Abenddämmerung kehren die Schwalben zurück ins Nest. / Ich habe kein Ziel für morgen."

Licht aus.

ZWEITER AKT

Das Meerwasser steht bereits fußhoch. Die ganze Bühne ist von einer flachen Schicht Wasser bedeckt, die Schauspieler können in Gummistiefeln auftreten.
Man hört schreiende Möwen, die um die Köpfe der Menschen kreisen und dann davonfliegen.
Die Reispflanzen aus dem ersten Akt sind bereits kniehoch gewachsen und leuchten goldgelb.
Friseur und Kunde unterhalten sich beim Haareschneiden, wie am Anfang des ersten Akts.

KUNDE Ich weiß noch, in den vergangenen Jahren hat es viel geregnet.

FRISEUR Es hat wirklich viel geregnet, ohne Unterlass.

Die Frau tritt auf.

FRAU Das Meerwasser steht uns bereits bis zu den Füßen. Keine Frau will mehr Kinder bekommen, stattdessen halten sie Hunde. Die Mönche surfen alle im Internet und suchen sich Freunde.

Die Frau spritzt mit dem Schlauch Wasser auf die Bühne.

KUNDE Es regnet immer noch.

FRISEUR Ja. Das Wasser steht schon fast bis zu den Knöcheln.

KUNDE Das ist Meerwasser, nicht der Regen.

FRISEUR Steigt das Meer etwa nicht vom Regen an?

KUNDE Mit dem Regen hat das nichts zu tun. Die Flüsse fließen alle ins Meer und trotzdem steigt es nicht an. Auch wenn es zehn Jahre nicht regnete, würde das Meerwasser doch nicht weniger.

FRISEUR Also können wir dem Meer nichts anhaben.

Die Frau legt den Schlauch weg und erntet den Reis mit einer Sichel. Den geernteten Reis bündelt sie und schichtet Haufen aus jeweils drei Bündeln auf dem Feld. Dieser Vorgang kann auch durch einen Tanz besonders herausgestellt werden.

KUNDE Nicht ganz, ich habe gehört, dass man in Eisbären hohe Konzentrationen an DDT gefunden hat.

FRISEUR Gibt es am Nordpol Mücken?

KUNDE Ich habe gehört, dass Eisbären deshalb DDT im Körper haben, weil wir zu viele Pestizide einsetzen.

FRISEUR Also haben wir doch etwas mit dem Zustand des Meeres zu tun. Aber ich verstehe immer noch nicht: Wenn wir hier Pestizide einsetzen, wie kommen sie in die Körper von Eisbären?

KUNDE Eisbären fressen doch Seehunde?

FRISEUR So sagt man.

KUNDE Seehunde fressen doch Fische?

FRISEUR So sagt man.

KUNDE Und Fische trinken doch Wasser?

FRISEUR Ich denke schon.

KUNDE Und das Wasser enthält Pestizide.

FRISEUR Na, dann müssen wir die Pestizide doch nur aus ihrer Umwelt entfernen und das Problem ist gelöst. Wir könnten zum Beispiel die Seehunde ausrotten, dann sind die Eisbären gerettet.

KUNDE Das klingt vernünftig, aber ich habe das Gefühl, dass trotzdem irgendetwas damit nicht stimmt. Mir ist auch nicht ganz klar, was, aber es scheint nicht ganz die richtige Methode zu sein. Sollten wir vielleicht eine Nordpol-Frisur machen?

FRISEUR Das lässt sich gut bewerkstelligen, wir plätten die Haare einfach und färben sie weiß.

KUNDE Ist das nicht ein bisschen monoton?

FRISEUR Wir könnten auch ein paar Löcher machen, die wir meerblau färben.

KUNDE Warum das?

FRISEUR Na, damit die Seehunde dort nach Luft schnappen können.

KUNDE Mit den Löchern muss man aber vorsichtig sein, sonst fließt Blut. Und sagen Sie nicht, das wären die Eisbären gewesen, die sich über die Seehunde hergemacht haben!

Der Reisende tritt mit Regenschirm auf.

REISENDER *(rezitiert Haikus aus „Kampffröschen zusehen")* „Der Abendmond geht auf, / die Schnecken wimmern im Kessel."
„In der Mondnacht / spuckt die Muschel Schlamm."

Der Reisende betritt den Friseursalon, schließt den Regenschirm und nimmt auf der Bank Platz.

FRISEUR Sie kommen mir bekannt vor! Sie waren doch schon einmal hier und ich habe Ihnen die Haare geschnitten.

REISENDER Hier war ich schon einmal, vor vielen Jahren, aber die Haare haben Sie mir nicht geschnitten. *(schaut zum Kunden)* Mir scheint, Sie waren es, dem auch damals die Haare geschnitten wurden. Was für ein Zufall, dass Sie heute wieder hier sind!

KUNDE *(wirft einen Blick auf den Reisenden)* Ach ja, Sie sind es! Wie steht es um die Eskimodecken aus Seehundfell?

REISENDER Ohje, am Nordpol wird es wärmer, das Eis wird immer weniger. Die Eisbären kommen in die Wohngebiete der Menschen und wühlen im Müll.

KUNDE Ich habe doch nach den Seehunden gefragt, wieso sprechen Sie über die Eisbären?

REISENDER Bestimmt finden die Eisbären keine Seehunde mehr und haben deshalb das Treibeis verlassen.

KUNDE *(zum Friseur)* Haben Sie gehört, am Nordpol gibt es nicht mehr viel Eis, die Seehunde brauchen keine Löcher mehr zum Atmen, also können wir auch die blauen Löcher in meiner Frisur weglassen.

FRISEUR Dann machen wir blaue Wellen daraus, auf denen weiße Eisschollen schwimmen.

KUNDE Das hört sich besser an.

REISENDER *(steht unvermittelt auf)* Was?! Sie verhandeln immer noch über die Frisur! Bin ich schon wieder umsonst gekommen?

FRISEUR Um ehrlich zu sein, er war die ganze Zeit hier, seit Sie gegangen sind.

REISENDER Ich habe einen weiten Weg hinter mir und mich so sehr auf eine entspannende Rasur gefreut.

FRISEUR Wir müssten nur eine Entscheidung treffen, das Frisieren würde ganz schnell gehen. Reisender, sagt, was gibt es Neues in der Welt?

REISENDER *(setzt sich)* Habt Ihr noch nicht gehört? Im Indischen Ozean gab es einen Tsunami. In Indonesien wurde eine ganze Insel überflutet. In Indien, Thailand, Malaysia, Sri Lanka, an der ostafrikanischen Küste in Somalia und auf Réunion hat er schlimme Verwüstungen angerichtet. Sechs Zeitzonen waren von dem Tsunami betroffen, 400.000 Menschen sind gestorben. Zwei Drittel der Hauptstadt der Malediven wurden überschwemmt.

FRISEUR Und ich habe mich schon gewundert, warum das Meerwasser hier steigt.

FRAU *(lässt von ihrer Arbeit ab und betritt den Friseursalon)* Der Tsunami ist nicht bis zu uns in den Pazifik gekommen. Er wurde von Indochina gestoppt und nach Afrika umgelenkt.

KUNDE Zum Glück gibt es Indochina, sonst könnten wir nicht mehr Haare schneiden. Sollten wir nicht zum Gedenken an den Tsunami eine Tsunami-Frisur machen?

FRISEUR Das ist nicht schwer. Ich forme Ihre Haare zu einer großen Welle und setze ein paar tote Fische und Krabben oben drauf.

REISENDER Geht das schon wieder los. Kann ich jetzt endlich meine Haare geschnitten bekommen!

FRAU Der Tsunami wurde von einem Erdbeben ausgelöst. Ein Beben der Stärke neun.

REISENDER Das Epizentrum lag in der Nähe der Provinz Aceh auf Sumatra.

FRAU Das ist doch Piratengebiet.

REISENDER Das ist das einzig Gute an diesem Tsunami, dass er die Piraten ausgerottet hat. Jahrelang haben sie die Straße von Malakka unsicher gemacht, jetzt sind sie verschwunden.

FRISEUR Das war ihre gerechte Strafe! Der Herrgott sieht alles.

FRAU Ohne die Piraten fahren die Schiffe langsamer.

KUNDE Na, dann machen wir eine Piratenfrisur.

FRISEUR Eine Piratenfrisur?

KUNDE Einen Totenkopf.

FRAU Nicht nötig, in ein paar Jahren wird er von ganz alleine zu einem Totenschädel.

KUNDE Sie sind wirklich schlimm! Ich mag so eine Ausdrucksweise nicht.

Die Frau verlässt den Salon und dreht die Bündel auf dem Feld zum Trocknen um.

REISENDER Aber es gab noch Schrecklicheres als den Tsunami.

KUNDE Sagen Sie schon, was.

REISENDER Vieles, wovon wollen Sie hören?

KUNDE Erzählen Sie alles.

REISENDER Dann müssen Sie entscheiden, in welcher Reihenfolge ich erzählen soll.

KUNDE Wie sollen wir eine Reihenfolge festlegen, wenn wir noch gar nicht wissen, was Sie erzählen werden?

FRISEUR Ohje, als Sie letztes Mal hier waren, haben Sie uns mit einer Geschichte ganz verrückt gemacht. Wie war das noch?

KUNDE Stimmt, wir waren alle ganz geschockt. Erinnern Sie sich noch?

REISENDER Das ist doch schon einige Jahre her! Damals saß ich ewig hier und habe auf eine Rasur und einen Haarschnitt gewartet. Sie beide haben die ganze Zeit hin und her diskutiert und sind auf keinen grünen Zweig gekommen. In der ganzen Zeit habe ich so viel geredet, dass ich auch nicht mehr weiß, was ich alles erzählt habe.

KUNDE Ja, Sie haben etwas Schreckliches erzählt, aber ich habe vergessen, was. Erinnern Sie sich noch?

FRISEUR Ich weiß es auch nicht mehr.

FRAU *(mischt sich ein)* Sie sagten, dass die Männer ausstürben.

KUNDE Richtig, da hat sie nur zufällig mitgehört und erinnert sich dennoch besser als wir. Irgendwie wurden die Genitalien der Männer immer kleiner, und das wiederum ...

FRAU Bei den Krokodilen. Für Menschen gibt es noch keine Statistiken. Meiner persönlichen Erfahrung nach scheint es allerdings auch auf die Männer zuzutreffen.

FRISEUR Aber wodurch wurde das verursacht?

REISENDER Hatten wir nicht gesagt, das Östrogen sei schuld?

KUNDE Ich erinnere mich, es war das Östrogen in den Antibabypillen, das zum Niedergang der Männer führt.

FRISEUR Das ist jetzt ja schon einige Jahre her, hat sich das denn inzwischen bestätigt?

REISENDER Nicht nötig darüber zu reden, es ist ein viel größeres Problem aufgetaucht. Die Männer verschwinden vielleicht voll und ganz von der Bühne der Geschichte.

KUNDE Voll und ganz? Was soll das heißen?

REISENDER Letztes Mal sprachen wir darüber, wie das Östrogen Männer funktionsunfähig macht. Dieses Mal muss ich von den Fortschritten der Gentechnologie berichten. Wissen Sie, was ein Klonschaf ist?

KUNDE Keine Ahnung.

REISENDER Ein Klon ist eine Kopie. Man kann zum Beispiel Ihnen Zellen entnehmen und durch Klonen eine haargenaue Kopie Ihrer selbst herstellen, wie einen Zwilling.

KUNDE Moment mal, soweit ich weiß, braucht es doch auch eine Eizelle, damit da etwas wachsen kann. Wer soll mit meinen Zellen befruchtet werden? Ich kann mich ja schlecht selbst machen?

Die Frau lacht laut, bekommt kaum Luft vor Lachen.

REISENDER Es ist so, der Kern Ihrer Körperzellen oder Hautzellen wird isoliert und in eine entkernte Eizelle eingesetzt, die dann stimuliert wird. So kann ein Embryo heranwachsen.

KUNDE Ich habe keine Eizellen.

FRAU Ich habe welche, aber ich werde Ihnen keine abgeben!

KUNDE Ich will sie gar nicht, sonst wird er als Erwachsener nur wie Sie auf dem Feld schuften.

FRISEUR Aber ich verstehe immer noch nicht: Wie kann man sich selbst klonen?

REISENDER Diese Frau hier zum Beispiel, sie könnte sich ihre eigenen Zellen einsetzen und das Kind selbst austragen. Was sie auf die Welt bringt, wäre sie selbst.

FRISEUR Sie braucht keinen Mann dafür?

REISENDER Nein.

KUNDE Um Himmels willen! Was rettet uns dann noch?

FRISEUR Wenn das so ist, braucht man die Männer nicht mehr.

REISENDER Sie werden nutzlos. Aber die Kosten für das Klonen sind noch recht hoch, das können sich vorerst nur die Menschen in den reichen Ländern leisten. In Afrika und anderen armen Regionen haben die Menschen das Geld dafür nicht, sie werden weiter auf Männer zurückgreifen.

KUNDE Wie teuer ist ein Flugticket nach Afrika?

FRISEUR Wozu? Wollen Sie etwa Ihre Gene weitergeben? Es reicht, wenn es auf der Welt einen wie Sie gibt, der das Haareschneiden so sehr liebt. Damit bin ich bereits gut beschäftigt.

KUNDE Ich kann doch dieser Frau nicht erlauben, schadenfroh dem Untergang der Männer zuzusehen!

Die Frau lässt von ihrer Arbeit ab und betritt den Friseursalon.

Die Frau gibt dem Kunden eine Ohrfeige.

Der Kunde hatte nur eine Ohrfeige erwartet und hätte nicht gedacht, dass er noch eine zweite verpasst bekommt.

KUNDE Wieso geben Sie mir zwei Ohrfeigen?

FRAU Weil die Welt symmetrisch ist!

KUNDE Was? Das war doch die Meinung des Reisenden? Jetzt macht sie ihn einfach nach. Mann! Letztes Mal gaben Sie ihm eine Ohrfeige und sagten, die Welt wäre nicht symmetrisch. Die Menschen hätten zwei Augen, aber nur eine Nase.

FRAU Das ist doch nur die äußere Erscheinung. Die Welt hat zwei Pole, und die zwei Pole der Tiere sind die zwei Geschlechter. Die Menschheit besteht aus Frauen und Männern. Ich will nicht, dass die Männer verschwinden!

REISENDER Wahrlich warme Worte!

FRAU Denken Sie doch mal nach: Wie soll diese Welt ohne Männer funktionieren?

KUNDE Was ist denn heute los? Als wäre die Sonne im Westen aufgegangen!

FRAU Sollen etwa wir Frauen die sperrigen Möbel verrücken?

KUNDE Wusste ich doch, dass sie Hintergedanken hat!

FRAU Sollen etwa wir Frauen die verstopften Abflüsse reinigen?

FRISEUR Nein, das könnten wir nicht mit ansehen.

FRAU Sollen etwa wir Frauen töten, wenn Krieg ausbricht?

KUNDE Wir wollen doch auch nicht in den Krieg ziehen!

FRAU Es gibt so viele schmutzige und gefährliche Aufgaben auf dieser Welt, für die es Männer braucht!

KUNDE Am schmutzigsten und gefährlichsten ist doch wohl Sex!

FRAU Das denke ich nicht. Ich halte das für eine wundervolle Sache.

KUNDE Natürlich haben Sie daran gar nicht gedacht.

REISENDER So ernst ist es auch noch nicht. Viele Länder verbieten das Klonen von Menschen.

FRISEUR Dann sollten wir vielleicht eine Anti-Klon-Frisur machen?

REISENDER Es gibt aber auch Länder, die es erlauben, Teile von Menschen zu klonen.

KUNDE Was soll das heißen?

REISENDER Zum Beispiel zur Organtransplantation. Wenn Sie Leukämie bekommen und eine Knochenmarkspende brauchen, kann Ihr Klon sie liefern. Oder wenn Sie eine neue Niere brauchen, kann man einen Klon heranziehen und ihm eine Niere entnehmen.

FRAU Einen Menschen züchten, um ihn dann bei lebendigem Leib aufzuschneiden? So funktioniert das? Wer hat denn das Recht, einem anderen Menschen das Leben zu nehmen!

REISENDER Es ist kein anderer Mensch, es sind Sie selbst! Er ist Sie selbst!

FRAU Ist er nicht! Seine Gene mögen meine sein, aber er ist doch trotzdem ein eigenständiges Wesen!

REISENDER Es gibt Wissenschaftler, die meinen, dass man einzelne Teile von Menschen klonen kann, dass man zum Beispiel nur ein Herz oder ein Auge heranwachsen lässt. Man hat es bereits geschafft, ein menschliches Ohr auf dem Rücken einer Maus wachsen zu lassen.

FRAU Das ist ja furchtbar! Eine menschliche Leber oder ein Ohr wachsen zu lassen, und dann auch noch auf dem Rücken einer Maus ...

Die Frau übergibt sich über den Kopf des Kunden.

KUNDE Blöde Kuh! Er hat damit angefangen, wieso kotzen Sie auf mich?

FRISEUR Haben Sie Algen gegessen?

KUNDE Was interessiert Sie, was die Frau gegessen hat?

FRISEUR Mir ist egal, was sie isst, aber die Algen, die sie ausgekotzt hat, stören mich. Sind schwer rauszukriegen.

KUNDE Wieso essen Sie Algen?

FRAU Was soll ich denn sonst essen? Die Garnelen und der Seetang, die wir früher am Meer gezüchtet haben, wurden alle von diesen Algen zerstört.

FRISEUR Egal, ist ja überhaupt kein Problem, hier die Haare zu waschen!

Der Friseur wäscht die Haare des Kunden.

FRISEUR Wer ist hier für das Klonen?

ALLE Ich bin dagegen!

FRISEUR Selbst Sie, der Sie uns überhaupt erst davon berichtet haben, sind dagegen?

REISENDER Natürlich. Wenn ich mich selbst klonen kann, dann können es auch alle anderen. Was, wenn wir es mit einer ganzen Armee von Hitler-Klonen zu tun bekämen?

KUNDE Würde die Welt nicht ein viel vernünftigerer Ort, wenn es unzählige Klone von Sokrates gäbe?

FRAU Quatsch, ein Sokrates hat schon gereicht, um die Welt durcheinanderzubringen. Mit unzähligen Sokratessen hätten wir ja keine ruhige Minute mehr! Jeder Mensch sollte nur ein Mal durch diese Welt gehen und nicht unzählige Gelegenheiten bekommen. Das wäre doch totaler Irrsinn.

FRISEUR Ich will nicht mit ansehen müssen, wie mein Klon unter einem Kunden leidet, mit dem man nicht fertig wird.

KUNDE Ja, ich will auch nicht mit ansehen müssen, wie mein Klon unter endlosem Nachdenken über die richtige Frisur leidet.

REISENDER Und ich will auch nicht mit ansehen müssen, wie mein Klon durch die Welt streunt und unter Hunger und Kälte leidet.

FRAU Aber wir werden das Klonen nicht aufhalten können. Es gibt nichts, das die Wissenschaftler nicht tun würden!

KUNDE Wissenschaftler sind kluge Menschen! Sie sollten verstehen, dass das Irrsinn wäre.

FRAU Die größten Dummheiten auf dieser Welt wurden von den klügsten Menschen angerichtet.

KUNDE Was meinen Sie mit den größten Dummheiten? Und wen mit den klügsten Menschen? Sie müssen schon genauer werden.

FRAU Die Atombombe.

FRISEUR Hat die Atombombe nicht den Krieg gestoppt?

FRAU Den letzten Krieg hat sie gestoppt, aber der nächste Krieg wird vielleicht ein Atomkrieg. Wenn einer die Atombombe baut, dann können es auch andere.

KUNDE Es gibt einen internationalen Vertrag über die Nichtverbreitung von Kernwaffen.

REISENDER Völlig nutzlos. In Wahrheit besitzen immer mehr Staaten Kernwaffen und die Zahl vorhandener Atombomben würde genügen, um die Erde hundertmal auszulöschen.

FRISEUR Aber es würde doch niemand wagen, sie einzusetzen. Und manche Staaten haben zwar Atomwaffen, aber nicht die Fähigkeiten, sie auf andere Länder abzufeuern, besonders nicht über die Ozeane hinweg. Für alles braucht es die passenden Instrumente, so wie wir Friseure auch nicht mit bloßen Händen Haare schneiden können.

REISENDER Man muss sie gar nicht auf andere Länder abfeuern können. Wenn man einige Dutzend Atombomben im eigenen Land zündet, reicht das, um der Welt den Rest zu geben. Deine Feinde werden dich anflehen, es nicht zu tun.

KUNDE Dann machen wir eine Anti-Atomwaffen-Frisur?

REISENDER Es ist wirklich Pech! Ich werde hier niemals einen Haarschnitt bekommen!

FRAU Ich muss meinen Reis dreschen!

Die Frau verlässt den Salon und geht zum Reisfeld. Sie drischt den Reis auf dem Boden und schleudert die Körner dann mit einem Holzsieb gen Himmel.

Die Körner fliegen hoch und herunter kommen unzählige Hagelkörner, etwa 10 Sekunden lang. Sie werden so beleuchtet, dass sie wie Perlen aussehen, die vom Himmel regnen.

FRAU Um Himmels willen! Was haben wir angerichtet, dass Gott uns so sehr zürnt?

KUNDE Gott übergibt sich!

KUNDE Ich hab's, was halten Sie von einer Hagelfrisur?

FRISEUR Das kann ich nicht. Sie Dummkopf, wie soll ich denn den Hagel hinbekommen?

KUNDE Wir können doch einfach künstlichen Hagel nehmen?

REISENDER Das Meer hier kommt immer näher, es frisst sich in eure Küste.

FRISEUR Wir könnten zu einem neuen Venedig werden, das Touristen aus der ganzen Welt anlockt.

REISENDER Denken Sie, Venedig besteht nur aus Wasser? Es hat eine Geschichte von mehr als tausend Jahren! Wird es diesen Ort hier in tausend Jahren noch geben?

KUNDE Was hier in tausend Jahren ist, geht uns nichts an.

REISENDER Ich erinnere mich, als ich letztes Mal hier war, gab es Frösche, die quakten.

FRISEUR Stimmt, die Frösche quaken nicht mehr. Ab und an quakt noch eine Kröte, aber nur noch selten.

KUNDE Aber ohne Froschgequake ist es schön still.

FRAU Das Quaken der Frösche ließ die Stille erst hervortreten. „Das Zwitschern der Vögel verstärkt noch / die Stille der Berge."[3]

REISENDER *(zur Frau)* Kommen Sie mit mir zu einem Ort, an dem die Frösche quaken.

FRAU Wo gibt es denn noch Frösche? Selbst die Laubfrösche auf den Bäumen wurden von Menschen gefangen und gegessen.

---

3 Vers aus einem Gedicht des Wang Ji (585?–644).

REISENDER *(zur Frau)* Ich weiß, wo es noch Frösche gibt, wirklich.

FRAU Nur die Ochsenfrösche, die als Speise auf den Märkten verkauft werden, bekommt man noch zu Gesicht.

KUNDE Viel Ochsenfroschfleisch gibt es.

FRISEUR Nur in Asien isst man Frösche.

FRAU Das Quaken der Ochsenfrösche ist nicht so schön wie das der anderen Frösche, es klingt eher nach Muhen.

KUNDE Was ist so schlimm am Muhen?

FRAU Nichts ist schlimm daran, aber Frösche sollten nicht wie Kühe klingen. Jedes Tier sollte bei seinen Geräuschen bleiben und nicht alles durcheinanderbringen.

FRAU Der Herbst ist da, ist es noch lang bis zum Winter?

Geht ab.

KUNDE Immer redet sie so einen Unsinn. Müsste es nicht eigentlich heißen, der Winter ist da, ist es noch lang bis zum Frühling? Als sie zum ersten Mal auftrat, hat sie es doch so gesagt und nicht wie gerade?

FRISEUR Aber ist es nicht so? Ihre Haare werden doch auch geschnitten, wenn sie lang geworden sind, und wenn sie geschnitten sind, wachsen sie wieder lang?

KUNDE Das ist doch aber nicht ganz dasselbe?

FRISEUR Naja, die grauen Haare werden mehr.

REISENDER Ach herrje, die ganze Zeit geht das hin und her, wann bekomme ich endlich meine Haare geschnitten? Man merkt doch, das führt alles zu nichts.

FRISEUR Wir sind gleich fertig, warten Sie noch einen Moment.

REISENDER Ich werde noch verrückt, ich reise lieber weiter.

Geht ab.

FRISEUR Kommen Sie zurück, wenn Sie des Reisens müde geworden sind!

KUNDE Welche Frisur machen wir denn jetzt?

FRISEUR Ja genau, wo waren wir stehengeblieben?

KUNDE Herbst, Winter?

FRISEUR Das hat nichts mit Frisuren zu tun. Wir müssen vom Anfang her denken.

KUNDE Ich weiß noch, in den vergangenen Jahren hat es viel geregnet.

FRISEUR Es hat wirklich viel geregnet, ohne Unterlass.

Die Frau tritt auf.

FRAU Das Meerwasser steht uns bereits bis zu den Füßen. Keine Frau will mehr Kinder bekommen, stattdessen halten sie Hunde. Die Mönche surfen alle im Internet und suchen sich Freunde.

Die Frau spritzt mit dem Wasserschlauch auf die Bühne.

KUNDE Es regnet immer noch.

FRISEUR Ja. Das Wasser steht schon fast bis zu den Knöcheln.

KUNDE Das ist Meerwasser, nicht der Regen.

FRISEUR Steigt das Meer etwa nicht vom Regen an?

KUNDE Mit dem Regen hat das nichts zu tun. Die Flüsse fließen alle ins Meer und trotzdem steigt es nicht an. Auch wenn es zehn Jahre nicht regnete, würde das Meerwasser doch nicht weniger.

FRISEUR Also können wir dem Meer nichts anhaben.

Die Frau legt den Schlauch weg, stellt tänzerisch die Reisernte mit der Sichel dar. Dann tritt sie ab.

KUNDE Nicht ganz, ich habe gehört, dass man in Eisbären hohe Konzentrationen an DDT gefunden hat.

FRISEUR Gibt es am Nordpol Mücken?

KUNDE Ich habe gehört, dass Eisbären deshalb DDT im Körper haben, weil wir zu viele Pestizide einsetzen.

FRISEUR Also haben wir doch etwas mit dem Zustand des Meeres zu tun. Aber ich verstehe immer noch nicht: Wenn wir hier Pestizide einsetzen, wie kommen sie in die Körper von Eisbären?

KUNDE Eisbären fressen doch Seehunde?

FRISEUR So sagt man.

KUNDE Seehunde fressen doch Fische?

FRISEUR So sagt man.

KUNDE Und Fische trinken doch Wasser?

FRISEUR Ich denke schon.

KUNDE Und das Wasser enthält Pestizide.

FRISEUR Na, dann müssen wir die Pestizide doch nur aus ihrer Umwelt entfernen und das Problem ist gelöst. Wir könnten zum Beispiel die Seehunde ausrotten, dann sind die Eisbären gerettet.

KUNDE Das klingt vernünftig, aber ich habe das Gefühl, dass trotzdem irgendetwas damit nicht stimmt. Mir ist auch nicht ganz klar, was, aber es scheint nicht ganz die richtige Methode zu sein. Sollten wir vielleicht eine Nordpol-Frisur machen?

FRISEUR Das lässt sich gut bewerkstelligen, wir plätten die Haare einfach und färben sie weiß.

KUNDE Ist das nicht ein bisschen monoton?

FRISEUR Wir könnten auch ein paar Löcher machen, die wir meerblau färben.

KUNDE Warum das?

FRISEUR Na, damit die Seehunde dort nach Luft schnappen können.

KUNDE Mit den Löchern muss man aber vorsichtig sein, sonst fließt Blut. Und sagen Sie nicht, das wären die Eisbären gewesen, die sich über die Seehunde hergemacht haben!

Die Frau tritt anstelle des Reisenden mit einem Schirm auf.

FRAU *(rezitiert Haikus aus „Kampffröschen zusehen")* „Der Abendmond geht auf, / die Schnecken wimmern im Kessel."
„In der Mondnacht / spuckt die Muschel Schlamm."

Die Frau betritt den Salon, schließt den Schirm und nimmt auf der Bank Platz.

FRISEUR Sie kommen mir bekannt vor! Sie waren doch schon einmal hier, und ich habe Ihnen die Haare geschnitten.

FRAU Hier war ich schon einmal, vor vielen Jahren, aber die Haare haben Sie mir nicht geschnitten. *(schaut zum Kunden)* Mir scheint, Sie waren es, dem auch damals die Haare geschnitten wurden. Was für ein Zufall, dass Sie heute wieder hier sind!

KUNDE *(wirft einen Blick auf die Frau)* Ach ja, Sie sind es! Wie steht es um die Eskimodecken aus Seehundfell?

FRAU Ohje, am Nordpol wird es wärmer, das Eis wird immer weniger. Die Eisbären kommen in die Wohngebiete der Menschen und wühlen im Müll.

KUNDE Ich habe doch nach den Seehunden gefragt, wieso sprechen Sie über die Eisbären?

FRAU Bestimmt finden die Eisbären keine Seehunde mehr und haben deshalb das Treibeis verlassen.

KUNDE *(zum Friseur)* Haben Sie gehört, am Nordpol gibt es nicht mehr viel Eis, die Seehunde brauchen keine Löcher mehr zum Atmen, also können wir auch die blauen Löcher in meiner Frisur weglassen.

FRISEUR Dann machen wir blaue Wellen daraus, auf denen weiße Eisschollen schwimmen.

KUNDE Das hört sich besser an.

FRAU *(steht unvermittelt auf)* Was! Sie verhandeln immer noch über die Frisur! Bin ich schon wieder umsonst gekommen?

FRISEUR Um ehrlich zu sein, er war die ganze Zeit hier, seit Sie gegangen sind.

FRAU Ich habe einen weiten Weg hinter mir und mich so sehr auf eine entspannende Rasur gefreut.

FRISEUR Wir müssten nur eine Entscheidung treffen, das Frisieren würde ganz schnell gehen. Reisender, sagt, was gibt es Neues in der Welt?

FRAU *(setzt sich)* Habt Ihr noch nicht gehört? Im Indischen Ozean gab es einen Tsunami. In Indonesien wurde eine ganze Insel überflutet. In Indien, Thailand, Malaysia, Sri Lanka, an der ostafrikanischen Küste in Somalia und auf Réunion hat er schlimme Verwüstungen angerichtet. Sechs Zeitzonen waren von dem Tsunami betroffen, 400.000 Menschen sind gestorben. Zwei Drittel der Hauptstadt der Malediven wurden überschwemmt.

FRISEUR Und ich habe mich schon gewundert, warum das Meerwasser hier steigt.

FRAU Der Tsunami ist nicht bis zu uns in den Pazifik gekommen. Er wurde von Indochina gestoppt und nach Afrika umgelenkt.

KUNDE Zum Glück gibt es Indochina, sonst könnten wir nicht mehr Haare schneiden. Sollten wir nicht zum Gedenken an den Tsunami eine Tsunami-Frisur machen?

FRISEUR Das ist nicht schwer. Ich forme Ihre Haare zu einer großen Welle und setze ein paar tote Fische und Krabben oben drauf.

FRAU Der Tsunami wurde von einem Erdbeben ausgelöst. Ein Beben der Stärke neun.

REISENDER Das Epizentrum lag in der Nähe der Provinz Aceh auf Sumatra.

FRAU Das ist doch Piratengebiet.

FRAU Das ist das einzig Gute an diesem Tsunami, dass er die Piraten ausgerottet hat. Jahrelang haben sie die Straße von Malakka unsicher gemacht, jetzt sind sie verschwunden.

FRISEUR Das war ihre gerechte Strafe! Der Herrgott sieht alles.

FRAU Ohne die Piraten fahren die Schiffe langsamer.

KUNDE Na, dann machen wir eine Piratenfrisur.

FRISEUR Eine Piratenfrisur?

KUNDE Einen Totenkopf.

FRAU Nicht nötig, in ein paar Jahren wird er von ganz alleine zu einem Totenschädel.

KUNDE Sie sind wirklich schlimm! Ich mag so eine Ausdrucksweise nicht.

Licht aus.

DRITTER AKT

Einige Jahre später.
Möwengeschrei erklingt von weit hinter den Sitzen der Zuschauer, Wellengeräusche umgeben sie.
Im Friseursalon steht das Wasser bereits kniehoch. Die Einrichtung wurde vom Meer fortgetragen, nur der Frisierstuhl steht noch.
Der Friseur schneidet dem Kunden die Haare; die Haare des Friseurs sind bereits ergraut. Dem Kunden sind die Haare ausgefallen.
Der Friseur malt dem Kunden mit einem Pinsel Farbe auf die Glatze.
Die Frau tritt auf.

FRAU Die Frauen besorgen es sich alle vor Webcams, die Männer ebenso. Alles ist virtuell.

Die Frau zieht ein Fischernetz über die Bühne und singt ein Fischerlied.

KUNDE Ich meine, sollten wir diesen Ort nicht langsam verlassen, das Wasser steigt immer höher!

FRISEUR Wir sind noch nicht fertig mit dem Haareschneiden, wir bleiben.

KUNDE Ich habe doch gar keine Haare mehr!

FRISEUR Das macht es einfacher. Dann werde ich Maler.

KUNDE Sie haben so lange an meinen Haaren rumgedoktert, bis sie ausgefallen sind! Sie haben mein Leben zerstört.

FRISEUR Sie haben mir mein Leben geschenkt, haben ihm einen Sinn gegeben.

KUNDE Mein Leben hat jeglichen Sinn verloren.

FRISEUR Wegen der Haare?

KUNDE Wo Sie das sagen, was war eigentlich der Sinn meines Lebens? Die Haare?

FRISEUR Ihr Kopf ist ein wenig klein, darauf lässt sich nicht gut malen.

KUNDE Ich wusste ja nicht, dass er einmal der Malerei dienen würde. Machen Sie eben, so gut es geht.

FRISEUR Ich werde Ihr Leben auf Ihrem Kopf darstellen.

KUNDE Als Manga? Wenn wir im Trend liegen wollen, muss es ein Manga sein.

FRISEUR Wir machen es einfach ein wenig abstrakt.

KUNDE Sie haben Ihr ganzes Leben Haare geschnitten, was verstehen Sie von abstrakter Malerei?

FRISEUR Sie haben auch Ihr ganzes Leben Haare geschnitten, was verstehen Sie davon?

KUNDE Mir wurden sie geschnitten, Sie haben geschnitten.

FRISEUR Ich bin der Friseur, Sie werden frisiert.

KUNDE Das führt zu nichts. Worüber ließe sich denn noch diskutieren?

FRISEUR Ja, über das Haareschneiden lässt sich nicht gut diskutieren. Aber wir haben noch nicht geklärt, ob wir die nötigen Qualifikationen für die abstrakte Malerei haben.

KUNDE Erklären Sie mir doch Ihren abstrakten Vorschlag, dann können wir darüber debattieren.

FRISEUR Er ist ganz einfach, aber Sie dürfen ihn deswegen nicht gleich verwerfen. Manche Dinge sind wie ein simples Papierfenster: Einmal erfunden, ist es nichts Besonderes mehr, aber vorher wäre man niemals auf die Idee gekommen.

KUNDE Jetzt sagen Sie schon.

FRISEUR Warten Sie, mein Bein ...

KUNDE Spannen Sie mich auf die Folter?

FRISEUR Nein, irgendetwas stimmt wirklich nicht mit meinem Bein!

KUNDE Natürlich, wir stehen die ganze Zeit im Wasser, da müssen wir ja irgendwann Rheuma bekommen.

FRISEUR Das ist kein Rheuma, ganz bestimmt nicht. Ich schaue mal nach.

Der Friseur hebt sein Bein und krempelt die Hosen hoch. Das Bein hängt voller Austern.

FRISEUR Was ist das?

KUNDE Austern! Unser Abendessen ist gesichert.

FRISEUR Wieso wachsen an meinem Bein Austern?

KUNDE Haha, das ist zu gut. Ein Friseur, dem Austern wachsen! Sie sollten Ihren Salon in „Friseursalon zur Auster" umbennenen!

FRISEUR Sie sollten nicht so schadenfroh sein. Ein albanisches Sprichwort sagt: Deckt der Wind das Dach des Nachbarn ab, wird er auch um das eigene keinen Bogen machen.

KUNDE Das ist ein serbisches Sprichwort.

FRISEUR Wahrscheinlich ist es sogar ein bosnisches.

KUNDE Auch nicht ausgeschlossen, dass es ein kroatisches ist.

FRISEUR Also eines aus dem ehemaligen Jugoslawien.

KUNDE Es gab dort Krieg und Jugoslawien hat sich aufgelöst, ist also egal, wem wir das Sprichwort zuschreiben!

FRISEUR Nein, gerade weil das Land geteilt wurde, muss man sich greifen, was man kriegen kann.

KUNDE Aber doch nicht die Sprichwörter?

FRISEUR Natürlich. Die Barbaren schnappen sich die Frauen, die Gemeinen die Reichtümer, die großen Persönlichkeiten die Geschichte, und die Weisen schnappen sich die Kultur.

Die Frau zieht ihr Netz ein, aber es ist vollkommen leer. Sie wirft es erneut aus.

FRAU Die großen Persönlichkeiten verschwinden mit der Geschichte, der Weise zeigt sich in der Überwindung der Geschichte.

FRISEUR Was hält diese Hexe sich immer für toll. Was soll das heißen, er „zeigt sich"?

KUNDE Wussten Sie, dass man Filme früher baden musste? Die Jungen heutzutage haben davon natürlich keine Ahnung mehr, weil sie nur noch Digitalkameras verwenden.

FRISEUR Ja, ich weiß, man musste sie zum Entwickeln in ein Chemiebad tauchen.

KUNDE Richtig. Am Anfang ist überhaupt nichts zu sehen, erst nach und nach wird das Bild immer klarer.

FRISEUR Aber man darf es nicht zu lange entwickeln lassen, sonst ist es hinüber.

KUNDE Das tut nichts zur Sache. Was ich sagen will: In der Entwicklung „zeigt" sich das Bild.

FRISEUR Verstehe, der Weise ist in der Geschichte zunächst nicht klar zu erkennen, aber mit der Zeit wird seine Bedeutung immer klarer.

KUNDE Genau so ist es. Aber hat sich die Frau diesen Spruch selbst ausgedacht?

FRISEUR Dann müssen die Weisen aber auch zum richtigen Zeitpunkt fixiert werden, sonst gibt es nur ein Negativ.

KUNDE Hat ein Land keine Weisen, dann ist es am Ende!

FRISEUR Hat ein Land keine Sprichwörter, ist es ebenso am Ende! Der Weise zeigt sich in seinen Sprichwörtern.

KUNDE Zitieren Sie mal ein Sprichwort, nein, einen Aphorismus eines Weisen für mich.

FRISEUR Das Dampfbrötchen trägt seine Füllung nicht außen.

KUNDE Von wem stammt das?

FRISEUR Konfuzius, glaube ich.

KUNDE Über Konfuzius heißt es doch, er hätte feinen Reis nicht verschmäht[4], also hat er vielleicht auch über Dampfbrötchen nachgedacht. Aber wieso ist dieser Satz zu einem Sprichwort geworden?

FRISEUR Er fordert die Menschen zur Zurückhaltung auf!

KUNDE Naja, nicht unbedingt, das Dampfbrötchen trägt seine Füllung innen, aber die Pizza trägt ihren Belag außen.

FRISEUR Deshalb sind die Westler und die Asiaten nicht gleich. Wir Asiaten sind zurückhaltend, so sehr, dass wir manchmal wie Verschwörer wirken. Westler sind dagegen so freimütig wie Flitzer auf dem Fußballfeld.

KUNDE ... Das Sprichwort aus Ex-Jugoslawien von gerade eben ...

FRISEUR Es war aus Albanien.

KUNDE Serbien.

FRISEUR Eher aus Bosnien.

KUNDE Vielleicht doch eher aus Kroatien. Wie hieß es nochmal?

FRISEUR Deckt der Wind das Dach des Nachbarn ab, wird er auch um das eigene keinen Bogen machen.

KUNDE Es trifft einfach den Nagel auf den Kopf.

Hebt sein Bein, es hängt voller Austern.

FRISEUR Himmel! Wir stehen schon zu lange im Wasser!

Die Frau holt das Netz ein, es ist noch immer vollkommen leer.

---

4 Aus den „Gesprächen" (Lunyu) des Konfuzius, X, 8.

KUNDE Sie da! Sie kluge und zugleich dumme Frau! Wieso gehen Sie auf Fischfang? Wieso sammeln Sie keine Austern?

FRAU Nur was man begehrt, und doch nicht erlangt, ist von Wert.

FRISEUR Wollten wir nicht gerade ein Manga malen?

KUNDE Nein, wir haben über abstrakte Malerei diskutiert, wie man Abstraktes auf meinen Kopf bringen könnte.

FRISEUR Stimmt, ich weiß, was wir machen: Wir malen lauter Nullen auf Ihren Kopf.

KUNDE Lassen Sie mich nachdenken ... Sie wollen sagen, mein Leben war eine runde Sache?

FRISEUR Sie waren in Ihrem Leben eine Null.

KUNDE ... Stimmt. In meinem Leben gibt es nichts, worauf ich stolz sein könnte. Aber nichts im Kopf und dann noch Nullen auf dem Kopf ...

FRAU Das ist doch noch gar nichts. Wenn man vor all die Nullen noch eine Eins setzte, wäre das nicht unfassbar?

KUNDE Ja richtig! Diese Frau ist wirklich gut.

Die Frau holt das Netz ein und lässt es trocknen.

FRISEUR Ich hab's. Ich mache Ihnen eine Austernfrisur.

KUNDE Ich habe gar keine Haare mehr, was wollen Sie da für eine Austernfrisur machen?

FRISEUR Dazu braucht es keine Haare, wir nehmen echte Austern.

KUNDE Echte Austern?

FRISEUR Halten Sie einfach Tag für Tag den Kopf ins Wasser, dann werden bald Austern daran wachsen.

KUNDE So wie an unseren Beinen?

FRISEUR Genau. Dann werden Sie wie ein alter Phönizier aussehen.

FRAU Es dauert nicht mehr lange, dann wird unser ganzer Körper von Austern bewachsen sein.

KUNDE Stimmt. Das Meerwasser steht uns schon bis zu den Knien, bald wird es uns bis zum Hals stehen.

Der Reisende tritt auf, auf dem Kopf einen Bambushut, am Körper einen strohenen Regenmantel, einen Bambuskorb auf dem Rücken und barfüßig.

REISENDER *(rezitiert ein Haiku von Issa aus „Kampffröschen zusehen")* „In meinem Heimatdorf / kann man aus den Kräutern / Kuchen machen."

Die Frau spritzt mit dem Schlauch Wasser auf ihn.

Der Reisende betritt den Salon. Die Frau stellt das Wasser ab und bringt das Netz in Ordnung.

REISENDER Es gießt wie aus Eimern, ich brauche wirklich einen trockenen Ort für ein Schläfchen. Ihr seid hier ja auch vom Meer überschwemmt?

KUNDE Noch nicht ganz.

REISENDER Sie schon wieder? Dann wird es nichts mit meinem Haarschnitt.

FRISEUR Ich grüße Sie! Sie haben keinen Regenschirm dabei?

REISENDER Es ist zu anstrengend, ihn die ganze Zeit zu tragen.

FRISEUR Reisender, erzählt, was gibt es Neues in der Welt?

REISENDER Heutzutage sieht es überall gleich aus, alles mit Wasser bedeckt. Es gibt nichts Neues.

KUNDE Was bringt dann das ziellose Umherreisen noch?

REISENDER Ich bin auf der Suche nach meiner Heimat.

FRISEUR Woher kommen Sie?

REISENDER Von hier aus der Gegend, aber unter all dem Wasser finde ich meinen Geburtsort nicht mehr.

FRISEUR Ich kann Ihnen leider keine Sitzgelegenheit anbieten, die Bank wurde fortgespült.

REISENDER Wenn ich müde bin, lege ich mich einfach ins Wasser.

KUNDE Dann sind Sie bald eine Schildkröte. Heute klappt es gut mit dem Frisieren, ich habe ja gar keine Haare mehr, wir müssen nur ein paar Pinselstriche aufbringen und gut ist. Sie bekommen eine Rasur und einen Haarschnitt, noch bevor Sie zur Schildkröte werden.

FRISEUR Gleich fertig, gleich fertig, erzählen Sie uns solange etwas, Reisender.

REISENDER Ich habe alles gesagt, was ich zu sagen habe. Alles andere geht uns nichts an. Wir sollten nur über Dinge sprechen, die mit uns zu tun haben.

KUNDE Ich erinnere mich noch, dass Sie zwei Mal hier waren.

REISENDER Das ist das dritte Mal. Vielleicht erinnern wir uns noch an die vergangenen Gespräche, das wäre schön.

Die Frau richtet sich auf und singt ein Reispflanzer-Lied.

Der Friseur schneidet dem Kunden die Haare.

KUNDE Weitgereister, erzählt, was Ihr gehört und gesehen habt.

REISENDER Was wollt Ihr wissen?

KUNDE Wie viele unterschiedliche Orte es auf der Welt gibt.

REISENDER Die ganze Welt gleicht sich immer mehr.

FRISEUR Das glaube ich nicht. Auch wenn wir hier kein Fernsehen haben und nicht sehen, wie es anderswo aussieht, wage ich doch zu behaupten, dass es himmelweite Unterschiede geben muss.

REISENDER Ist euch noch nie aufgefallen, dass die Milch sich auf der ganzen Welt immer mehr gleicht?

Friseur und Kunde lachen laut.

KUNDE Zu lustig! Die Milch überall gleich! Wie kommen Sie darauf, dass die Milch nicht überall gleich sein könnte?

REISENDER Sie finden das lustig? Früher wurde die Milch von unterschiedlichen Milchkühen produziert, heute kommt die Milch überall von der gleichen Sorte Milchkuh.

FRISEUR Was soll daran falsch sein?

REISENDER Menschen in unterschiedlichen Gegenden brauchen unterschiedliche Milch, sonst bekommen sie Durchfall.

KUNDE Dann sollen sie eben unterschiedliche Milch nehmen.

REISENDER Aber die holländischen Milchkühe sind am produktivsten und haben deshalb alle anderen Kuhrassen verdrängt.

KUNDE Das ist doch kein Problem. Und erst recht lässt sich doch deshalb nicht sagen, dass die Welt immer gleichförmiger wird.

FRAU Ist doch egal, die ganze Welt ist jetzt gleich, alles ist voller Wasser.

REISENDER Die Hotels auf der ganzen Welt sind gleich: zwei Betten, zwei Nachttische, ein Fernseher. Die Nachrichten und Filme im Fernsehen sind auch überall die gleichen.

FRISEUR Das ist doch richtig so, daran sieht man, dass die Welt ein Ganzes bildet.

FRAU Jetzt ist es das Wasser, das sie zu einem Ganzen macht.

REISENDER Warum sollte ich dann noch woanders hin reisen?

KUNDE Eben, das sollten Sie sich mal fragen.

REISENDER Ein paar Unterschiede gibt es schon noch zu entdecken. Und wenn sie auch noch so klein sind, freue ich mich wie verrückt über jeden, den ich finde.

FRISEUR Die Frauen sind überall auf der Welt anders.

REISENDER Aber die Feministinnen sind überall auf der Welt gleich. Sie sind alle dagegen, dass man über die Köpfe der Frauen hinweg über sie bestimmt. Außerdem werden sich die Frauen überall auf der Welt immer ähnlicher, sie färben sich die Haare blond, tragen verrückte Frisuren und Bauchnabelpiercings.

FRISEUR Sind die älteren Frauen auch so?

REISENDER Die älteren Frauen sind nicht so, sie sind sogar die stärkste Kraft gegen die Vereinheitlichung der Welt. Sie nehmen keine Verhütungsmittel, schauen keinen Fußball, lesen keine Zeitung, essen keine Hamburger, nehmen keine Drogen und machen den Männern Essen.

KUNDE Na, dann sind doch die älteren Frauen überall auf der Welt gleich.

REISENDER Da gibt es aber einen qualitativen Unterschied zwischen diesem „gleich" und dem anderen. Die älteren Frauen sagen „Nein" zur heutigen Welt! Die jungen Frauen sagen „Yeah"!

KUNDE Aber wir können uns doch keine alten Frauen suchen! Ich bin dafür zu jung.

FRISEUR Wo ein Wille ist, ist auch ein Weg. Sie holen sie im Alter schon noch ein.

KUNDE Ich will sie aber nicht einholen!

FRISEUR Die Gesetze der Natur lassen sich aber nicht nach dem Willen der Menschen verändern. Alt werden Sie so oder so.

KUNDE Was haben Sie sonst für Unterschiede entdeckt?

REISENDER Ich habe am Polarkreis in einer Eskimodecke geschlafen, die aus den Fellen von Seehunden genäht war. Darin hat es nach Meer gerochen.

Die Frau gibt dem Reisenden eine Ohrfeige.

KUNDE *(zum Reisenden)* Worauf warten Sie noch?

REISENDER Ich warte auf den zweiten Schlag.

FRAU Es wird keinen zweiten Schlag geben. Meiner Meinung nach ist die Welt nicht symmetrisch.

KUNDE Na dann eben drei Schläge.

FRAU Vor dem dritten Schlag muss doch aber der zweite kommen. Und beim zweiten Schlag kommt es zur Symmetrie.

REISENDER Aber ich finde, Symmetrie macht ein Gesicht angenehmer. Die Welt ist symmetrisch. Die Menschen haben zwei Augen.

FRAU Eines größer, das andere kleiner.

REISENDER Menschen haben zwei Ohren.

FRAU Menschen haben nur eine Nase.

REISENDER Aber zwei Nasenlöcher.

FRAU Eines größer, das andere kleiner.

REISENDER Zwei Hoden.

FRAU Einer größer, der andere kleiner. Der eine hängt höher, der andere tiefer.

REISENDER Die Erde hat zwei Pole.

FRAU Aber der magnetische Pol wandert, er liegt nicht im Mittelpunkt.

REISENDER Aber Sie können mir doch keine Ohrfeige verpassen und asymmetrischen Schmerz bereiten.

KUNDE Moment, wenn ich recht erinnere, hatten wir beim ersten Mal gesagt, alles sei symmetrisch, aber dann, dass es doch asymmetrisch sei.

Die Frau gibt dem Kunden eine Ohrfeige.

Der Kunde hatte nur eine Ohrfeige erwartet und hätte nicht gedacht, dass er noch eine zweite verpasst bekommt.

KUNDE Wieso geben Sie mir zwei Ohrfeigen?

FRAU Weil die Welt symmetrisch ist!

KUNDE Was? Das war doch die Meinung des Reisenden? Jetzt macht sie ihn einfach nach. Mann! Letztes Mal gaben Sie ihm eine Ohrfeige und sagten, die Welt wäre nicht symmetrisch. Die Menschen hätten zwei Augen, aber nur eine Nase.

FRAU Das ist doch nur die äußere Erscheinung. Die Welt hat zwei Pole, und die zwei Pole der Tiere sind die zwei Geschlechter. Die Menschheit besteht aus Frauen und Männern. Ich will nicht, dass die Männer verschwinden!

REISENDER Wahrlich warme Worte!

FRAU Denken Sie doch mal nach: Wie soll diese Welt ohne Männer funktionieren?

KUNDE Was ist denn heute los? Als wäre die Sonne im Westen aufgegangen!

FRAU Sollen etwa wir Frauen die sperrigen Möbel verrücken?

KUNDE Wusste ich doch, dass sie Hintergedanken hat!

FRAU Sollen etwa wir Frauen die verstopften Abflüsse reinigen?

FRISEUR Nein, das könnten wir nicht mit ansehen.

FRAU Sollen etwa wir Frauen töten, wenn Krieg ausbricht?

KUNDE Wir wollen doch auch nicht in den Krieg ziehen!

FRAU Es gibt so viele schmutzige und gefährliche Aufgaben auf dieser Welt, für die es Männer braucht!

KUNDE Am schmutzigsten und gefährlichsten ist doch wohl Sex!

FRAU Das denke ich nicht. Ich halte das für eine wundervolle Sache.

KUNDE Natürlich haben Sie daran gar nicht gedacht.

REISENDER So ernst ist es auch noch nicht. Viele Länder verbieten das Klonen von Menschen.

FRISEUR Dann sollten wir vielleicht eine Anti-Klon-Frisur machen?

REISENDER Es gibt aber auch Länder, die es erlauben, Teile von Menschen zu klonen.

KUNDE Was soll das heißen?

REISENDER Zum Beispiel zur Organtransplantation. Wenn Sie Leukämie bekommen und eine Knochenmarkspende brauchen, kann Ihr Klon sie liefern. Oder wenn Sie eine neue Niere brauchen, kann man einen Klon heranziehen und ihm eine Niere entnehmen.

FRAU Einen Menschen züchten, um ihn dann bei lebendigem Leib aufzuschneiden? So funktioniert das? Wer hat denn das Recht, einem anderen Menschen das Leben zu nehmen!

REISENDER Es ist kein anderer Mensch, es sind Sie selbst! Er ist Sie selbst!

FRAU Ist er nicht! Seine Gene mögen meine sein, aber er ist doch trotzdem ein eigenständiges Wesen!

REISENDER Es gibt Wissenschaftler, die meinen, dass man einzelne Teile von Menschen klonen kann, dass man zum Beispiel nur ein Herz oder ein Auge heranwachsen lässt. Man hat es bereits geschafft, ein menschliches Ohr auf dem Rücken einer Maus wachsen zu lassen.

FRAU Das ist ja furchtbar! Eine menschliche Leber oder ein Ohr wachsen zu lassen, und dann auch noch auf dem Rücken einer Maus ...

Die Frau übergibt sich über den Kopf des Kunden.

KUNDE Blöde Kuh! Er hat damit angefangen, wieso kotzen Sie auf mich?

FRAU Es ist widerlich, was Sie über alte und junge Frauen gesagt haben. Frauen sind Frauen.

REISENDER Aber sie sind wirklich nicht gleich!

FRAU Das Meer kommt immer näher.

Die Frau düngt das Reisfeld.

REISENDER *(zum Friseur)* Ehrlich gesagt, ich würde mich ja gern von Ihnen rasieren lassen, aber ich habe Angst vor Aids.

Friseur und Kunde lachen laut.

KUNDE Wir haben in unserem abgelegenen Ort an der Küste noch nie von Aids gehört. Was hat Rasieren mit dieser Krankheit zu tun?

REISENDER Die Krankheit wird durch Blut übertragen. Wird bei der Rasur das Gesicht verletzt, kann man sich dabei anstecken.

FRISEUR Sorgen Sie sich, dass ein Aidskranker dieses Messer benutzt haben könnte?

REISENDER Genau. Das kann jederzeit passieren, man muss ständig auf der Hut sein. *(zur Frau)* Sie sollten nicht so viel Dünger verwenden, das tötet die Frösche.

FRAU Wenn man die Pflanzen jetzt nicht ordentlich düngt, wachsen sie nicht richtig.

REISENDER Ich bin an so vielen Orten gewesen, die Frösche werden immer weniger.

FRISEUR Hier gibt es immer noch jede Menge, am Abend quaken sie so laut, dass man kaum einschlafen kann.

Frösche quaken.

REISENDER Ist der Haarschnitt jetzt bald fertig? Ich muss weiter!

FRISEUR Sie müssen doch nicht immer den ganzen Tag unterwegs sein. Ausgeruht kommt man viel weiter.

REISENDER Ich muss weiter, immer weiter.

KUNDE Erzählen Sie etwas Interessantes, dann vergeht die Zeit schneller.

REISENDER Wissen Sie, dass es mit uns Männern bergab geht?

KUNDE Was meinen Sie, „es geht bergab"?

REISENDER Die Genitalien der männlichen Krokodile in Südamerika werden immer kleiner, in einem solchen Ausmaß, dass es bereits ihre Fortpflanzung beeinträchtigt.

KUNDE Und was hat das mit uns Männern zu tun?

REISENDER Der Grund dafür ist das viele Östrogen, das in unsere Flüsse geleitet wird.

KUNDE Wieso sollte man Östrogen in unsere Flüsse leiten?

REISENDER Wie Sie wissen, ist Östrogen der Hauptbestandteil der Antibabypille.

KUNDE Sie meinen, was mit den Krokodilen geschieht, kann auch uns passieren?

REISENDER Ja. Früher oder später wird es auch uns treffen.

Die Frau lacht lauf auf. Die drei Männer sind verlegen.

FRAU Wer will denn, dass Frauen verhüten?

KUNDE Die Frauen natürlich.

REISENDER Die Männer natürlich.

KUNDE Die Frauen.

REISENDER Die Männer. Wann sind Sie endlich mit dem Frisieren fertig?

FRISEUR Gleich, gleich.

FRAU Es ist teuflisch. Die Vernichtung der Menschen beginnt mit der Verhütung.

REISENDER ... Es macht Sinn. Die Intelligenten, Schönen und Kultivierten bekommen keine Kinder. Die Dummen, Hässlichen und Unkultivierten gebären dagegen wie verrückt.

KUNDE Das glaube ich nicht. Wenn ich hier fertig bin, fange ich an mit dem Kinderkriegen.

FRAU Aber Sie haben keine Frau.

KUNDE Das hier ist ja auch ein Friseursalon oder? Wenn ich hier fertig bin, finde ich schon eine Frau.

FRAU Aber Sie sind nicht schön.

KUNDE Wenn ich hier fertig bin, werde ich schön sein.

FRAU Aber Sie sind nicht intelligent.

KUNDE Wenn ich hier fertig bin, werde ich intelligent sein.

REISENDER Sind Sie fertig?

FRISEUR Gleich, gleich, wir dürfen nur keine neuen Bedürfnisse anmelden.

KUNDE Natürlich brauchen wir neue Bedürfnisse. Was hätten wir ohne neue Bedürfnisse noch zu tun?

FRAU Aber Sie haben Kultur.

KUNDE Richtig, das haben Sie gut erkannt.

REISENDER Aber bestimmt keine Hochkultur.

FRAU Wenn Sie Kultur haben, können Sie keine Kinder haben.

KUNDE Für Kultur kann ich auf Kinder gerne verzichten.

FRAU Deshalb ist die Kultur zum Untergang verurteilt.

FRISEUR Das verstehe ich nicht. Warum muss alles Gute untergehen?

FRAU Am Anfang sind alle Dinge gut, aber wenn sie zu groß und stark geworden sind, werden sie zu etwas Schlechtem.

KUNDE Ist das nicht ein wenig übertrieben?

FRAU Alles wirkt aufeinander ein. Auf dieser Welt kann es nicht nur ein Ding geben. Alles auf der Welt existiert aus einem Grund.

REISENDER Wer sind Sie?

Die drei Männer schauen auf die Frau.

FRAU Eine Frau. Ich muss Unkraut rupfen gehen.

Geht ab.

REISENDER Seltsam.

FRISEUR Daran ist nichts seltsam, sie werkelt immer hier herum. Herrje, was wollten wir nun für eine Frisur schneiden?

KUNDE Genau, wir hatten uns doch geeinigt. Haben Sie es etwa vergessen?

FRISEUR Richtig, wir hatten uns geeinigt, aber worauf nur? Worauf? Können Sie mir nicht einen Tipp geben?

REISENDER Das machen Sie doch mit Absicht! Ich glaube, ich muss weiter. Nicht einmal eine gemütliche Rasur ist einem in dieser Welt vergönnt.

Steht auf und geht ab.

FRISEUR *(dem Reisenden hinterher)* Kommen Sie schon zurück.

KUNDE Die Menschen heutzutage sind so ungeduldig, können kein bisschen warten. Denken Sie, die Männer sterben wirklich aus?

FRISEUR Auch gut, Frauenhaarschnitte sind teurer. Wenn ich den ganzen Tag nur Männer schneiden müsste, würde ich verhungern.

KUNDE Aber Sie gehören doch auch zu den Männern?

FRISEUR *(für einen Moment verwirrt)* Er meinte die Männer nach uns, wir, die wir schon hier sind, werden auch noch weiterleben.

Die Frau tritt mit einer Hacke auf der Schulter auf, jätet Unkraut auf dem Feld.

FRAU Gehackt wird selbst in der Mittagshitze / der Schweiß rinnt über Pflanzen und Erde. / Unser tägliches Brot, wer weiß denn schon / wie viel Mühe hinter jedem Korn steckt!

KUNDE Warum schneiden Sie nicht weiter?

FRISEUR Wie soll ich denn schneiden? Erinnern Sie sich?

KUNDE Es hatte mit dem zu tun, worüber wir geredet haben. Worüber haben wir geredet?

FRISEUR Genau, worüber haben wir geredet?

FRAU Viele Frauen wollen keine Kinder bekommen. Viele Bauern wollen ihre Felder nicht bestellen. Viele Mönche schauen Fernsehen. Viele Kinder nehmen Drogen. Es regnet wieder.

Sie nimmt einen Wasserschlauch und beginnt den Friseursalon zu besprühen.

REISENDER Aber es gab noch Schrecklicheres als den Tsunami.

KUNDE Sagen Sie schon, was.

REISENDER Vieles, wovon wollen Sie hören?

KUNDE Erzählen Sie alles.

REISENDER Dann müssen Sie entscheiden, in welcher Reihenfolge ich erzählen soll.

KUNDE Wie sollen wir eine Reihenfolge festlegen, wenn wir noch gar nicht wissen, was Sie erzählen werden?

FRISEUR Ohje, als Sie letztes Mal hier waren, haben Sie uns mit einer Geschichte ganz verrückt gemacht. Wie war das noch?

KUNDE Stimmt, wir waren alle ganz geschockt. Erinnern Sie sich noch?

REISENDER Das ist doch schon einige Jahre her! Damals saß ich ewig hier und habe auf eine Rasur und einen Haarschnitt gewartet. Sie beide haben die ganze Zeit hin und her diskutiert und sind auf keinen grünen Zweig gekommen. In der ganzen Zeit habe ich so viel geredet, dass ich auch nicht mehr weiß, was ich alles erzählt habe.

KUNDE Ja, Sie haben etwas Schreckliches erzählt, aber ich habe vergessen, was. Erinnern Sie sich noch?

FRISEUR Ich weiß es auch nicht mehr.

FRAU *(mischt sich ein)* Sie sagten, dass die Männer ausstürben.

KUNDE Richtig, da hat sie nur zufällig mitgehört und erinnert sich dennoch besser als wir. Irgendwie wurden die Genitalien der Männer immer kleiner, und das wiederum ...

FRAU Bei den Krokodilen. Für Menschen gibt es noch keine Statistiken. Meiner persönlichen Erfahrung nach scheint es allerdings auch auf die Männer zuzutreffen.

FRISEUR Aber wodurch wurde das verursacht?

REISENDER Hatten wir nicht gesagt, das Östrogen sei schuld?

KUNDE Ich erinnere mich, es war das Östrogen in den Antibabypillen, das zum Niedergang der Männer führt.

FRISEUR Das ist jetzt ja schon einige Jahre her, hat sich das denn inzwischen bestätigt?

REISENDER Nicht nötig darüber zu reden, es ist ein viel größeres Problem aufgetaucht. Die Männer verschwinden vielleicht voll und ganz von der Bühne der Geschichte.

KUNDE Voll und ganz? Was soll das heißen?

REISENDER Letztes Mal sprachen wir darüber, wie das Östrogen Männer funktionsunfähig macht. Dieses Mal muss ich von den Fortschritten der Gentechnologie berichten. Wissen Sie, was ein Klonschaf ist?

KUNDE Keine Ahnung.

REISENDER Ein Klon ist eine Kopie. Man kann zum Beispiel Ihnen Zellen entnehmen und durch Klonen eine haargenaue Kopie Ihrer selbst herstellen, wie einen Zwilling.

KUNDE Moment mal, soweit ich weiß, braucht es doch auch eine Eizelle, damit da etwas wachsen kann. Wer soll mit meinen Zellen befruchtet werden? Ich kann mich ja schlecht selbst machen?

Die Frau lacht laut, bekommt kaum Luft vor Lachen.

REISENDER Es ist so, der Kern Ihrer Körperzellen oder Hautzellen wird isoliert und in eine entkernte Eizelle eingesetzt, die dann stimuliert wird. So kann ein Embryo heranwachsen.

KUNDE Ich habe keine Eizellen.

FRAU Ich habe welche, aber ich werde Ihnen keine abgeben!

KUNDE Ich will sie gar nicht, sonst wird er als Erwachsener nur wie Sie auf dem Feld schuften.

FRISEUR Aber ich verstehe immer noch nicht: Wie kann man sich selbst klonen?

REISENDER Diese Frau hier zum Beispiel, sie könnte sich ihre eigenen Zellen einsetzen und das Kind selbst austragen. Was sie auf die Welt bringt, wäre sie selbst.

FRISEUR Sie braucht keinen Mann dafür?

REISENDER Nein.

KUNDE Um Himmels willen! Was rettet uns dann noch?

FRISEUR Wenn das so ist, braucht man die Männer nicht mehr.

REISENDER Sie werden nutzlos. Aber die Kosten für das Klonen sind noch recht hoch, das können sich vorerst nur die Menschen in den reichen Ländern leisten. In Afrika und anderen armen Regionen haben die Menschen das Geld dafür nicht, sie werden weiter auf Männer zurückgreifen.

KUNDE Wie teuer ist ein Flugticket nach Afrika?

FRISEUR Wozu? Wollen Sie etwa Ihre Gene weitergeben? Es reicht, wenn es auf der Welt einen wie Sie gibt, der das Haareschneiden so sehr liebt. Damit bin ich bereits gut beschäftigt.

KUNDE Ich kann doch dieser Frau nicht erlauben, schadenfroh dem Untergang der Männer zuzusehen!

Die Frau lässt von ihrer Arbeit ab und betritt den Friseursalon.

FRISEUR Haben Sie Algen gegessen?

KUNDE Was interessiert Sie, was die Frau gegessen hat?

FRISEUR Mir ist egal, was sie isst, aber die Algen, die sie ausgekotzt hat, stören mich. Sind schwer rauszukriegen.

KUNDE Wieso essen Sie Algen?

FRAU Was soll ich denn sonst essen? Die Garnelen und der Seetang, die wir früher am Meer gezüchtet haben, wurden alle von diesen Algen zerstört.

FRISEUR Egal, ist ja überhaupt kein Problem, hier die Haare zu waschen!

Der Friseur wäscht den Kopf des Kunden.

FRISEUR Wer ist hier für das Klonen?

ALLE Ich bin dagegen!

FRISEUR Selbst Sie, der Sie uns überhaupt erst davon berichtet haben, sind dagegen?

REISENDER Natürlich. Wenn ich selbst klonen kann, dann können es auch alle anderen. Was, wenn wir es mit einer ganzen Armee von Hitler-Klonen zu tun bekämen?

KUNDE Würde die Welt nicht ein viel vernünftigerer Ort, wenn es unzählige Klone von Sokrates gäbe?

FRAU Quatsch, ein Sokrates hat schon gereicht, um die Welt durcheinanderzubringen. Mit unzähligen Sokratessen hätten wir ja keine ruhige Minute mehr! Jeder Mensch sollte nur ein Mal durch diese Welt gehen und nicht unzählige Gelegenheiten bekommen. Das wäre doch totaler Irrsinn.

FRISEUR Ich will nicht mit ansehen müssen, wie mein Klon unter einem Kunden leidet, mit dem man nicht fertig wird.

KUNDE Ja, ich will auch nicht mit ansehen müssen, wie mein Klon unter endlosem Nachdenken über die richtige Frisur leidet.

REISENDER Und ich will auch nicht mit ansehen müssen, wie mein Klon durch die Welt streunt und unter Hunger und Kälte leidet.

FRAU Aber wir werden das Klonen nicht aufhalten können, es gibt nichts, das die Wissenschaftler nicht tun würden.

KUNDE Wissenschaftler sind kluge Menschen! Sie sollten verstehen, dass das Irrsinn wäre.

FRAU Die größten Dummheiten auf dieser Welt wurden von den klügsten Menschen angerichtet.

KUNDE Was meinen Sie mit den größten Dummheiten? Und wen mit den klügsten Menschen? Sie müssen schon genauer werden.

FRAU Die Atombombe.

FRISEUR Hat die Atombombe nicht den Krieg gestoppt?

FRAU Den letzten Krieg hat sie gestoppt, aber der nächste Krieg wird vielleicht ein Atomkrieg. Wenn einer die Atombombe baut, dann können es auch andere.

KUNDE Es gibt einen internationalen Vertrag über die Nichtverbreitung von Kernwaffen.

REISENDER Völlig nutzlos. In Wahrheit besitzen immer mehr Staaten Kernwaffen und die Zahl vorhandener Atombomben würde genügen, um die Erde hundertmal auszulöschen.

FRISEUR Aber es würde doch niemand wagen, sie einzusetzen. Und manche Staaten haben zwar Atomwaffen, aber nicht die Fähigkeiten, sie auf andere Länder abzufeuern, besonders nicht über die Ozeane hinweg. Für alles braucht es die passenden Instrumente, so wie wir Friseure auch nicht mit bloßen Händen Haare schneiden können.

REISENDER Man muss sie gar nicht auf andere Länder abfeuern können. Wenn man einige Dutzend Atombomben im eigenen Land zündet, reicht das, um der Welt den Rest zu geben. Deine Feinde werden dich anflehen, es nicht zu tun.

KUNDE Dann machen wir eine Anti-Atomwaffen-Frisur?

REISENDER Es ist wirklich Pech! Ich werde hier niemals einen Haarschnitt bekommen!

FRAU Ich muss meinen Reis dreschen!

Die Frau verlässt den Salon und geht zum Reisfeld. Sie drischt den Reis auf dem Boden und schleudert die Körner dann mit einem Holzsieb gen Himmel.

Die Körner fliegen hoch und herunter kommen unzählige Schneeflocken, etwa 10 Sekunden lang.

FRAU Um Himmels willen! Was haben wir angerichtet, dass Gott uns so sehr zürnt?

KUNDE Gott hat Haarausfall!

KUNDE Ich hab's, was halten Sie von einer Schneefrisur?

FRISEUR Das kann ich nicht. Sie Dummkopf, wie soll ich denn den Schnee hinbekommen?

KUNDE Wir können doch einfach künstlichen Schnee nehmen?

REISENDER Das Meer hier kommt immer näher, es frisst sich in eure Küste.

FRISEUR Wir könnten zu einem neuen Venedig werden, das Touristen aus der ganzen Welt anlockt.

REISENDER Denken Sie, Venedig besteht nur aus Wasser? Es hat eine Geschichte von mehr als tausend Jahren! Wird es diesen Ort hier in tausend Jahren noch geben?

KUNDE Was hier in tausend Jahren ist, geht uns nichts an.

REISENDER Ich erinnere mich, als ich letztes Mal hier war, gab es Frösche, die quakten.

FRISEUR Stimmt, die Frösche quaken nicht mehr. Ab und an quakt noch eine Kröte, aber nur noch selten.

KUNDE Aber ohne Froschgequake ist es schön still.

FRAU Das Quaken der Frösche ließ die Stille erst hervortreten. „Das Zwitschern der Vögel verstärkt noch / die Stille der Berge."

REISENDER *(zur Frau)* Kommen Sie mit mir zu einem Ort, an dem die Frösche quaken.

FRAU Wo gibt es denn noch Frösche? Selbst die Laubfrösche auf den Bäumen wurden von Menschen gefangen und gegessen.

REISENDER *(zur Frau)* Ich weiß, wo es noch Frösche gibt, wirklich.

FRAU Nur die Ochsenfrösche, die als Speise auf den Märkten verkauft werden, bekommt man noch zu Gesicht.

KUNDE Viel Ochsenfroschfleisch gibt es.

FRISEUR Nur in Asien isst man Frösche.

FRAU Das Quaken der Ochsenfrösche ist nicht so schön wie das der anderen Frösche, es klingt eher nach Muhen.

KUNDE Was ist so schlimm am Muhen?

FRAU Nichts ist schlimm daran, aber Frösche sollten nicht wie Kühe klingen. Jedes Tier sollte bei seinen Geräuschen bleiben und nicht alles durcheinanderbringen.

FRAU Der Herbst ist da, ist es noch lang bis zum Winter?

KUNDE Immer redet sie so einen Unsinn. Müsste es nicht eigentlich heißen, der Winter ist da, ist es noch lang bis zum Frühling? Als sie zum ersten Mal auftrat, hat sie es doch so gesagt und nicht wie gerade?

FRISEUR Aber ist es nicht so? Ihre Haare werden doch auch geschnitten, wenn sie lang geworden sind, und wenn sie geschnitten sind, wachsen sie wieder lang?

KUNDE Das ist doch aber nicht ganz dasselbe?

FRISEUR Naja, die grauen Haare werden mehr.

REISENDER Ach herrje, die ganze Zeit geht das hin und her, wann bekomme ich endlich meine Haare geschnitten? Es scheint, das führt doch alles zu nichts.

FRISEUR Wir sind gleich fertig, warten Sie noch einen Moment.

KUNDE Ich glaube, wir erinnern uns nicht richtig, die Reihenfolge stimmt nicht. Wir hatten erst über die Frösche gesprochen, dann über die Milch.

FRISEUR Ich meine, wir hätten erst über den Tsunami gesprochen, dann über die Ochsenfrösche.

REISENDER Ich meine, zuerst wurde aus „Kampffröschen zusehen" von Kobayashi Issa rezitiert: „Die Kräuter für die Kuchen / Immergrün! / Immergrün!"

FRAU Wir haben zuerst gelesen: „In meinem Heimatdorf / kann man aus dem Gras / Kuchen machen."

FRISEUR Nein, das erste war: „Weit fliegt der Schmetterling, / scheinbar erhofft er nichts von dieser Menschenwelt."
„Wie die Menschen / halten die Seidenraupen in der Schale Mittagsschlaf."

KUNDE Nein, es war:
„Der Abendmond geht auf, / die Schnecken wimmern im Kessel."
„In der Mondnacht / spuckt die Muschel Schlamm."

Stille.

Der Reisende legt den Bambuskorb ab und holt Frösche heraus. Den Fröschen wurde fluoreszierendes Pulver auf den Rücken aufgetragen, sie springen im Wasser herum.

ALLE *(rezitieren zusammen)* „Du mageres Fröschlein, / lass dich nicht unterkriegen! / Issa ist ja hier!“

Licht wird langsam dunkel. Lichtstrahlen streifen über die Wasseroberfläche.

ALLE „Ach Fröschlein, gleichmütig blickst du auf die fernen Berge.“[5]

Froschgequake entfernt sich immer weiter.

ENDE

5 Auch dieses und die vorhergehenden Haikus stammen von Kobayashi Issa. Der in die Ferne schauende Frosch ist eine humorvolle Anspielung auf einen berühmten Vers des Tao Yuanming (365–427): „Am Zaun im Osten pflücke ich Chrysanthemen / Und blicke in Muße auf die Berge im Süden.“

Meng Bing

Auf zum letzten Gefecht

Ein Stück in zwei Akten
(2007)

Aus dem Chinesischen von Ingrid Fischer-Schreiber

ZEIT heute
ORT eine Provinzhauptstadt am Yangtse, in der Familie von He Guangming.

PERSONEN

HE GUANGMING, pensionierter Funktionär des Parteikomitees einer Provinz, geboren 1921, 87 Jahre alt.

CHEN XUEMEI, pensionierte Funktionärin, Frau von He Guangming, geboren 1924, 84 Jahre alt.

GUO CHUNLAN, älteste Tochter von He Guangming und Chen Xuemei, geboren 1946. Sie wurde während des Krieges in den Ursprungsort der Familie auf dem Land geschickt und ist bei einer Ziehmutter aufgewachsen. 61 Jahre alt.

HE DAMING, ältester Sohn von He Guangming und Chen Xuemei, geboren 1950, Professor an der Universität für Landesverteidigung, Oberstleutnant. Zwischen Ernst und Ironie, zwischen Tradition und Gegenwart schwankend, versucht er, seinen Platz als Erbe zu finden. 58 Jahre alt.

HE ERMING, mittlerer Sohn von He Guangming und Chen Xuemei, geboren 1954. Er hat im Ausland studiert, ist Vertreter einer ausländischen Firma in China und für große Investitionsprojekte in China verantwortlich. Er weiß genau, welche Machenschaften sich hinter den Kulissen abspielen, und ist erfüllt von tiefer Empörung über die Hässlichkeit der Realität. Er nimmt oft etwas extreme Positionen ein, ist aber aufrichtig und ehrlich. 54 Jahre alt.

HE QIUJU, zweitgeborene Tochter von He Guangming und Chen Xuemei, geboren 1956. 52 Jahre alt.

HE XIAOMING, jüngster Sohn von He Guangming und Chen Xuemei, geboren 1962. Aufgrund des Altersunterschieds besteht ein „Generationenkonflikt“ zwischen ihm und seinen Geschwistern. 46 Jahre alt.

KANG AIAI, Exfrau von He Xiaoming, geboren 1965. Sie ist Hedonistin und legt Wert auf Geld und Äußerlichkeiten. Nach drei Jahren in Amerika hat sie sich heimlich von He Xiaoming scheiden lassen. 43 Jahre alt.

DIANDIAN, Tochter von He Xiaoming, 1987 geboren. Sie legt Wert auf Mode, aber ist herzensgut. 21 Jahre alt.

ZHOU XIAOJIAN, Sohn von Guo Chunlan, geboren 1978. Seit er vom Schicksal seiner Mutter weiß, hasst er die Familie He. 30 Jahre alt.

JUANJUAN, Dienstmädchen der Familie He, ein Mädchen vom Land, 22 Jahre alt.

HE GUANGMING ALS JUNGER MANN, Figur des He Guangming während des Antijapanischen Kriegs, 22, 25 bzw. 27 Jahre alt.

HE XIAOMING ALS KIND, Figur des He Xiaoming als Kind, 8 bzw. 9 Jahre alt.

ERSTER AKT

ERSTE SZENE

Zeit: Frühlingsfest des Jahres 2008, um die Mittagszeit des letzten Tages des alten Jahres.
Ort: Provinzhauptstadt am Ufer des Yangtse, Haus von He Guangming.
Szene: Ein zweistöckiges Haus im westlichen Stil, gebaut am Ende des letzten Jahrhunderts, umgeben von Bäumen. In der Ferne ist der Fluss nur verschwommen auszumachen. Morgens und abends sind die Dampfsirenen der Schiffe auf dem Fluss deutlich zu hören. Das Haus wurde kürzlich renoviert und wirkt fast modern. Das geräumige Wohnzimmer (das gleichzeitig auch Esszimmer ist) ist der Ort, an dem sich die Familienmitglieder versammeln. Von dort kommt man auf der einen Seite in die Schlafzimmer, auf der anderen in die Küche und ins Badezimmer. Neben dem hohen Fenster stehen ein Sofa und ein Sessel aus Rotholz, auf der gegenüberliegenden Seite ein Esstisch mit Sesseln. An der Wand hängt prominent ein großes Foto, das He Guangming zeigt, wie er den Vorsitzenden Mao bei der Inspektion einer Stahlfabrik begleitet. Daneben hängen zwei Fotos, auf denen zwei Enkelinnen in Amerika zu sehen sind.

Vorhang auf: leeres Wohnzimmer.
Aus der Ferne dringt hin und wieder Böllerlärm.
Da kommt Juanjuan aus dem Badezimmer. Sie hält ein Paar Sportschuhe einer bekannten Marke in der Hand.
Gleichzeitig kommt die jüngere Tochter der Familie He, He Qiuju, von einem Einkauf zurück.

HE QIUJU Juanjuan?

JUANJUAN *(barfuß)* Frau Qiuju, meinen Sie, man kann diese Turnschuhe zusammen mit Höschen in der Waschmaschine waschen?

HE QIUJU Bist du verrückt?

JUANJUAN Nicht ich *(mit leiser Stimme)* ... Frau Aiai hat sie zusammen mit ihren Höschen in die Waschmaschine geschmissen.

HE QIUJU Aiai ist zurück?

JUANJUAN Sie schläft. Aber wieso ... Sie ist doch gerade erst nach Hause gekommen, wieso schläft sie dann gleich wieder?

HE QIUJU Weil in Amerika eine andere Uhrzeit ist als bei uns in China.

JUANJUAN Kein Wunder, dass Ihr Großvater sagt, dass Amerika und China wie Schwarz und Weiß sind!

HE QIUJU Das ist der Zeitunterschied. ... Juanjuan, wie geht es Großmutter?

JUANJUAN Ihr geht es sehr gut. Seit sie aufgestanden ist, überlegt sie, wie viele Leute heute Abend beim Neujahrsessen da sein werden.

Einen Moment später kommt Diandian aus einem der Zimmer herbeigestürzt und hält He Qiuju von hinten die Augen zu.

HE QIUJU Diandian, hör auf damit!

DIANDIAN *(lachend)* Tante, wo ist die Neujahrskarte meiner älteren Schwester Lingling?

HE QIUJU *(da sie etwas in der Hand hält, zeigt sie auf ihre Jackentasche)* Da, in der Jackentasche!

Diandian löst ihre Hände von Qiujus Augen, holt die Neujahrskarte aus der Tasche und begutachtet sie.

HE QIUJU *(legt, was sie in der Hand hält, nieder)* Diandian, du bist heute sehr früh aufgestanden!

Juanjuan nimmt die Einkäufe und geht in die Küche.

DIANDIAN Nur weil ich meine Mutter vom Flughafen abgeholt habe! Qiuju, Lingling kann schon bald keine chinesischen Zeichen mehr schreiben!

HE QIUJU Diandian, wird dich deine Mutter dieses Mal mitnehmen?

DIANDIAN *(senkt plötzlich die Stimme)* Qiuju, es gibt da etwas ... Ich weiß nicht, ob ich es dir sagen soll.

HE QIUJU Wenn du deiner Tante nicht sagst, was los ist, dann wird die Tante dir auch keine Eieromelette machen!

DIANDIAN *(leise)* Meine Eltern haben sich scheiden lassen ...

HE QIUJU *(erschrocken)* Blödsinn!

DIANDIAN Nein, wirklich!

HE QIUJU Warum geht dann deine Mutter nicht zu ihrer Familie zurück?

Man hört ein Auto vorfahren.

HE QIUJU *(schaut nach draußen)* Vater ist zurück!

He Qiuju, Diandian und Juanjuan gehen hinaus vor die Tür. Der älteste Sohn der Familie He, He Daming, und der jüngste Sohn, He Xiaoming, stützen ihren Vater He Guangming und gehen mit ihm ins Haus. He Guangming ist zwar auf seinen Stock angewiesen, geistig ist er aber noch sehr frisch.

DIANDIAN *(begutachtet ihren Großvater)* Großvater ist echt cool!

HE GUANGMING *(lacht)* Wirklich? Mit einem ausländischen Hintern ist man gleich ganz anders unterwegs!

DIANDIAN Was heißt hier „ausländischer Hintern"?

HE DAMING Dein Großvater hat jetzt einen importierten Oberschenkelknochen.

HE QIUJU Vater, du schläfst doch immer schlecht. Hast du dich untersuchen lassen?

HE GUANGMING Was soll ich da untersuchen lassen? Ich schlafe sehr gut!

HE XIAOMING Gut? Wirklich? Die Pflegerin sagt, dass du ständig im Schlaf redest.

HE DAMING Und gestern Nacht hast du sogar irgendwelche Slogans gerufen.

DIANDIAN Was hast du gerufen?

HE DAMING *(leise)* Kleiner Teufel, fick deine Großmutter!

DIANDIAN *(lacht)* Großvater, hast du das wirklich gesagt?

HE GUANGMING *(zu He Daming)* Red nicht so einen Blödsinn!

HE DAMING Du hast es wirklich gesagt ...

Alle lachen.

HE XIAOMING Vater, ruh dich erst einmal aus, gut?

He Xiaoming und Diandian führen He Guangming ins Schlafzimmer.

HE DAMING Qiuju, der Arzt im Spital hat mir extra eingeschärft, dass wir auf keinen Fall mit Vater über die Vergangenheit sprechen dürfen. Er sagt, dass Vater in letzter Zeit oft an Halluzinationen leidet. Er glaubt, dass das mit seiner Hirnverletzung zusammenhängt.

HE QIUJU Nach so vielen Jahren ...

HE DAMING Wenn wir schon davon reden ... *(er zeigt auf Schläfe und Hinterkopf)* Unser alter Herr ist ja schon wirklich erstaunlich: Eine Kugel geht hier rein und da wieder raus ... und das hat er überlebt!

HE QIUJU *(schaut auf die Uhr)* Das Schicksal ist ihm eben gnädig! Ich muss kurz ins Büro gehen, ich habe am Vormittag noch zu tun.

HE DAMING Schau, dass Liu Ping ein bisschen früher vorbeikommt. Wenn die beiden Alten ihn sehen, freuen sie sich!

HE QIUJU Er hat zu tun, ich tu mein Bestes.

He Qiuju geht.

He Daming klappt seinen Computer auf und schaut Fotos an.

Juanjuan kommt aus dem Hinterzimmer. In der Hand hält sie ein Wasserglas.

HE DAMING *(kurze Pause)* Juanjuan, ist hier in letzter Zeit irgendetwas passiert?

JUANJUAN Nein.

HE DAMING *(schaut Richtung Schlafzimmer)* Ist mit Xiaoming in letzter Zeit irgendetwas passiert?

JUANJUAN Nein ...

HE XIAOMING *(aus dem Off)* Juanjuan! Wasser!

Juanjuan füllt sofort ein Glas mit Wasser und läuft ins Schlafzimmer.

In diesem Moment kommt He Xiaoming.

HE DAMING *(zeigt auf die Fotos im Computer)* Xiaoming, das ist das, wovon ich dir erzählt habe: der avancierteste Lenkwaffenzerstörer unseres Landes!

HE XIAOMING *(als er merkt, dass niemand anwesend ist, sagt er leise)* Lass uns dienstlich reden. *(er nimmt eine goldene Bankkarte heraus)* Auf dem Konto sind 600.000, die sind für dich, von Vater und Mutter.

HE DAMING *(schaut ihn an)* Was soll das heißen?

HE XIAOMING *(lacht)* Wer weiß, vielleicht findest du mich plötzlich eines Morgens nicht mehr ... Aber keine Sorgen, es passiert nichts. Für eine parteiinterne Untersuchung bin ich nicht hoch genug oben, da bin ich schon über alle Berge, wie in Luft aufgelöst.

HE DAMING *(schaut ihn an)* Heißt das, dass du dich mit dem Geld ins Ausland absetzen willst?

HE XIAOMING Wie? Du willst mich melden?

HE DAMING *(heftig)* Das bist du ja gar nicht wert!

HE XIAOMING Bei wie viel Geld zahlt es sich denn dann aus?

HE DAMING Ok, dann rechne ich einmal vor: Wenn du so verschwindest, dann ist das das politische Aus für Vater und Mutter. Der Sohn von zwei alten Bolschewiken ... verrät sie so total! Und dann ...

HE XIAOMING *(unterbricht ihn)* Und dann, und dann! Du brauchst mir keine Moralpredigt halten!

HE DAMING *(schüttelt den Kopf)* Xiaoming, du übertreibst! Sobald du diesen Schritt machst ...

HE XIAOMING Wer den ersten Schritt macht, muss den Weg auch bis zum Ende gehen! Ich habe schon den ersten Schritt gemacht!

HE DAMING *(will He Xiaomings Schulter berühren)* Xiaoming!

HE XIAOMING Rühr mich nicht an! Das kann jeden Moment losgehen!

HE DAMING *(nickt)*

HE XIAOMING Achso, ist denn deine Fangfang nicht in Amerika? Die ganzen sechs Jahre ist sie kein einziges Mal zurückgekommen. Was heißt das? Dass es ihr in Amerika gefällt! Wenn ich gehe, dann übernehme ich im Prinzip die Kosten für Fangfang.

HE DAMING *(schüttelt den Kopf)* Das ist kein Gespräch unter Brüdern.

HE XIAOMING Wie sollen Brüder denn miteinander reden?

HE DAMING *(denkt nach)* Gut. Einverstanden! Ich kümmere mich um Vater und Mutter, um diese Familie. Schließlich gehe ich ja bald in Pension.

Juanjuan kommt, den korrekt gekleideten He Guangming stützend, aus dem Schlafzimmer. He Xiaoming bedeutet He Daming, die Bankkarte zu verstauen.

HE DAMING Vater, wohin gehst du?

HE XIAOMING Die alte Sitte: Vater geht jedes Jahr am letzten Tag des Jahres ins Büro, um sich zu bedanken.

HE GUANGMING *(nach einem Moment)* Xiaoming, ich habe gehört, dass deine Frau zurückgekommen ist? Habt ihr nicht vor, Diandian mit nach Amerika zu nehmen?

HE XIAOMING Doch.

HE GUANGMING Die Tochter deines älteren Bruders, Fangfang, ist nach Amerika gegangen und die Tochter deiner älteren Schwester, Lingling, ist auch nach Amerika gegangen. Und jetzt geht auch noch Diandian. Ist Amerika wirklich so toll?

Das Handy läutet. He Xiaoming hebt ab.

HE DAMING Vater, warten wir, bis Diandian weg ist, dann treffen wir uns mit Fangfang und Lingling. Unsere Familie hat jetzt auch einen Stützpunkt in den USA und verwirklicht jetzt eure Ideale: Wir befreien das amerikanische Volk aus Not und Elend!

HE XIAOMING *(hat fertig telefoniert)* Vater, ich muss dir etwas sagen, aber werde nicht zornig: Erming ist schon am Flughafen angekommen. Er möchte dich fragen, ob er nach Hause kommen darf.

HE GUANGMING *(nach einem Moment)* Er hat die Frechheit und will nach Hause kommen? Daming, komm mit, zieh die Uniform an!

Daraufhin geht He Guangming Richtung Eingangstür. He Daming nimmt schnell die Uniform eines Oberstleutnants von der Kleiderablage und zieht sie an. Er stützt He Guangming und sie gehen.

HE XIAOMING *(telefoniert)* Hallo, Erming, Vater ist total wütend! Hör einmal, du kannst zurückkommen, aber rede ja nicht über Landesangelegenheiten!

Es läutet an der Tür. Juanjuan öffnet. Zhou Xiaojian, der einen westlichen Anzug trägt, steht vor der Tür. Er wirkt höflich und ehrerbietig.

ZHOU XIAOJIAN Entschuldigung, ist das das Haus von Generaldirektor He, He Xiaoming?

JUANJUAN Herr Xiaoming, da ist jemand für Sie.

ZHOU XIAOJIAN Generaldirektor He, ein gutes neues Jahr!

HE XIAOMING *(verstaut sein Handy, überrascht)* Zhou Xiaojian? Was wollen Sie denn hier?

ZHOU XIAOJIAN *(übergibt ihm zwei lebendige Fische)* Direktor He, das sind zwei lebendige Fische, Sardellen, mein Neujahrsgeschenk. Etwas Frisches für Ihre Familie!

Juanjuan nimmt die Fische in Empfang.

HE XIAOMING Leg die Fische zur Tür.

ZHOU XIAOJIAN Generaldirektor He, ich möchte Sie auch bitten ... meine Entlassung rückgängig zu machen.

HE XIAOMING *(schaut Zhou Xiaojian an)* Wer hat während der Arbeitszeit geschlafen? Das waren doch Sie, oder?

ZHOU XIAOJIAN Ja.

HE XIAOMING Wer hat seine Befugnis dazu genutzt, Rotwein zu bestellen und dabei Schmiergeld anzunehmen? Das waren doch auch Sie?

ZHOU XIAOJIAN Ja.

HE XIAOMING Wer hat den Finanz-Geheimcode verwendet, um heimlich das Firmenkonto zu checken? Das waren doch auch Sie?

ZHOU XIAOJIAN Ja.

HE XIAOMING Sind das nicht genug Gründe, Sie zu entlassen?

ZHOU XIAOJIAN Das werden Sie bereuen. *(Er dreht sich um und begutachtet das Haus.)*

HE XIAOMING Was wollen Sie nun machen?

ZHOU XIAOJIAN Generaldirektor He, ist das Ihr Haus?

HE XIAOMING Was soll das? Wollen Sie mir drohen?

ZHOU XIAOJIAN Wenn das auch mein Haus wäre, was wäre dann?

He Xiaoming schaut ihn überrascht an.

ZHOU XIAOJIAN *(lacht)* Generaldirektor He, wenn es nichts nutzt, Sie zu bitten, dann warte ich auf meine Mutter. Ich werde meine Mutter bitten, Sie zu fragen, in Ordnung?

HE XIAOMING Ihre Mutter? Sind Sie noch ein kleines Kind, dass Ihre Mutter kommen muss, mich umzustimmen?

ZHOU XIAOJIAN *(lacht)* Generaldirektor He, ich möchte Sie um Urlaub bitten. Heute kommt meine Mutter an, ich möchte sie am Bahnhof abholen.

HE XIAOMING Sie sind bereits entlassen, Sie brauchen mich nicht mehr um Urlaub bitten.

ZHOU XIAOJIAN Richtig, ich möchte Ihnen dabei auch sagen ... Generaldirektor He, meine Mutter kommt aus Dabieshan.

HE XIAOMING Aus Dabieshan?

ZHOU XIAOJIAN Aus dem früheren Revolutionsgebiet.

HE XIAOMING Ich weiß ...

ZHOU XIAOJIAN Generaldirektor He, ich gehe jetzt einmal ...

Zhou Xiaojian verabschiedet sich von He Xiaoming und geht.

HE XIAOMING *(schaut Zhou Xiaojian nach und sagt zu sich)* Dabieshan? Nimm die Fische weg.

Juanjuan kommt gerade aus einem der Zimmer gelaufen.

JUANJUAN *(leise)* Herr Xiaoming, Ihre Mutter ruft Sie ...
HE XIAOMING *(erinnert sich an etwas)* Juanjuan, wolltest du nicht mein altes Handy haben?
JUANJUAN *(nickt verlegen)*
HE XIAOMING Hast du einen Freund?
JUANJUAN *(schaut zu Boden und sagt nichts)*
HE XIAOMING Ist es der Schichtführer der bewaffneten Polizisten, die den Eingang bewachen?
JUANJUAN *(nickt verlegen)*
HE XIAOMING Woher kommt er?
JUANJUAN Aus dem Süden, jedenfalls nicht vom Land.
HE XIAOMING *(kramt sein altes Handy hervor)* Da hast du es ...
JUANJUAN *(nimmt das Handy)* Danke, Herr Xiaoming!
HE XIAOMING Ich habe schon eine SIM-Karte gekauft.
He Xiaoming geht in ein Zimmer.
Juanjuan spielt mit dem Handy herum.
He Xiaoming kommt mit seiner im Rollstuhl sitzende Mutter Chen Xuemei.
CHEN XUEMEI Xiaoming, geh mit mir Blumen anschauen. Und ruf deine ältere Schwester an und frage sie, ob sie nun heute heimkommt oder nicht.
HE XIAOMING Ich habe sie schon angerufen. Sie sagt, sie kommt nicht.
CHEN XUEMEI Frag sie noch einmal. *(seufzt)* Ach, deine ältere Schwester ist schon jahrelang nicht mehr gekommen. Sie hört einfach nicht auf mich. *(betrachtet die Blumenbeete)* Juanjuan, du hast die Blumen noch nicht gegossen!
JUANJUAN *(nickt)* Ja, ich mach's gleich ...
CHEN XUEMEI Xiaoming, vergiss nicht, dem alten Bai vom Empfang zwei Flaschen Wein zu schenken.
HE XIAOMING Das vergesse ich schon nicht, ich geh gleich und bringe sie ihm.
He Xiaoming nimmt den Wein und geht.
Da stürzt der mittlere Sohn der Hes, He Erming, mit einem Koffer in der Hand zur Tür herein.
JUANJUAN Herr Erming ...
HE ERMING *(nickt in Richtung Juanjuan, leise)* Mutter! Was ist mit Vater?
CHEN XUEMEI Er ist mit Daming ins Büro gegangen, um sich bei den Leuten dort zu bedanken. Erming? Was ist mit deiner Frau?
HE ERMING Ihr jüngerer Bruder heiratet, sie ist deswegen nach Hause gefahren. Das hat sie euch mitgebracht, Raupenpilz, dieses Heilkraut.

CHEN XUEMEI Erming, letztes Jahr, als du zurückgekommen bist, hast du deinen Vater so zornig gemacht, dass er seinen Stock abgebrochen hat. Dieses Mal darfst du dich nicht wieder so mit deinem Vater anlegen!

HE ERMING Mutter, ich will ja nicht mit ihm streiten. Aber Vater will unbedingt wissen, wie wir die heutige Gesellschaft sehen.

CHEN XUEMEI Dass du dich auch nicht ändern kannst! Schon als Kind warst du immer so stur!

HE ERMING Was heißt hier stur? Wozu müssen wir denn mit Vater diskutieren?

CHEN XUEMEI Worüber geratet ihr euch denn so in die Haare?

HE ERMING Als wir klein waren, hat Vater uns immer gesagt: Wenn du rechtschaffen bist, schaffst du es bis ans Ende der Welt. Wenn du nicht rechtschaffen bist, kommst du keinen Schritt weit.

CHEN XUEMEI Und, wie ist das bei dir? Du bist wohl immer rechtschaffen? Vergiss nicht, was Vater letztes Jahr gesagt hat ... Wenn andere sagen, dass die Partei nicht gut ist, dann sagen das die anderen. Du darfst das nicht sagen!

HE ERMING Ja, ja.

CHEN XUEMEI Du bist ein Sohn der Partei, ohne die Partei gäbe es dich nicht.

HE ERMING Ja, ja.

CHEN XUEMEI Wer sagt, dass die Partei nicht gut ist, der darf dieses Haus auf Ewigkeit nicht mehr betreten!

HE ERMING Mutter, ich sage ja nicht, dass die Partei nicht gut ist. Ich sage, dass ihr damals Idealisten wart, als ihr in die Partei eingetreten seid. Ihr wolltet kämpfen. Aber heute ...

CHEN XUEMEI *(schüttelt den Kopf)* Jetzt spricht man von der harmonischen Gesellschaft, es geht nicht mehr um den Kampf. Und wir könnten auch gar nicht kämpfen.

HE ERMING Wer kämpft denn heute schon noch! Es geht doch nur darum, möglichst viel Geld rauszupressen! Mutter, ich sage: Viele Leute treten in die Partei ein, weil sie die Situation ausnutzen wollen, weil sie sich einen Vorteil verschaffen wollen!

CHEN XUEMEI Aber die sind in der Minderheit. Die meisten machen es nach wie vor aus Idealismus.

HE ERMING Die Frage ist nur: Was für ein Idealismus? Ihr habt euch damals revolutionären Idealen verschrieben, aber heute?

CHEN XUEMEI Erming, schau ... Machst du dir den ganzen Tag darüber Gedanken, wie ich mein Leben lebe?

HE ERMING Mutter, ich mache mir nicht den ganzen Tag Gedanken darüber. Aber du lebst in dieser Gesellschaft und musst der Realität ins Auge schauen.

Wenn du Geschäfte machen willst, hast du es mit Funktionären zu tun. Die jetzigen Parteikader sind nicht so, wie ihr damals wart *(er nimmt eine Zeitung heraus)* ... Korruption, Bestechung, Erschleichen von Posten, käufliche Funktionäre, Schwarzgeld, Kungelei zwischen Beamten und Unternehmern, Verprassen öffentlicher Gelder, Reisen auf Staatskosten, rote Umschläge, Provisionen, Geliebte – alles kannst du haben. Schau, das ist die gestrige Zeitung unserer Stadt: Ein Fünf-Sterne-Hotel ist von der Regierung bankrott gefressen worden. Die haben anschreiben lassen, aber nie bezahlt! Um das Geld, das die Funktionäre im ganzen Land in einem Jahr für ihre Gelage ausgeben, könnte man einen Drei-Schluchten-Damm bauen!

CHEN XUEMEI Da übertreibst du jetzt aber ein bisschen!

HE ERMING Mutter, glaubst du mir wirklich nicht, oder traust du dich nicht mir zu glauben?

CHEN XUEMEI Das sind aber doch nur wenige.

HE ERMING Mutter, ich sag dir nur, wie es bei uns in der Firma zugeht: Dieses Jahr im Frühling wollte unsere Firma ein Elektrizitätsprojekt aufziehen, das die Stromversorgung von gut hundert Leuten gewährleisten hätte können. Wir sind zu einem Dutzend Behörden in der Provinz und im Kreis gegangen. Wir haben sie zum Essen eingeladen, sie haben sich auch zum Projekt bekannt und gesagt, dass das eine gute Sache ist, gut fürs Land und für die Bürger. Aber niemand hat sich wirklich darum gekümmert. Letzten Endes habe ich mit dann überwunden und bin in die Büros dieser Funktionäre gegangen. Ich habe kein Wort gesagt, ihnen nur einen Briefumschlag auf den Schreibtisch gelegt ... Am Anfang war mir das peinlich, aber dann habe ich gemerkt, dass das für sie ganz normal ist. Kein einziger hat abgelehnt! Nach ein paar Tagen kam das offizielle Schreiben.

CHEN XUEMEI Was für ein Briefumschlag hat denn solch eine Wirkung?

HE ERMING Der Briefumschlag des Gottes des Reichtums.

CHEN XUEMEI Erming, das ist aber ...

HE ERMING Bestechung.

CHEN XUEMEI Erming, Kind ...

HE ERMING Was ist das schon! Am Ende dieses Jahres hätte unsere Firma eigentlich 20 Millionen Steuern zahlen sollen. Aber dann haben wir eineinhalb Millionen in die Hand genommen ... Dann ist die Abrechnung gekommen: null Steuer. Jetzt frage ich: Wo sind die eineinhalb Millionen hingegangen? Wer hat so viel Macht, dass auf einmal 20 Millionen Steuern vom Tisch sind? Mutter, auch wenn sie heute noch eure Slogans von damals im Mund führen, ihr Verhalten hat mit der damaligen Partei überhaupt nichts mehr zu tun! Mutter, erinnerst du dich, was das für eine Partei war, in die du und Vater eingetreten seid?

HE GUANGMING Natürlich erinnere ich mich! Wie das damals war, das werde ich mein Leben lang nicht vergessen!

He Erming dreht sich um und sieht das fahle Gesicht seines Vaters. Er will ihm zu Hilfe kommen, wird aber zurückgestoßen.

HE GUANGMING Damals war ich erst 21 Jahre alt, der Sekretär des Kreiskomitees war gerade gefallen. Die Japaner, diese Teufel, haben ihm den Bauch aufgeschlitzt. Damals habe ich im lokalen Parteikomitee gearbeitet und der Sekretär hat mich gefragt: Traust du es dir zu, Sekretär des Kreiskomitees zu werden? Und ich habe geantwortet: Jawohl!

HE DAMING Vater, reden wir nicht über die Vergangenheit ...

HE GUANGMING *(offenbar hat er nicht verstanden)* Was sagst du? Wir sollen über die Vergangenheit reden? Rede ich nicht gerade darüber? Einmal habe ich die Truppen angeführt und eine Umzingelung durchbrochen *(er tut, als würde er eine Pistole in den Hosenbund stecken)*. Mit zwei Genossen habe ich uns den Weg freigeschossen und die Teufel weggelockt und so die ganze Truppe geschützt. Diese beiden Genossen sind dann gefallen. Nur ich habe überlebt.

In einer Ecke vorne auf der Bühne erscheint die Figur des jungen He Guangming. Er ist mit Blut beschmiert und richtet sich mitten im Rauch der Waffen auf. Heftiger Gefechtslärm.

HE GUANGMING *(verliert sich in den Halluzinationen, betrachtet den jungen He Guangming)* Junger Mann, sag ihnen, warum du dich der achten Marscharmee angeschlossen hast!

HE GUANGMING ALS JUNGER MANN *(kniet auf dem Boden)* Um die japanischen Teufel zu besiegen, damit alle Menschen in Not ein gutes Leben haben können. Und es wäre eine Ehre gewesen, dabei zu sterben! Vater, Mutter, euer Sohn kann seinen Kindespflichten nicht nachkommen!

Der junge He Guangming nimmt den Revolver; setzt ihn an seiner Schläfe an und drückt ab. Langsam sinkt er im Rauch des Revolvers zu Boden. Verschwindet langsam. Keine Bewegung, kein Laut.

HE DAMING Erming, Vater hat wieder einen Rückfall. Er halluziniert.

HE ERMING *(seufzt tief)* Ich weiß. Vergangenes Jahr hat Vater mich rausgeschmissen. Dieses Jahr wollte ich zurückkommen und euch wenigstens sehen, Vater, Mutter. Ich wollte nicht wieder Unruhe reinbringen. Ich wollte dir und Mutter ein gutes neues Jahr wünschen ... Dieses Mal brauchst du mich nicht rauszuschmeißen. Ich gehe von alleine.

He Erming geht Richtung Tür.

HE GUANGMING Warte.

He Erming bleibt stehen.

HE GUANGMING *(sanft)* Setz dich, ich möchte, dass du erzählst, wie sich unser Land seit der Öffnung verändert und entwickelt hat. In Ordnung?

He Erming ist verwirrt.

Licht aus.

ZWEITE SZENE

Ort: wie oben

Zeit: früher Abend

Vorhang auf: Familie He ist mit den Vorbereitungen für den Neujahrsabend beschäftigt.

HE QIUJU *(wie eine Dirigentin)* Juanjuan, wenn du die Gläser gewaschen hast, musst du sie unbedingt abtrocknen. Es darf keine Fingerabdrücke geben. Und: Wenn du rohes Fleisch schneidest, musst du unbedingt ein anderes Messer nehmen als zum Gemüseschneiden. He Xiaoming, beeil dich ein bisschen! Daming, dein Salat ...

HE DAMING *(bringt den Salat)* Da ist er, ein Salat nach traditioneller russischer Art!

HE QIUJU *(mustert ihn)* Ok. Du hast ja in Russland studiert. Xiaoming, dein Huhn liegt schon eine Ewigkeit herum.

HE DAMING Schläft Xiaomings Frau noch?

He Xiaoming geht in eines der Schlafzimmer.

HE QIUJU *(leise zu He Daming)* Deine Schwägerin schläft schon den ganzen Tag.

HE DAMING Das ist der Zeitunterschied.

HE QIUJU *(leise)* Weißt du, dass sie und Xiaoming sich haben scheiden lassen?

HE DAMING *(erstaunt, zu Juanjuan)* Juanjuan, das hast du jetzt nicht gehört ... Sie sind tatsächlich geschieden?

HE QIUJU Diandian hat es mir gesagt. Dann wird es wohl stimmen!

HE DAMING *(nachdenklich)* Das ist ein Problem. Bei so einem Neujahrsessen kommt die Familie zusammen. Was gar nicht geht, sind Fremde, die nicht zur Familie gehören. Wenn sie jetzt nicht mehr zu unserer Familie gehört, was tun wir dann?

HE QIUJU Aber sie ist ja noch immer die Mutter von Diandian!

HE DAMING Wissen Vater und Mutter, dass sie geschieden sind?

HE QIUJU Wenn es Xiaoming ihnen nicht gesagt hat, wer sagt es ihnen dann?

HE DAMING *(denkt nach)* Da stimmt was nicht. Ich muss mit Xiaoming reden!

HE QIUJU Worüber?

HE DAMING Wenn sie nicht mehr Xiaomings Frau ist, dann kann sie nicht bei unserem Neujahrsessen dabei sein!

HE QIUJU *(warnend)* Wenn du das tust, dann wird dir Xiaoming Stress machen.

HE DAMING Soll er doch! In der Militärtaktik heißt das: „Erscheine, wo er es nicht erwartet, greif an, wo er unvorbereitet ist." Ich muss seine Strategie durchkreuzen.

HE QIUJU Na dann. Ich weiß, du bist Professor für Landesverteidigung ... Wir feiern Neujahr und du musst unbedingt in diesen Ameisenhaufen stochern?

HE DAMING Du weißt nicht ... Xiaoming hat etwas vor!

He Xiaoming kommt aus einem Schlafzimmer.

HE XIAOMING *(leise, zu He Daming)* Deine Frau hat Mutter wieder angerufen und sich beklagt, dass du für sie nichts mehr empfindest und dich immer weniger um sie kümmerst.

HE DAMING *(zornig)* Das ist alles deine Schuld! Beim letzten Neujahrsfest warst du so betrunken und hast unbedingt ausplaudern müssen, dass ich, als wir geheiratet hatten, drei Freundinnen hatte und sie per Los ausgesucht habe!

HE XIAOMING Du brauchst nicht mir die Schuld geben! Dass du sie per Los ausgesucht hast, stimmt doch!

HE DAMING Und wenn es hundertmal stimmt – das darfst du nicht rumerzählen! Und wenn man dich erschlägt!

In diesem Moment kommt Juanjuan mit Chen Xuemei im Rollstuhl.

CHEN XUEMEI Daming, ich will etwas mit dir besprechen.

HE DAMING *(lacht)* Das ist ein gutes Neujahrs-Theater!

CHEN XUEMEI *(zögert)* Ich habe gehört ... Juanjuan, richte die Medizin her, die ich vorm Essen nehmen muss. Ich habe gehört, dass du dich immer weniger um deine Frau kümmerst?

HE XIAOMING Bruder, ist es jetzt angesagt, das Neue zu lieben, ohne das Alte aufzugeben?

CHEN XUEMEI Deine Frau sagt, dass du den ganzen Tag nicht mit ihr redest!

HE DAMING Stimmt.

CHEN XUEMEI Versuchst du denn gar nicht, ein gemeinsames Thema zu finden?

HE DAMING Doch, aber es gibt nichts, was uns beide interessiert. Sie will den ganzen Tag nur shoppen, Schminkzeug kaufen, zur Kosmetikerin gehen ... Das ist nicht so wie in deiner Jugend, Mutter! Du hast sogar mit deinen eigenen Händen geschossen!

CHEN XUEMEI Wenn es heute Gewehre gäbe und jeder eines hätte ... Daming, ihr seid doch ein Paar!

HE DAMING Mutter, beruhige dich, ich werde in Zukunft schon etwas finden, worüber ich mit ihr reden kann, in Ordnung? Juanjuan!

Juanjuan schiebt Chen Xuemei ins Schlafzimmer zurück.

HE DAMING Xiaoming, reden wir über deine Angelegenheit?

HE XIAOMING Welche Angelegenheit?

HE DAMING Was für eine Beziehung hast du jetzt eigentlich zu Kang Aiai?

He Xiaoming dreht sich um zu He Qiuju.

HE QIUJU Wieso schaust du mich an? Juanjuan, sollte man nicht langsam den Fisch braten?

He Qiuju geht in die Küche, Juanjuan folgt ihr aus einem Schlafzimmer in die Küche.

HE XIAOMING *(zeigt auf He Qiuju)* Das ist ja wie im Film! Diandian als verdeckte Ermittlerin!

HE DAMING Dann muss ich direkt werden: Dass du Aiai mit nach Hause bringst und hier wohnen lässt, das ist nicht in Ordnung!

HE XIAOMING *(überrascht)* Was ist da nicht in Ordnung? Sie ist immerhin die Mutter von Diandian!

HE DAMING Das ist eure Angelegenheit, aber sie hat schon nichts mehr mit unserer Familie zu tun.

HE XIAOMING Was soll denn das heißen?

HE DAMING Sieh zu, dass sie zu ihrer Familie geht!

HE XIAOMING *(schaut ihn verwundert an)* Ist das nicht erst recht unpassend?

HE DAMING Ich sage es noch einmal: Das ist die Familie von Vater und Mutter und nur die Töchter und Söhne von Vater und Mutter haben das Recht, hier zu wohnen.

HE XIAOMING Ich habe den Eltern nicht gesagt, dass wir geschieden sind.

HE DAMING Genau das ist das Problem! Vater und Mutter behandeln sie wie ihre Schwiegertochter. Findest du nicht, dass du sie dadurch nicht nur täuschst, sondern auch ihre Gefühle verletzt?

HE XIAOMING *(denkt nach)* Sie ist heute erst aus Amerika zurückgekommen ... Wie soll ihr das erklären?

HE DAMING Ok, wenn du nicht weißt, wie du ihr das beibringen sollst, dann kann ich es ihr sagen.

HE XIAOMING Daming ... Heute ist Neujahrsabend!

HE DAMING Genau! Wenn sie jetzt nach Hause geht, kommt sie gerade noch rechtzeitig zum Neujahrsessen.

HE XIAOMING Hör auf mich ... Sag nichts, das kommt nicht gut ... Da kann etwas Schlimmes passieren!

HE DAMING Was soll da passieren?

HE XIAOMING *(will etwas sagen, aber hält inne)* ... Ich sage nur so viel: Da wird etwas passieren!

In diesem Moment kommt Kang Aiai aus dem Schlafzimmer. He Qiuju kommt aus der Küche.

KANG AIAI Guten Morgen allerseits!

HE XIAOMING Bist du aufgewacht?

HE DAMING Jetzt ist es 19:20 Uhr am Abend, Beijing-Zeit.

KANG AIAI Oh, entschuldige, guten Abend allerseits!

HE DAMING Setz dich doch.

KANG AIAI Danke, Xiaoming. Ich möchte ein bisschen spazieren gehen. Begleitest du mich? Ein bisschen von der Morgenstimmung am Fluss einatmen ...

HE XIAOMING Abendstimmung!

KANG AIAI Xiaoming, schenk mir eine Tasse Kaffee ein.

HE DAMING *(lacht)* Du bist jetzt seit drei Jahren in Amerika, aber verändert hast du dich kein bisschen.

KANG AIAI Das gibt's doch nicht! *(Sie nimmt sofort einen kleinen Spiegel heraus und überprüft ihre Augenwinkel.)*

HE DAMING Setz dich, ich möchte etwas mit dir besprechen ...

He Xiaoming will etwas sagen, aber verkneift es sich und geht in die Küche.

KANG AIAI *(setzt sich, ruft in Richtung Küche)* Daming, was willst du mit mir besprechen?

HE DAMING Sehr einfach: Da du nicht mehr Xiaomings Frau bist, gibt es keinen Grund, dass du weiter hier wohnst.

KANG AIAI *(erschrocken)* ...

HE DAMING Ich weiß, du bist gerade erst aus Amerika zurückgekommen, deswegen will ich dich an ein altes Sprichwort erinnern: „Erst wenn der Name korrekt ist, kann man angemessen über etwas sprechen."

KANG AIAI *(nach einem Moment)* Du willst mich also rauswerfen?

HE DAMING Ich will dich nicht rauswerfen, ich will dich bitten, zu gehen.

KANG AIAI Und Xiaoming ist damit einverstanden?

HE DAMING Kümmere dich nicht um ihn ...

KANG AIAI *(denkt einen Moment nach)* Du meinst also, dass ich gar keine andere Wahl habe, als zu gehen?

HE DAMING *(nickt)*

KANG AIAI Jetzt gleich?

HE DAMING *(nickt)*

KANG AIAI Dann müssen aber Xiaoming und Diandian mit mir kommen!

HE DAMING Das ist nicht in Ordnung!

KANG AIAI Im Leben gibt es sehr viele Dinge, die nicht in Ordnung sind! Am Anfang war Xiaoming auf meiner Seite: Aber ihr habt meiner Mutter und mir nachspionieren lassen. Ist das vielleicht in Ordnung? Wenn man verheiratet ist, dann laden doch beide Seiten Familien und Freunde ein, man trifft sich, isst miteinander. Das ist doch eigentlich normal. Aber eure alten Revolutionäre wollten nicht mit meiner Mutter, die aus einer einfachen Familie stammt, an einem Tisch sitzen. Bis heute haben sie nicht ein Mal gemeinsam gegessen! Ist das in Ordnung?

HE DAMING Es ist nicht nur, dass deine Mutter aus einer einfachen Familie stammt. Damals ... *(Er verschluckt die Worte.)*

KANG AIAI Sag's doch! Sprich weiter! Sie war damals in den ausländischen Teilen von Shanghai eine berühmte Gesellschaftsdame ... Daming, findest du nicht, dass das nicht hierher gehört? ... Am besten, ihr kümmert euch nicht um unsere Angelegenheiten. Sonst braucht ihr mir gar nicht vorwerfen, dass ich, Kang Aiai, mit eurem He Xiaoming nicht auskomme!

HE DAMING Was hast du mit Xiaoming vor?

KANG AIAI Die Dinge, die er gemacht hat ... Wenn ich die ans Tageslicht bringe, dann bringt ihm das mindestens lebenslänglich!

HE DAMING *(schlägt heftig auf den Tisch)* Kang Aiai! Ich habe von Anfang an gesagt, dass Xiaoming dir früher oder später ausgeliefert sein wird ...

KANG AIAI *(lacht auf)* Er will es ja nicht anders! *(ruft)* Xiaoming, Kaffee!

HE DAMING *(extrem zornig)* Das glaube ich nicht, ich kann mir nicht vorstellen, dass Xiaoming so blöd ist! Worum geht's da eigentlich? Sprich!

KANG AIAI He Daming, du zwingst mich jetzt, darüber zu sprechen!

Da kommt He Xiaoming schnell mit Kaffee aus der Küche.

HE XIAOMING *(reicht den Kaffee, stoppt Aiai)* Aiai, und wenn ich dich umbringe, darfst du darüber nicht reden!

KANG AIAI *(zu He Daming)* Hast du gehört? *(leise, zu He Xiaoming)* Was ist da los? Wieso weiß er, dass wir geschieden sind?

HE XIAOMING Ruh dich noch ein bisschen aus. Bald gibt es Essen.

Kang Aiai geht mit ihrem Kaffee in eines der Hinterzimmer.

HE DAMING *(seufzt)* Xiaoming, es sieht ganz so aus, als würde es dir an den Kragen gehen!

Ein Moment Stille.

Da läutet es an der Tür. Juanjuan öffnet.

JUANJUAN Herr Xiaoming, es ist der, der gerade den Fisch gebracht hat.

HE XIAOMING Er soll gehen!

Zhou Xiaojian und seine Mutter Guo Chunlan erscheinen in der Tür.

HE XIAOMING *(erstaunt)* Ältere Schwester?

Zhou Xiaojian und Guo Chunlan kommen ins Wohnzimmer. Guo Chunlan ist nach wie vor wie eine Bäuerin gekleidet.

HE DAMING Ältere Schwester?

GUO CHUNLAN Daming, Xiaoming, Qiuju ...

HE QIUJU Ältere Schwester, gerade hat Mutter noch gefragt, ob du heute kommst oder nicht.

GUO CHUNLAN Xiaojian, komm her.

ZHOU XIAOJIAN *(zu He Xiaoming)* Generaldirektor He, ab heute werde ich Sie „Onkel" nennen.

Alle sind sprachlos.

HE QIUJU Was heißt das?

ZHOU XIAOJIAN *(ausgesucht höflich)* Älterer Bruder der Mutter, jüngerer Bruder der Mutter, jüngere Schwester der Mutter ... eure ältere Schwester Guo Chunlan, die damals von Großmutter und Großvater aufs Land geschickt wurde, ist meine Mutter.

Alle sind fassungslos.

ZHOU XIAOJIAN Mutter, erzähl selbst.

GUO CHUNLAN *(gefasst)* Ihr wisst alle, dass Mutter nach der Befreiung zu mir kam. Damals wollte mich die Ziehmutter vom Lande aber nicht gehen lassen und ich selbst wollte auch nicht aus dem Dorf weggehen. Daher blieb ich auf dem Land. Jedes Mal, wenn ich zurückkommen wollte, hielt mich Xiaojians Vater zurück. Vergangenes Jahr *(kämpft mit den Tränen)* ...

ZHOU XIAOJIAN Vergangenes Jahr ist mein Vater gestorben. Im Dorf hatten wird damit keine Verwandten mehr. Nur meine Mutter und ich waren übrig. ... Ich habe meine Mutter angefleht, Großmutter und Großvater zu suchen. Aber Mutter sagte nein ... Als ich dann arbeiten ging, musste ich Mutter schwören, euch nicht zu besuchen. ... Aber ich habe nicht auf sie gehört. Als die Firma von Onkel Xiaoming Leute suchte, habe ich die Chance genutzt, aber ich habe mich nicht getraut, Xiaoming zu sagen, dass er mein Onkel ist. Ich habe nicht gedacht, dass Generaldirektor He mich nach etwas mehr als einem Jahr in der Firma entlassen würde. Also blieb mir nichts anderes übrig, als meine Mutter aus Dabieshan zu holen ...

HE DAMING Xiaojian ist so groß, so fest gebaut!

Stille.

HE QIUJU Ich sage Vater und Mutter, dass Chunlan zurückgekommen ist.

HE DAMING Große Schwester, das war falsch von dir, du hättest uns schon viel früher über Xiaojian informieren müssen ...

HE XIAOMING *(schenkt Wasser ein)* Xiaojian, das war auch von dir nicht in Ordnung, du hättest viel früher etwas sagen müssen.

GUO CHUNLAN Inwiefern hat er denn nicht entsprochen?

HE XIAOMING Große Schwester, er ... er ist ok, unser Direktor Wang hat ihn sogar als Talent gelobt!

GUO CHUNLAN Daming, Xiaoming, es tut mir leid. Heute ist Neujahrsabend ...

HE DAMING Schwester, Mutter hat gesagt, dass sie in ihrem Leben am meisten bereut, was sie Chunlan angetan hat.

GUO CHUNLAN Sag das nicht, also ... ich gehe zu Vater und Mutter?

He Qiuju schiebt Chen Xuemei aus einem der hinteren Zimmer.

CHEN XUEMEI *(seufzt)* Chunlan! Ist Chunlan zurückgekommen?

GUO CHUNLAN *(stürzt zur Mutter)* Mutter! Was ist mit deinen Beinen?

CHEN XUEMEI *(unter Tränen)* Chunlan, wieso kommst du erst jetzt! Wenn du dieses Mal nicht zurückgekommen wärst, dann hätte ich dich vielleicht nie mehr gesehen ...

GUO CHUNLAN Mutter, jetzt bin ich ja da!

CHEN XUEMEI Die Mutter schuldet niemandem etwas im Leben – außer dir!

GUO CHUNLAN Mutter ... Xiaojian, begrüße deine Großmutter!

ZHOU XIAOJIAN *(verneigt sich)* Großmutter!

CHEN XUEMEI *(betrachtet Zhou Xiaojian)* Du bist so groß gewachsen, du stellst was dar!

GUO CHUNLAN Mutter, ich gehe zu Vater!

CHEN XUEMEI Ja, geh, ich gehe mit dir.

He Qiuju schiebt Chen Xuemei und geht mit Guo Chunlan und Zhou Xiaojian ins Hinterzimmer.

Stille.

HE DAMING *(zu He Xiaoming)* Xiaoming, warum wolltest du ihn entlassen?

HE XIAOMING *(leise)* Ich hatte immer das Gefühl, dass er zu berechnend, zu verstohlen war. Dazu kommt, dass unser Direktor Wang ihn offenbar hinter meinem Rücken Nachforschungen über mich anstellen ließ ...

HE DAMING Das heißt, dass du aufgeflogen bist! Wenn man ihn nicht in den Griff kriegt, ist er eine tickende Zeitbombe!

HE XIAOMING Was soll das alles ... Ein aus der Firma entlassener Angestellter nennt dich plötzlich „Onkel" ...

HE DAMING *(zu He Qiuju)* Was lachst du?

HE QIUJU Ich lache, weil es dieses Jahr bei uns zu Hause noch ärger zugeht als voriges Jahr!

HE DAMING Dieser Mitarbeiter eurer Behörde ... Er ist bis jetzt noch nicht aufgetaucht?

HE QIUJU Du meinst Liu Ping. Er macht es jetzt wie die Funktionäre in der Zentralregierung. Er feiert Neujahr gemeinsam mit den Arbeitern an vorderster Front.

HE DAMING Wieso hast du nicht bemerkt, dass er das Zeug dazu hat, Vize-Abteilungsleiter der Provinzregierung zu werden?

HE QIUJU Jetzt schenkt man den Intellektuellen besondere Beachtung und außerdem ist er bei einer demokratischen Partei.

HE DAMING Meine Zigaretten? Hat die wieder Xiaoming an sich gerissen?

HE QIUJU *(nimmt zwei Zigaretten heraus)* Richtig, das sind die Zigaretten, die Liu Ping euch beiden geschenkt hat.

HE DAMING *(betrachtet die Zigaretten)* Hat die jemand dem Vize-Abteilungsleiter geschenkt? Diese Marke kostet am Flughafen 2.800.

JUANJUAN *(steckt den Kopf aus der Küche heraus)* Der Fisch ist fertig gebraten. Wie soll ich diese Krebse machen?

HE QIUJU Binde sie mit Bindfaden zusammen, damit die Scheren nicht abbrechen.

JUANJUAN Verstehe. *(Sie verschwindet wieder in der Küche.)*

He Daming öffnet die Zigarettenschachtel und stellt fest, dass sich darin nicht Zigaretten, sondern Banknoten befinden.

HE QIUJU Daming, wir essen gleich. *(Sie bemerkt das Geld in seiner Hand.)* Woher kommt denn das Geld? Wem gehört das?

HE DAMING Dir.

HE QIUJU Du spinnst! Woher soll ich so viel Geld haben?

HE DAMING *(nimmt die Zigarettenschachtel)* Das hat jemand dem Vize-Abteilungsleiter Liu geschenkt.

HE QIUJU Ich hätte nie gedacht, dass so etwas in unserer Familie passieren könnte.

He Erming kommt aus dem Hinterzimmer.

HE ERMING Wenn nicht Chunlan gekommen wäre, wäre ich noch immer da drin.

HE DAMING *(besorgt)* Wie war das Gespräch mit Vater?

HE ERMING Ich übermittle zuerst die Weisungen von ganz oben: Vater hat gesagt, wir sollen warten, bis alle da sind, dann halten wir eine Sitzung ab.

HE QIUJU Eine Sitzung abhalten? Bei uns in der Behörde halten wir den ganzen Tag Sitzungen ab. Und jetzt auch noch zu Hause ...

HE DAMING Sitzungen sind doch was Gutes. Diese Sitzung muss unbedingt eine große Solidaritätssitzung werden, eine siegreiche Sitzung, bei der wir an das Werk der Vorfahren anknüpfen und die Weichen für die Zukunft stellen!

He Qiuju beginnt, den Tisch zu decken.

HE DAMING Die Kommunistische Partei hält Sitzungen ohne Ende!

HE ERMING Jetzt gibt es auch jede Menge Steuern!
HE DAMING Du ...
HE ERMING *(schlägt sich selbst auf den Mund)*
In diesem Moment kommen He Guangming, Chen Xuemei, Guo Chunlan, Zhou Xiaojian und Juanjuan aus ihren Zimmern und nehmen nacheinander Platz.
HE GUANGMING *(schaut alle an)* Xiaoming?
HE DAMING Xiaoming ...
HE XIAOMING *(ruft)* Ich weiß!
Draußen am Nachthimmel explodieren Feuerwerke, ein farbenprächtiges Spektakel. He Xiaoming, Kang Aiai und Diandian kommen vom oberen Stockwerk herunter und setzen sich.
HE GUANGMING *(nach einem Moment)* Heute ist der letzte Tag des alten Jahres. Bevor wir jetzt das Neujahrsessen genießen, halten wir eine Sitzung ab. Unsere Mutter meint, dass ich schon ganz alt und verwirrt bin. Alt bin ich, das ist ein Naturgesetz, dem man sich nicht entziehen kann. Aber verwirrt ... wer weiß! Zuerst einmal: Warum halten wir heute diese Versammlung ab? Unsere Familie ist über die ganze Welt verstreut *(zeigt herum)*. Manche von uns leben in Beijing, manche in Shanghai oder in Shandong, Henan, Jilin, Hubei und Amerika ... Wir sind über die halbe Erde verstreut. Das, worauf Mutter und ich am stolzesten sind, ist, dass wir euch Kinder haben ...
HE DAMING An dieser Stelle muss applaudiert werden!
CHEN XUEMEI Du verhältst dich auch nie wie der Älteste!
HE DAMING Rehabilitiert! Jetzt, wo unsere älteste Schwester zurückgekommen ist, bin ich nicht mehr der Älteste!
HE GUANGMING Richtig. Lasst uns zuerst über Chunlan reden: Chunlan ist zurückgekommen und mit ihr Xiaojian. Das ist ein freudiges Ereignis in unserer Familie. Jetzt ist unsere Familie vollständig! Hier sollte es Applaus geben! Ihr Geschwister seid alle Kinder derselben Eltern, ihr werdet alle gleich behandelt. Chunlan, du wohnst zuerst in dem kleinen Zimmer. Wenn dann Aiai und Diandian nach Amerika gegangen sind, kannst du in das große Zimmer übersiedeln. Das ist die eine Sache.
CHEN XUEMEI Die Partei verlangt, Sitzungen kurz zu halten, du ...
HE GUANGMING *(hat nicht ganz verstanden)* Eure Mutter sagt, die Partei verlangt große Sitzungen *(denkt nach)* ... Wann hat die Partei denn diesen Appell erlassen?
CHEN XUEMEI *(mit lauter Stimme)* Kurze Sitzungen! Ich habe gesagt „kurze Sitzungen"! Du hast eben die eine Sache besprochen, wie viele Tagesordnungspunkte gibt es denn?

HE GUANGMING *(nickt)* Zwei.

CHEN XUEMEI *(an alle gewandt)* Dann halten wir noch ein bisschen durch.

HE GUANGMING Wie gesagt: Eure Mutter und ich, wir sind schon alt. Früher hieß es immer, dass Spätherbstameisen nicht mehr lange herumhüpfen werden. Jetzt sind es Mutter und ich, die nicht mehr lange herumhüpfen werden.

CHEN XUEMEI Ich kann mich ja nicht einmal mehr auf den Beinen halten, geschweige denn herumhüpfen.

HE GUANGMING Nach dem Neujahrsfest werdet ihr euch wieder in alle Himmelsrichtungen zerstreuen und zum nächsten Frühlingsfest wieder zurückkommen, wer weiß ...

HE QIUJU Vater, beim Neujahrsfest ist es nicht passend, darüber zu sprechen.

HE GUANGMING Wir sind hundertprozentige Materialisten und außerdem: Wie oft bin ich schon gestorben? Ich meine, wir sollten die Gelegenheit, dass ihr alle hier fürs Fest versammelt seid, nutzen und euch unseren letzten Willen kundtun. Wir wollen diesen vor euch unterschreiben und dann müsst ihr dementsprechend handeln. Ich und eure Mutter haben eine Liste erstellt. *(Nimmt das Testament heraus.)* Daming, lies das vor.

HE DAMING Ich?

HE GUANGMING Du bist der Älteste!

HE DAMING *(nimmt das Testament, liest)* Kinder, dieses Heim ist jener Ort, an dem wir in unserem ganzen Leben am glücklichsten waren. Wir lieben dieses Heim, wir lieben jedes einzelne unserer Kinder. Was für eine glückliche Familie! Dieses Familiengefühl ist das Wertvollste, das wir euch hinterlassen können. Wenn wir nicht mehr sind, müsst ihr diesen Familienzusammenhalt weiterleben. Kinder, eure Eltern sind Mitglieder der Kommunistischen Partei, wir haben unser Leben lang nach diesen Idealen gelebt. Wir haben einfach gelebt, wir haben keine Reichtümer angehäuft, die wir euch vermachen könnten. Nach reiflicher Überlegung haben wir beschlossen, euch unser geistiges Testament zu hinterlassen ...

HE GUANGMING Ich möchte dazu etwas bemerken ... Ein geistiges Erbe kann man um noch so viel Geld nicht kaufen. Chunlan, in diesem Absatz kommst du nicht vor, erst im nächsten ...

HE DAMING *(liest weiter im Testament)* Daming hinterlassen wir unser Erbe, unser Parteierbe.

HE XIAOMING Vater, das ist das Richtige für unseren großen Bruder.

HE DAMING *(liest weiter)* Erming hinterlassen wir unseren Optimismus, unser Vertrauen in unser Land, in unsere Partei. Qiuju hinterlassen wir unseren Fleiß, Xiaoming hinterlassen wir unser Durchhaltevermögen, das ist das Essenzielle!

Keine Fahnenflucht betreiben, nicht in den Individualismus flüchten, nicht dem Mammon verfallen, sondern aufrichtig und mutig leben!

HE XIAOMING Vater, das alles soll er verwirklichen?

HE DAMING Und zum Schluss: Nach unserem Tod hinterlassen wir das Haus Chunlans Familie.

ZHOU XIAOJIAN Danke, Großmutter, Großvater.

HE GUANGMING Ihr anderen besitzt alle schon Häuser ...

HE DAMING *(liest weiter)* Wie unser materielles Erbe aufgeteilt wird, das diskutiert unter euch, die Minderheit folgt der Mehrheit. Wir hinterlassen keine sterblichen Überreste, wir wollen im Park unter den Bäumen als Dünger verstreut werden.

Stille.

HE GUANGMING Seid ihr mit etwas nicht einverstanden?

Niemand sagt etwas.

HE GUANGMING Dann setzen wir unsere Fingerabdrücke darunter.

Juanjuan nimmt die Siegeldose hervor, He Guangming und Chen Xuemei bringen nacheinander feierlich ihren Abdruck an.

CHEN XUEMEI Ich sage immer, dass euer Vater ein Wirrkopf ist, was er natürlich nicht zugibt. Aber jetzt ist Neujahr, vergessen wir das!

HE QIUJU Vater, ist die Sitzung zu Ende?

HE GUANGMING *(denkt einen Moment nach, schweigt einen Moment)* Als nächstes kommen wir zum dritten Punkt.

CHEN XUEMEI Hast du nicht gesagt, es gäbe nur zwei Punkte?

HE GUANGMING *(ungeduldig)* Lass mich ausreden!

HE DAMING Sprich, Vater, keine Eile. Lass dir Zeit.

HE GUANGMING Das Dritte ist ... Essen!

Alle lachen. Die Stimmung entspannt sich.

Das Essen wird aufgetragen, es wird gelacht und geredet.

DIANDIAN *(schaltet den Fernseher ein)* Die Neujahrsgala beginnt!

Alle nehmen am Tisch Platz. He Qiujus Handy klingelt.

HE QIUJU *(nimmt das Gespräch an)* Liu Ping, ich will mit dir über die Zigaretten reden, die dir jemand geschenkt hat ... Wo bist du jetzt? Ok, verstehe. Gut. Wir essen jetzt. *(Sie beendet das Gespräch.)* Vater, Mutter, Liu Ping wünscht euch alles Gute zum neuen Jahr. Er begleitet den Provinzparteisekretär bei seinem Besuch der Arbeiter, die in der Elektrofabrik Überstunden machen.

CHEN XUEMEI Früher ist euer Vater auch in die Fabrik gegangen und hat mit den Arbeitern an den Öfen Neujahr gefeiert.

HE DAMING Ich schlage vor, dass Mutter zuerst einen Toast auf das Neue Jahr ausspricht!

HE XIAOMING Ja, Mutter, halte eine kurze Rede!

CHEN XUEMEI *(schaut ihre Kinder an)* Eben hat euer Vater gesagt: Dass Chunlan und Xiaojian dieses Jahr nach Hause zurückgekommen sind und mit uns Neujahr feiern, das ist für uns eine Herzensfreude. Damit ist für uns ein lang gehegter Wunsch in Erfüllung gegangen. Wenn wir euch sehen, denken wir an die Zeit, in der wir selbst noch jung waren. Damals waren wir sehr beschäftigt, wir hatten nicht die Zeit, mit euch Kindern gemeinsam Neujahr zu feiern. Einmal hat Vater den Neujahrsabend im Büro verbracht und ihr habt spät am Abend Teigtaschen zubereitet und sie ihm gemeinsam gebracht. Xiaoming ist auf dem Weg hingefallen und die Teigtaschen landeten auf der Erde. Deswegen hat Daming Xiaoming geschlagen und ihm verboten, zu weinen. *(Sie wischt sich die Tränen weg.)*

HE DAMING Vater hat dann die Teigtaschen mit kaltem Wasser abgewaschen und gegessen.

CHEN XUEMEI Damals waren wir wirklich eine glückliche Familie!

HE QIUJU Damals war der Himmel noch blau, es gab nicht so viel Luftverschmutzung. Damals konnte man die Gurken einfach pflücken und essen ...

HE XIAOMING Wenn man damals einen Fen auf der Straße fand, brachte man den zur Polizei.

HE ERMING Damals war ein Friseur noch ein Friseur. Ärzte nahmen damals keinen roten Umschlag. Die Schulen versuchten noch nicht, Geld zu verdienen. Beim Fotografieren trug man damals noch Kleider und Milch konnte man beruhigt trinken.

HE DAMING Damals brauchte man noch Essensmarken, wenn man Bier oder Schweinefleisch kaufen wollte. Und Erdnüsse gab es nur zu Neujahr. Und sogar für ein Fahrrad brauchte man einen Berechtigungsschein.

CHEN XUEMEI Was ich sagen will: Die Vergangenheit hatte ihre guten Seiten, die Gegenwart hat ihre guten Seiten. Ihr müsst darauf vertrauen, dass sich unser Land in die richtige Richtung entwickelt ... Eure Mutter hat ihr Leben lang Jugendarbeit gemacht ... Zum Schluss möchte ich euch folgende Worte schenken: Die Welt gehört euch und sie gehört uns, aber letzten Endes ist es eure Welt. Ihr jungen Menschen sprüht vor Energie und steht in der Blüte eures Lebens wie die Sonne um acht, neun Uhr am Morgen ... Ich hoffe, dass das in euch weiterlebt!

Irgendjemand beginnt das „Lied der Zitate von Mao Zedong" anzustimmen. Zuerst leise, dann immer lauter, bis schließlich alle in den Chor einfallen.

HE DAMING Und jetzt bitten wir Vater, einen Trinkspruch zu sagen!

HE GUANGMING *(schweigt)*

CHEN XUEMEI Du sollst etwas sagen ...

HE GUANGMING *(hat es nicht genau verstanden)* Was sagst du? Den Tyrannen bekämpfen?

In diesem Moment wird draußen wieder ein Feuerwerk abgeschossen.

HE GUANGMING *(wie abwesend)* Wo wird geschossen?

GUO CHUNLAN *(verwirrt)* Schüsse?

HE QIUJU *(leise zu Guo Chunlan)* Er halluziniert! Er hat immer wieder solche Anfälle.

Alle schweigen.

He Guangming steht auf, schaut in eine Ecke der Bühne. Dort erscheint wieder der junge He Guangming. Diesmal ist er etwa 27, 28 Jahre alt. Er trägt die Uniform der Volksbefreiungsarmee, in der Hand hält er einen Revolver.

He Guangming löst sich schwankend aus der Menge und geht auf den jungen He Guangming zu.

HE GUANGMING ALS JUNGER MANN *(salutiert vor He Guangming)* Ich melde dem Anführer, dass wir gerade die öffentliche Gerichtsverhandlung abgeschlossen haben. Der tyrannische Grundbesitzer Li Guayou wurde bereits zur Richtstätte geführt. Sein Land wurde schon unter der Bevölkerung verteilt! Die Menschen weinten und ließen die Partei hochleben. Die Massen sind bereits umfassend mobilisiert!

HE GUANGMING Sehr gut!

HE GUANGMING ALS JUNGER MANN Ich melde dem Anführer, dass die Frau des Grundbesitzers Li Guayou und die beiden Söhne entkommen sind. Wir bitten um Anweisung, ob wir Leute ausschicken und sie in den Bergen suchen sollen?

HE GUANGMING Unverzüglich Leute ausschicken, um sie in den Bergen aufzuspüren!

HE GUANGMING ALS JUNGER MANN Anführer, was machen wir, wenn sie Widerstand leisten?

HE GUANGMING Widerstand leisten?

HE GUANGMING ALS JUNGER MANN Ich habe gehört, dass sie bewaffnet sind.

HE GUANGMING Reaktionäre! Wenn sie Widerstand leisten, dann vernichtet sie!

HE GUANGMING ALS JUNGER MANN Verstanden!

HE GUANGMING *(murmelnd)* Weil etwas Dringendes anstand und ich sofort aufbrechen musste, habe ich ganz vergessen, ihnen eines einzuschärfen: Nach besten Möglichkeiten so vorgehen, dass sie sich ergeben, damit die Familie Li nicht vollständig ausgerottet wird.

Der junge He Guangming verlässt die Bühne.

HE DAMING Vater, sollen wir nicht anstoßen?

Alle erheben ihr Glas.

HE DAMING *(unvermittelt)* Juanjuan, den Fotoapparat!
JUANJUAN Vergessen ... Bewegt euch nicht! Eins, zwei, drei!
Der Blitz leuchtet auf, gleichzeitig ertönt ein Schuss.

ZWEITER AKT

ERSTE SZENE

Zeit: Nachmittag des ersten Tags des neuen Jahres
Ort: wie im ersten Akt
In einer anderen Ecke im vorderen Teil der Bühne befindet sich der Eingang zu He Guangmings Haus.

He Xiaoming und Kang Aiai kommen auf die Bühne.

HE XIAOMING *(unruhig)* Bist du noch immer nicht durchgekommen?
KANG AIAI *(macht einen Handy-Anruf)* Doch! Ich bin's ... Sag ... Wie viel? Verstanden. *(Sie steckt das Handy weg.)* Das Geld ist auf dem Konto.
HE XIAOMING *(seufzt vor Erleichterung)* Jetzt sind wir beide quitt!
KANG AIAI Xiaoming, mir ist in letzter Zeit eines nicht aus dem Kopf gegangen: Der Preis, den du dafür zahlst, ist einfach zu hoch.
HE XIAOMING Wir haben nicht die Zeit, darüber zu sprechen. Das Visum und das Flugticket habe ich bei mir, den Koffer habe ich auch schon gepackt, er steht unterm Bett. Du gehst erst, wenn ich schon weg bin. Wir treffen uns am Flughafen.
KANG AIAI Müssen wir unbedingt heute aufbrechen?
HE XIAOMING Direktor Wang ist gerade dem Geld auf der Spur, ich vermute, dass mich jemand verraten hat. Falls er Anzeige erstattet, bin ich erledigt.
KANG AIAI Xiaoming, rede doch mit mir, hasse mich nicht!
HE XIAOMING Wozu soll das noch gut sein!
He Xiaoming und Kang Aiai kommen ins Wohnzimmer, sie grüßen He Daming, der sich bereits im Wohnzimmer befindet, und verschwinden dann schnell in einem der hinteren Zimmer.
He Daming sitzt auf dem Sofa. Er liest Zeitung und schält dabei Wasserkastanien. Da kommt Diandian aus dem Hinterzimmer.
HE DAMING Diandian, was hast du vor?
DIANDIAN Onkel, ich bin schon 21 und außerdem bin ich nicht blöd. Ich sollte mich also frei bewegen dürfen!

HE DAMING Ich frage ja nur ...

DIANDIAN Ok, ich kann es dir ja auch sagen: Ich nehme an einer Freiwilligen-Aktivität teil, die die Schule organisiert hat. Ich gehe in ein Palliativ-Spital und kümmere mich dort um verwitwete Patienten.

HE DAMING *(schaut sie an)* Diandian, machst du das wirklich freiwillig?

DIANDIAN *(denkt nach)* Am Anfang nicht. Aber als mir dann die alte Frau, für die ich zuständig bin, ihre Geschichte erzählte, hat mich das sehr berührt. Sie war früher beim Geheimdienst tätig. Während des Zweiten Weltkriegs lebte sie in Japan. Bevor sie zurückkehrte, sagte ein Kollege: Warte auf mich, wenn ich zurück bin, dann heiraten wir. Die alte Frau wartete die ganze Zeit auf ihn ... ihr ganzes Leben. Damals hatten sie verabredet, im Radio ein bestimmtes Lied zu hören, darin wird offenbar ein Treffpunkt erwähnt. Bis heute hält die alte Frau ständig das Radio und sucht von den ganzen Tag den Sender mit diesem Lied. Das Lied heißt „Wunderschön".

HE DAMING *(bewegt)* Das ist wirklich schön!

DIANDIAN Aus ihrer Geschichte, aus deiner Geschichte, aus Omas Geschichte ist mir bewusst geworden, dass die Menschen damals ganz anders waren als wir heute. Wir geben Dinge so leicht auf. Sobald etwas Profit verspricht, sind wir bereit, alles über den Haufen zu werfen. Aber damals war es anders: Sie konnten ihr ganzes Leben an einen Satz, ein Versprechen, ein Ideal glauben. Ich habe mir ernsthaft überlegt, sie bis ans Ende ihres Lebens zu begleiten. Ich habe nämlich entdeckt, dass sie, seit sie krank ist, die Augen nicht aufmacht, wenn sie Besuch hat. Nur wenn ich das Radio nehme und bei ihr sitze und sie hört, wie ich das Lied suche, strömen ihr die Tränen übers Gesicht.

HE DAMING Diandian, manchmal weiß ich wirklich nicht, was ich von eurer Generation der Post-1980er halten soll. Da ist so ein Riesenunterschied zwischen denen, die eine gewisse Reife erlangt haben, und denen, die unreif sind.

DIANDIAN Was meinst du damit?

HE DAMING Manchmal seid ihr sehr egoistisch, aber manchmal merkt man doch, dass ihr euch um die Gesellschaft kümmert.

DIANDIAN *(lacht)* Ihr seid ja auch nicht anders. Onkel, ist die Vorlesung aus?

Diandian geht. He Daming starrt in die Leere.

He Daming geht auf die Toilette.

Zhou Xiaojian kommt heimlichtuerisch herbei. Er nimmt einen Anruf an. He Daming kommt aus der Toilette und hört, dass Zhou Xiaojian telefoniert. Plötzlich hört er genau zu.

ZHOU XIAOJIAN *(sehr leise)* Direktor Wang, seien Sie beruhigt, ich habe ihn im Auge. Er kann nicht entkommen ... Ja, ich weiß. *(Er steckt sein Handy weg.)*

He Daming kommt aus der Toilette.

ZHOU XIAOJIAN *(lacht kurz)* Ich weiß, dass Sie sich lustig über mich machen!

HE DAMING Tatsächlich?

ZHOU XIAOJIAN Ehrlich gesagt, ist es mir egal. Mir ist nur wichtig, dass ich endlich die Chance habe, wieder ein ordentliches Leben zu führen. Deswegen werde ich diese Chance auch nicht leichtfertig aufs Spiel setzen. Ich werde sie um jeden Preis ergreifen! Wer mir das Recht auf Leben nehmen will ... mit dem werde ich ohne Rücksicht auf Verluste kämpfen! Und wenn es dabei um Leben und Tod geht!

HE DAMING *(mustert ihn)* Und für diese Chance ist dein Onkel Xiaoming zuständig?

ZHOU XIAOJIAN *(schüttelt den Kopf)* Wenn es nach Onkel Xiaoming geht, dann bin ich nichts als Hundsdreck!

Ein Moment Stille.

HE DAMING *(fällt etwas ein)* Xiaojian, ich habe gehört, dass die Firma von Onkel Xiaoming in Schwierigkeiten steckt?

ZHOU XIAOJIAN *(lacht auf)* Das sind nicht irgendwelche Schwierigkeiten, das sind Mega-Schwierigkeiten!

HE DAMING Was heißt das?

ZHOU XIAOJIAN *(leise)* Es geht um 70 Millionen! Illegale Finanzierung!

HE DAMING Geht es da um ... um die börsennotierte Firma rund um das Öko-Gebiet in der Inneren Mongolei?

ZHOU XIAOJIAN In Wirklichkeit gibt's dort nur ein paar Gewächshäuser. Das mit der Börse – das ist reinster Betrug.

Guo Chunlan kommt mit He Guangming am Arm aus dem hinteren Zimmer.

HE GUANGMING Daming, solltest du nicht zum Empfang gehen?

HE DAMING Chunlan, leiste Vater erst einmal Gesellschaft! Vater, ich rufe dich dann!

ZHOU XIAOJIAN *(leise)* Mutter, was hast du mit Großvater besprochen?

GUO CHUNLAN Nichts ... Jetzt ist Neujahr, da hat das nichts zu suchen!

ZHOU XIAOJIAN Großvater ist Kader auf Provinzebene. Nur ein Wort von ihm und sie sind am Ende!

He Guangming setzt sich aufs Sofa.

HE GUANGMING Die Kulturrevolution ist jetzt dreißig Jahre her und du redest davon, jemanden fertig zu machen?

ZHOU XIAOJIAN Großvater, all diese Jahre ist meine Mutter im Dorf von den anderen gedemütigt und schikaniert worden. Wenn ich nur an all das Leid denke, das sie hat aushalten müssen, dann ... das kann ich einfach nicht schlucken!

HE GUANGMING Wer hat sie gedemütigt?

ZHOU XIAOJIAN Alle, die auch nur ein bisschen Macht haben, demütigen die anderen!

GUO CHUNLAN Xiaojian ...

ZHOU XIAOJIAN Mutter, ich habe gehört, dass der Provinzparteisekretär gleich kommen wird, um Großvater zu besuchen. Erzähl doch, wie sie die Leute einschüchtern!

HE GUANGMING Erzähl, wie schüchtern sie die Leute ein?

ZHOU XIAOJIAN Alle, was vielversprechend ist, reißen sich ihre Kinder, ihre Verwandtschaft, die ganze Sippschaft unter den Nagel. Andere bekommen weder Ackerland noch können sie Häuser bauen. Sie aber können. Andere dürfen keine Bäume fällen, sie aber schon. Andere dürfen nicht Bergbau betreiben, sie aber schon. Andere dürfen nicht roden, sie aber schon.

GUO CHUNLAN *(leise)* Xiaojian!

HE GUANGMING Lass ihn reden!

ZHOU XIAOJIAN Sie alle stecken unter einer Decke und wenn die Leute sie verklagen wollen, dann glauben Polizei und Gerichte nur ihnen.

GUO CHUNLAN *(energisch)* Xiaojian!

HE GUANGMING Chunlan, stimmt es, was Xiaojian sagt?

GUO CHUNLAN Das sind ein paar wenige ... Die meisten sind schon in Ordnung.

ZHOU XIAOJIAN Großvater, meine Mutter bringt da etwas durcheinander: Bei uns sind die Guten in der Minderheit, die meisten sind so, wie ich sage!

HE GUANGMING *(beginnt sich aufzuregen)* Ihr seid aus Dabieshan! Einer alten revolutionären Hochburg! Damals haben die Leute dort die Kader unserer Partei mit allen Mitteln geschützt ... Als die Truppen der Grundbesitzer die Leute verhafteten, da wollte Frau Liu aus Xiwangzhuang den Sohn unseres Gebietsführers schützen und hat ihnen deswegen ihren eigenen Sohn gegeben. Sie hat dann mit ansehen müssen, wie diese Truppen ihren Sohn zu Tode stürzen ließen.

GUO CHUNLAN Vater ...

HE GUANGMING Unsere Partei ist aus dem Volk heraus entstanden. Warum haben die Menschen sie so unterstützt? Wenn es Schwierigkeiten und Gefahren gab, waren die Parteimitglieder immer vorne dabei. Die Partei verdankt ihr Prestige diesen Parteimitgliedern, die ihr Leben geopfert haben. Wenn es so ist, wie du sagst, und die Kader heute nur mehr an sich selbst denken und die ersten sind, die sich Vorteile verschaffen – wie soll ihnen das Volk dann vertrauen?

GUO CHUNLAN Vater, all diese Jahre haben die Basisorganisationen der Partei viel Gutes getan. In unserem Dorf sind Landwirtschaft, Industrie und Handel gemeinsam entwickelt worden. Grund und Boden der Familien wurden zusammengelegt, es gibt Unternehmen, die Landwirtschaft betreiben, andere betreiben Fabriken und andere stellen umweltfreundliche Produkte her. Vergangenes Jahr wurde ein neues Dorf errichtet, mit kleinen villenartigen Häusern. Jede Familie hat ein Haus bekommen, genauso wie in der Werbung angekündigt. Dieses Jahr wird ein Altersheim errichtet. Ich habe gehört, dass zu Neujahr die ersten Bauern ins Ausland auf Urlaub fahren ...

HE GUANGMING *(nickt)* Das ist gut.

ZHOU XIAOJIAN Mutter, sag doch etwas zu unserem Haus.

HE GUANGMING Was ist mit eurem Haus?

ZHOU XIAOJIAN Zuerst hieß es, dass eine Straße gebaut wird und unser Haus abgerissen werden muss. Dann haben sie uns als Entschädigung in ein kleines Haus umgesiedelt.

HE GUANGMING Das ist ja positiv.

ZHOU XIAOJIAN Diese Häuser wurden ursprünglich für die Führer im Kreis gebaut, aber weil die Oberen Untersuchungen anstellten, haben sie uns schnell dorthin umgesiedelt. Als die Gefahr dann vorbei war, haben sie uns wieder rausgeschmissen und für ein paar Familien in einer Gegend, wo niemand hingehen will, ein paar minderwertige Häuser gebaut ... Weil es durchs Dach geregnet hat, ist mein Vater hinaufgestiegen und heruntergefallen. Wir hatten kein Geld für den Arzt und deswegen ist er vor lauter Wut gestorben.

HE GUANGMING *(zu Chunlan gewandt)* Stimmt das?

HE CHUNLAN *(nickt leicht mit dem Kopf)*

ZHOU XIAOJIAN *(zögernd)* Großvater, was ist, wenn ich etwas zusammenschreibe und du es den Oberen in der Provinz übergibst?

HE GUANGMING Schreib etwas! Wenn du fertig bist, schau ich es mir an.

ZHOU XIAOJIAN Ich habe schon etwas geschrieben. *(Er nimmt den Brief heraus.)*

HE GUANGMING Du hast schon etwas geschrieben? Gut ...

ZHOU XIAOJIAN Und wenn unsere Familie ... Wenn es in unserer Familie auch solche Korruption gäbe? Würdest du dich darum kümmern?

HE GUANGMING In unserer Familie? So etwas kann bei uns nicht passieren!

HE DAMING Vater, es ist gleich so weit. Du musst zum Empfang gehen.

HE GUANGMING *(schaut auf die Uhr)* Ich muss gehen, zum Empfang, ich kann den Provinzgouverneur und den Parteisekretär nicht warten lassen, sie haben so viel zu tun ...

HE DAMING Ältere Schwester, begleitest du Vater?

GUO CHUNLAN *(nickt)*

HE GUANGMING *(seufzt)* Chunlan, dein Xiaojian hat allerhand los!

Guo Chunlan stützt He Guangming und verlässt mit ihm das Haus. Xiaojian begleitet sie hinaus.

HE DAMING *(ruft leise in Richtung Zimmer)* Xiaoming ...

He Xiaoming kommt aus dem Zimmer.

HE DAMING Xiaoming, du musst deine Angelegenheit sofort in Ordnung bringen. Sonst gibt es ein Problem!

HE XIAOMING Was reimst du dir da schon wieder zusammen?

HE DAMING Was heißt hier „zusammenreimen"? Man hat dich schon im Visier.

HE XIAOMING Wer hat mich im Visier?

HE DAMING Das „Talent" in deiner Firma. Er hat schon herausgefunden, welche Strategie du verfolgst. Willst du wirklich fahren? Unser neuer Bruder.

He Xiaoming sagt nichts.

HE DAMING In einem Gedicht aus der Tang-Dynastie heißt es: „Mit Schnee bedeckt, bevor die Jagd beginnt, versucht der Führer der Hunnen zu entkommen."

HE XIAOMING Hör auf damit. Mao Zedong ist auf dem Langen Marsch auch mitten in der Nacht geflohen.

HE DAMING Aber er hat es auf den Platz des Himmlischen Friedens geschafft und winkt uns von dort zu! Du aber, du schaffst es nur ins Gefängnis!

HE XIAOMING Nicht unbedingt!

HE DAMING Der Steckbrief wird von hier rausgeschickt!

HE XIAOMING *(schaut aus dem Fenster)* Du meinst ... er hat mich schon verkauft?

HE DAMING Ich habe gerade gehört, wie er mit eurem Direktor Wang telefoniert hat.

HE XIAOMING *(beißt die Zähne zusammen)* Dreckskerl!

HE DAMING Xiaoming, hör mir zu: Geh in die Offensive. Bezieh Stellung und setz dir eine Frist, bis zu der du das Geld zurückgibst. So könntest du ein Strafverfahren vielleicht vermeiden.

HE XIAOMING *(schüttelt den Kopf)* Das Geld zurückgeben? Woher soll ich es nehmen? Das meiste habe ich in Aktien gesteckt und das letzte Bisschen ist auch weg!

HE DAMING Hast du es Kang Aiai gegeben?

HE XIAOMING *(nickt)*

HE DAMING Idiot! Eines verstehe ich beim besten Willen nicht: Warum das alles?

HE XIAOMING *(hilflos)* Bei der Scheidung wollte sie acht Millionen von mir. Und wenn ich sie ihr nicht gegeben hätte, hätte sie meine Vergangenheit publik gemacht.

HE DAMING Was heißt eigentlich: deine Vergangenheit?

HE XIAOMING *(schüttelt den Kopf)* Vergiss es, darüber spreche ich nicht.

HE DAMING *(kategorisch)*: Das geht nicht! Ich kann nicht mit ansehen, dass du das machst! Dann bist du endgültig erledigt!

HE XIAOMING Bruder, ich ...

HE DAMING Und außerdem, das wäre der Tod für unseren alten Herrn! Vergiss eines nicht: Wie es auch kommt, du bist der Sohn der Kommunistischen Partei!

HE XIAOMING *(schaut auf die Uhr)* Es ist zu spät, ich muss jetzt sofort zum Flughafen aufbrechen!

He Xiaoming dreht sich um und geht zum Ausgang.

Zhou Xiaojian erscheint beim Eingang und hält ihn auf.

ZHOU XIAOJIAN *(blockiert ihm den Weg)* Onkel Xiaoming, wohin gehst du?

HE XIAOMING Muss ich dich vielleicht um Erlaubnis fragen?

ZHOU XIAOJIAN Ich frage ja nur ...

HE XIAOMING Kümmere dich nicht um Dinge, die dich nichts angehen!

ZHOU XIAOJIAN Was die Aktien des Unternehmens betrifft – kann ich das fragen?

HE XIAOMING *(hellhörig)* Was ist mit den Aktien?

ZHOU XIAOJIAN Wann geht ihr an die Börse?

HE XIAOMING Bald. Wir sind gerade dabei, die Formalitäten zu erledigen.

ZHOU XIAOJIAN Aber ich habe gehört, dass der Antrag von der Kommission für Kontrolle und Verwaltung der Wertpapiere nicht genehmigt wurde!

HE XIAOMING *(zornig)* Bist du der Chef oder bin ich der Chef?

ZHOU XIAOJIAN *(lacht)* Generaldirektor He, natürlich bist du der Chef, ich will dir auch gar nicht dein gutes Geschäft verderben. Meine Bedingungen sind auch nicht hoch ... *(Er nimmt ein paar Dokumente aus seiner Aktentasche.)* Nachdem Direktor Wang herausgefunden hat, dass etwas mit dem Konto nicht stimmt, habe ich das Ganze untersucht. Du hast Firmengelder unterschlagen ... Entschuldige, aber dieser Begriff ist nicht meine Erfindung. Ich bin im Besitz sämtlicher Beweise.

HE DAMING Du bist wahrhaft ein „Talent"!

HE XIAOMING *(schaut ihn entsetzt an)* Willst du mir etwa ein Geschäft vorschlagen?

ZHOU XIAOJIAN Wenn alles in der Familie bleiben soll: zwei Millionen!

HE XIAOMING Und wenn ich nicht zustimme?

ZHOU XIAOJIAN Du kannst gehen, aber, Onkel Xiaoming, ich warne dich: Vergiss nicht, dich von Großvater und Großmutter zu verabschieden, bevor du gehst!

HE DAMING Was hast du vor?

HE XIAOMING *(dreht sich um, fixiert Zhou Xiaojian)* Zhou Xiaojian, vor einem Jahr bist du wie ein Gespenst aufgetaucht. Ich hätte nie gedacht, dass du über Nacht so eine Verwandlung durchmachen könntest: Vom Angestellten in der Firma – noch dazu einem, der bereits entlassen ist – hast du dich plötzlich in meinen Neffen verwandelt. Und jetzt willst du mit mir ein Geschäft machen? Willst du wissen, was das für mich für ein Gefühl ist?

ZHOU XIAOJIAN Ich bin ganz Ohr.

He Xiaoming holt zu einem heftigen Schlag aus und Zhou Xiaojian stürzt zu Boden.

ZHOU XIAOJIAN Du schlägst mich?

He Xiaoming geht zur Eingangstür.

HE DAMING *(lachend)* Onkel schlägt Neffe, das ist ja nun nichts Besonderes. Also umsonst!

Licht aus.

ZWEITE SZENE

Zeit: früher Abend
Ort: wie oben

He Qiuju kommt zur Tür herein. Sie wirkt sehr entspannt.

HE QIUJU *(singt vor sich hin)* Die Vögel auf dem Baum, sie bilden Paare ...

JUANJUAN *(kommt aus der Küche)* Frau Qiuju, Sie sind zurück! Was essen wir am Abend?

HE QIUJU Nur mit der Ruhe, mach zuerst die Algen.

JUANJUAN Sie meinen, die gemischten Seetangstreifen?

HE QIUJU *(lacht auf)* Ich meine, Genossin Juanjuan! Ich möchte auch in Zukunft noch in den Spiegel schauen können!

JUANJUAN *(versteht nicht)* Was meinen Sie?

HE QIUJU *(sitzt auf dem Sofa)* Ich beglückwünsche mich selbst.

JUANJUAN Beglückwünschen?

HE QIUJU *(lacht)* Juanjuan, komm. Ich frage dich: Wenn ... Angenommen, du gehst auf den Markt, kaufst Gemüse und findest dabei zufällig eine Geldbörse, in der viel, viel Geld steckt, was machst du damit?

JUANJUAN Ich habe doch keine Geldbörse gefunden!

HE QIUJU Ich sage ja: angenommen!

JUANJUAN *(denkt nach)* Angenommen?

HE QIUJU Willst du nicht Geld haben? Bist du nicht als junges Mädchen von deiner Familie weggegangen und hast Arbeit gesucht, um Geld zu verdienen?

JUANJUAN *(nickt)* Aber mein Vater hat gesagt, man muss sich im Leben auf seine Fähigkeiten verlassen. Und er hat auch gesagt, dass man unehrliches Geld nicht anrühren darf, denn früher oder später müsse man die Rechnung dafür bezahlen!

HE QIUJU Dein Vater hat recht. Ich habe gerade gefundenes Geld der Disziplinarkommission übergeben!

JUANJUAN Disziplinarkommission, wer ist das? Die Polizei?

HE QIUJU *(lacht laut)* Ja, das ist die Polizei! Der Polizist Ji! *(Sie steht auf und richtet sich das Kleid zurecht.)* Gehen wir, jetzt kann ich den Seetang herrichten.

He Qiuju und Juanjuan gehen in die Küche.

He Daming kommt aus dem Hinterzimmer, er telefoniert mit dem Handy.

HE DAMING *(leise)* Xiaoming? Jetzt sei ehrlich: Wo bist du im Moment eigentlich? Garantiere mir, dass du nicht gehst! Wenn du gehst, dann wird dein Vergehen nur noch größer! ... Gut, ich glaube dir ...

He Daming verstaut sein Handy, schaltet den Fernseher ein.

HE DAMING *(schaut auf die Uhr, ruft in Richtung Schlafzimmer)* Vater, jetzt ist es soweit, in der Sendung mit den Vorlesungen ist gerade von Gedichten des Vorsitzenden Mao die Rede!

In dem Moment kommt Guo Chunlan mit Chen Xuemei im Rollstuhl und He Guangming aus dem Hinterzimmer.

HE GUANGMING *(schaut sich um)* Erming, ich habe ja noch nicht mit ihm fertig geredet!

HE DAMING Vater, lass es gut sein, du kannst das mit ihm nicht ausdiskutieren!

HE GUANGMING Wieso kann ich das nicht?

HE DAMING Erming ist jetzt der Asien-Repräsentant einer in China ansässigen ausländischen Firma. Er ist für einige große aus dem Ausland übernommene Projekte zuständig. Er kennt die Hintergründe ...

CHEN XUEMEI *(zeigt auf den Fernseher)* Horch einmal: „Zehntausend Jahre sind zu lang, nutze jede Minute!"

HE DAMING Vater, ich möchte dich etwas fragen: Welcher Zeit trauerst du am meisten nach?

CHEN XUEMEI Den Fünfzigerjahren und den frühen Sechzigerjahren des vergangenen Jahrhunderts.

HE GUANGMING *(denkt kurz nach)* Das war unsere glücklichste Zeit. Alle Menschen haben sich ganz auf die Arbeit konzentriert.

CHEN XUEMEI Egal, ob du Kader oder Techniker warst, egal, ob du Experte oder Arbeiter warst, alle waren gleich: Wir aßen das Gleiche, wir wohnten in den gleichen Häusern, wir trugen die gleichen Kleider.

HE DAMING Aber später ... Reden wir nicht von den anderen, habt ihr euch verändert?

HE GUANGMING Wie meist du das: verändert?

HE DAMING Vater, auch wenn du und Mutter das aufrichtigste, reinste Beispiel für die frühere Generation proletarischer Revolutionäre seid – ihr habt doch auch eure Amtsautorität genutzt. Dass ich zum Militär kam und Xiaoming seine Arbeit fand, verdanken wir doch euren Beziehungen, oder?

HE GUANGMING Das hat deine Mutter arrangiert.

HE DAMING Und die Privilegien, die ihr später genossen habt – das hat doch auch nichts mehr mit dem Leben des einfachen Volks zu tun! Zum Beispiel die jährliche Kur im Sommer, da sind wir doch immer alle miteinander hingefahren, gut zehn Personen, Alte wie Junge. Und wo wir hingekommen sind, haben uns die örtlichen Funktionäre zum Essen eingeladen. Sogar unser Dienstmädchen war in einem Einzelzimmer untergebracht! Und als Vater gerade erst seine Arbeit wieder aufgenommen hatte, sind wir innerhalb von zwei Jahren etliche Male umgezogen, erinnert ihr euch? Sieben Mal! Von einer Zwei-Zimmer-Wohnung am Anfang in ein Haus mit 14 Zimmern!

HE GUANGMING Das ist alles von oben arrangiert worden ...

HE QIUJU *(sie ist irgendwann aus der Küche gekommen)* Die Leute sagen das heute auch: Wenn die Kader essen und trinken, dann macht das nichts, sie dürfen nur nicht korrupt sein. Wenn sie sich nur um die Angelegenheiten der Leute kümmern, dann sind sie schon gute Kader.

HE DAMING Und da gibt es auch eine Theorie dazu. Es heißt, dass der westliche Kapitalismus anfangs, im Zuge der primitiven Akkumulation, auch so war. Dieser Prozess ist unausweichlich!

HE GUANGMING Blödsinn! Beim siebten Parteitag hat der Vorsitzende Mao gesagt, dass Kommunisten den Kapitalismus nicht fürchten, sondern die positiven Elemente des Kapitalismus nutzen sollen. Der Vorsitzende Mao hat aber nie gesagt, dass wir uns die negativen Seiten des Kapitalismus aneignen sollen!

HE DAMING Aber die Gesellschaft muss Fortschritte machen und sich entwickeln, das ist ein historisches Gesetz. Entwicklung ist ein ehernes Gesetz. Und im Zuge dieser Entwicklung tauchen so manche Probleme auf.

HE GUANGMING Was für Probleme? Wovon redest du?

HE DAMING Der Wandel der gesellschaftlichen Werte führt zum Problem, dass die Gesellschaft nur mehr dem Geld, dem Materiellen hinterherläuft. Das Kulturelle verliert an Wert und die Moral hat einen schweren Stand. Die schnelle wirtschaftliche Entwicklung, das Problem des Umweltschutzes und der Ressourcenschonung, der politische Stellenwert der neu entstehenden Klasse und die

Arbeitslosen, das Problem der schlechten sozialen Absicherung der schwachen Gruppen, die Frage, wie man eine demokratische Politik und eine Systemreform anpacken kann ...

HE GUANGMING Es scheint, als ob tatsächlich „ein alter Revolutionär auf neue Probleme stößt"!

HE DAMING Die heutige KP kann sich nicht mit „Hirse und Gewehren" begnügen, sondern muss einen Informationskrieg führen können, der WTO beitreten, daher muss sie Fremdsprachen beherrschen. Sie muss Krawatten anlegen und mit Messer und Gabel essen können. Sie muss trockenen Rotwein und Kaffee trinken können, sie muss Golf spielen, Karaoke singen und in die Sauna gehen können. Sie braucht einen akademischen Grad, muss einen MBA haben und CEO sein ...

HE GUANGMING Und weiter?

HE DAMING Vater, du bist doch nicht böse?

HE GUANGMING Ich höre dir zu ...

HE DAMING Vater, du und Mutter, ihr wart damals Soldaten! Ihr wart damals auch Denker! Euer Denken darf nicht sterben!

HE GUANGMING Wir haben nie aufgehört zu denken.

In diesem Moment kommt He Erming von draußen herein. Es ist offensichtlich, dass er nicht wenig getrunken hat, ja, er wirkt sogar ziemlich betrunken.

HE ERMING *(zu He Guangming)* Vater, Mutter.

HE GUANGMING Hast du von Mittag bis jetzt getrunken?

HE ERMING Vater, dieses Gelage ... ich habe nicht umsonst getrunken, ich, ich ... es war eine reiche Ernte ... ich, ich habe entdeckt, dass diese Studienkollegen ... die haben es sich viel besser eingerichtet als ich: Manche sind Abteilungsleiter in der Provinzregierung, andere sind Abteilungsleiter im Provinzparteikomitee und manche sind Unternehmenschefs. Was ... was ihre politischen Erfolge betrifft: Sie sind alle brillant.

GUO CHUNLAN Erming, trink ein bisschen Tee.

HE ERMING Ich habe noch etwas anderes entdeckt: Wenn man getrunken hat, dann sieht alles sehr rosig aus. Der Himmel ist blau, die Erde ist weit, das Wasser ist grenzenlos, die Blumen duften ... Du willst doch nicht, dass ich von der Entwicklung und den Veränderungen in unserem Land seit Beginn der Öffnungspolitik rede? ... Die Menschen sind zufrieden mit ihrem Leben und ihrer Arbeit, die Gesellschaft ist solidarisch und friedlich. Die Küste im Südosten vertieft die Reformen, die Gebiete im Nordwesten werden immer schneller erschlossen, die alte Industriebasis im Nordosten erfährt einen Aufschwung, die Produktionskräfte entwickeln sich rasant, das Bruttosozialprodukt steigt kontinuierlich, das materielle Leben wird immer vielfältiger, das Lebensniveau des Volkes steigt ständig, das Durchschnittseinkommen, die Devisenreserven ...

GUO CHUNLAN Erming, hör auf ...

HE ERMING Ältere Schwester, ich weiß ... weniger ist mehr, Schweigen ist Gold. Nichtwissen ist ein Segen. Man hat versucht, mich zu überreden: Von alters her waren die wirklich großen Geister die Mönche und Nonnen, die in ihrem Kloster ein einfaches Leben führten und praktizierten ... Vater, dieses Mal habe ich es kapiert, von heute an brauchst du mich nicht mehr aus dem Haus jagen, von heute an werde ich, He Erming, meine Augen nur mehr zu den Schönheiten der Natur erheben und wenn ich meine Augen senke, mich an edlem Wein ergötzen. Wenn ich erwache, strahlt der Mond hell, und betrunken spüre ich den kühlen Wind ...

HE GUANGMING *(plötzlich laut)* He Erming, steh auf.

HE ERMING *(erschrickt)* Vater ...

HE GUANGMING *(schwingt seinen Stock)* Geh mir aus den Augen!

HE ERMING *(nüchtern)* Vater, dieses Mal habe ich doch nichts Schlechtes über die Partei gesagt?

HE GUANGMING *(erregt)* Ich verlange nicht von dir, die Partei schönzureden. Ich möchte wissen, was ihr denkt. Was könnt ihr tun? Man darf nicht nur alles und jedes kritisieren, sondern man muss sich etwas einfallen lassen! Ich habe euch schon oft gesagt, dass man in die Partei eintritt, um noch besser zu lernen und noch besser zu kämpfen! Um das Wesen der Partei zu erhalten, um gegen diese falschen Parteimitglieder anzukämpfen!

HE DAMING Vater, es gibt sicher Mittel und Wege: Man muss einen wissenschaftlichen Entwicklungsansatz verfolgen, man muss das politische System reformieren, den Aufbau der Demokratie und Rechtsstaatlichkeit vorantreiben, die Kontrollmechanismen seitens des Volkes stärken. Und in der Wirtschaft muss man die Industriestruktur anpassen, eine Anpassung auf Makroebene vornehmen und eine wissenschaftliche Planung durchziehen ...

HE GUANGMING Das weiß das Zentralkomitee schon längst. Ich rede aber von euch, dazu gehören natürlich auch wir ... Was können wir machen?

CHEN XUEMEI Jeder muss bei sich selbst beginnen!

HE GUANGMING Genau, Mutter hat recht, wir können die anderen nicht verändern, aber wir können uns selbst verändern. Die Angelegenheiten des Landes können wir nicht beeinflussen, aber wir können uns um unsere eigene Familie kümmern!

HE QIUJU *(nimmt einen Anruf entgegen)* Hallo ... Gut ... Ich rede mit meinem Vater darüber. *(Legt auf.)* Vater, Xiaodong, der Chauffeur, hat angerufen. Er sagt, er will dein Auto gegen ein neues eintauschen.

HE GUANGMING Schon wieder?

HE QIUJU Es ist wieder ein Audi, ein 8er statt einem 2,4er. Originalimport.

HE GUANGMING Nein, wir tauschen es nicht aus! Mir ist egal, was die anderen tun, ich wechsle jedenfalls das Auto nicht! Ich fange bei mir an, damit das Land weniger für Dienstwagen ausgeben muss!

HE QIUJU Reden wir später weiter. *(Sie legt das Handy weg.)*

HE GUANGMING Hört alle zu. Unsere Familie, angefangen mit eurer Mutter und mit mir, wir wollen mit gutem Beispiel vorangehen und uns anstrengen, damit das Wesen der Partei erhalten bleibt. Wir dulden kein gegen die Disziplin verstoßendes Verhalten, wir dulden nichts, was die Interessen des Volkes verletzt. Daming, sag du als erster: Schaffst du das?

HE DAMING Ich bin der Meinung, dass ich all die Jahre ein qualifiziertes Mitglied der Kommunistischen Partei war.

HE GUANGMING Erming, was ist mit dir?

HE ERMING Was soll mit mir sein?

HE GUANGMING Hast du nicht gesagt, dass das Besitzerkomitee deiner Wohnanlage dich zum Vorsitzenden des Komitees gewählt hat?

HE ERMING Das mache ich aber nicht!

HE GUANGMING Du solltest es aber tun. Du solltest deine legitime Macht dazu nutzen, die Interessen des Volkes zu wahren! „Hüte dich vor einem gebrochenen Herzen durch zu viel Unmut!" Du musst Stück für Stück die Verantwortung eines Menschen, eines Mitglieds der Kommunistischen Partei wahrnehmen!

Juanjuan bringt ein Glas mit Wasser.

JUANJUAN Herr He, Sie müssen Ihre Medizin nehmen!

HE GUANGMING Wo ist Xiaoming? Ruf ihn bitte, er soll herkommen.

JUANJUAN Herr He, Xiaoming ist nicht da.

HE GUANGMING Ehrlich gesagt, um ihn mache ich mir am meisten Sorgen. In China gibt es ein altes Sprichwort: „Wozu früh aufstehen, wenn es nichts zu holen gibt? Alle Geschäftsleute sind Gauner." Er kümmert sich den ganzen Tag um seine Geschäfte, geht oft am Fluss entlang spazieren. Wie kann man sich da nicht nasse Füße holen?

HE DAMING Vater, angenommen, Xiaoming hat sich tatsächlich nasse Füße geholt, angenommen, er hat tatsächlich etwas verbrochen, was machst du dann?

HE GUANGMING Xiaoming ... Unmöglich.

HE DAMING Ich sage ja: angenommen.

HE GUANGMING Dann würde ich ihn wohl eigenhändig umbringen! Das wäre ja nicht das erste Mal, dass Gerechtigkeit über die eigene Familie gestellt würde!

CHEN XUEMEI *(zeigt plötzlich auf den Fernseher)* Wenn man wen umbringt, dann gleich ein paar!

Juanjuan geht mit He Guangming ins Zimmer.

Guo Chunlan und He Qiuju gehen mit Chen Xuemei in ein Zimmer.

Stille auf der Bühne.

Da kommt Zhou Xiaojian hereingestürmt. Ein Auge ist teils mit Gaze verbunden.

ZHOU XIAOJIAN *(schaut sich um)* Onkel Daming, ist Onkel Xiaoming zum Flughafen gefahren?

HE DAMING Ich weiß nicht.

ZHOU XIAOJIAN Daming, wenn du ihn decken willst, dann musst du auch die Verantwortung für dein Verhalten übernehmen!

HE DAMING Von dir soll ich mir etwas erzählen lassen?

Zhou Xiaojian will gehen.

HE DAMING Bleib stehen! *(Er mustert ihn von oben bis unten, verächtlich.)* Du glaubst, du kannst dich hier aufspielen?

ZHOU XIAOJIAN *(entrüstet)* Ich sage dir eines in allem Ernst: Ich bin auch ein Mitglied dieser Familie. Ich weiß, dass ihr mich verachtet, aber ich verachte euch auch! Was ist so toll an euch? Nur weil ihr Großvater und Großmutter auf eurer Seite habt, habt ihr ein besseres Leben als die meisten anderen Menschen. Meine Mutter aber hat Bäuerin werden müssen, nur weil sie auf dem Land aufgewachsen ist! Und so bin ich der Sohn von Bauern! Aber vergesst eines nicht: Ich bin gleicher Abstammung wie eure Kinder, ich bin ebenfalls ein Kaderkind!

HE DAMING Was soll das Ganze?

ZHOU XIAOJIAN *(setzt sich)* Können wir auf Augenhöhe reden?

HE DAMING Geht's noch? Darf ich fragen, worüber du reden willst?

ZHOU XIAOJIAN *(leise)* Wenn ich zur Polizei gehe, entkommt er nicht!

HE DAMING *(lacht)* Ich dachte ursprünglich, dass du für Gerechtigkeit in der Gesellschaft kämpfst. Aber in Wirklichkeit bist du ein kleiner schamloser Erpresser!

ZHOU XIAOJIAN Denk, was du willst. Wenn du meine Bedingungen akzeptierst, dann garantiere ich, dass ich in Zukunft nie wieder einen Fuß in dieses Haus setzen werde. Denn das ist nicht meine Familie! Ich hasse dieses Haus! *(Schaut rundum.)* Ich hasse diesen Lüster, ich hasse dieses Sofa, ich hasse diesen Fernseher, ich hasse alles in diesem Zimmer! Am liebsten würde ich euch ja alle diese Dinge zertrümmern!

HE DAMING Woher kommt dieser Hass?

ZHOU XIAOJIAN Ungerechtigkeit! Ich hasse euch! Auf welcher Basis führt ihr so ein Leben? Wie viel von eurem Geld habt ihr dank eurer eigenen Fähigkeiten verdient? Mir ist eines klar: In der heutigen Gesellschaft hat das Geld das Sagen!

Wer Geld hat, hat alles! Du brauchst du nur auf meine Bedingungen einsteigen. Ja, in Wirklichkeit würde mir ja schon euer kleiner Finger zum Leben reichen. Ich gehe auf keinen Fall wieder nach Dabieshan zurück!

HE DAMING Du willst also auch ein Stück vom Kuchen bekommen?

ZHOU XIAOJIAN Wie im Film: die Großgrundbesitzer stürzen und ihr Land aufteilen!

HE DAMING Wer ist da ein Tyrann?

ZHOU XIAOJIAN Die Zeiten haben sich geändert, es gibt nur mehr zwei Klassen in der Gesellschaft: Arme und Reiche.

HE DAMING Willst du reich werden?

ZHOU XIAOJIAN Genau, mir gebührt auch ein Teil der Beute! *(Er nimmt sein Handy.)*

HE DAMING *(schiebt das Handy weg)* Was hast du vor?

ZHOU XIAOJIAN *(lacht)* Direktor Wang wartet auf meinen Anruf. Ich bin sicher, er geht zur Polizei! *(Er nimmt das Handy.)*

HE DAMING Warte bitte einen Moment. Auch wenn Xiaoming gehen will, wir können ihn überreden zu bleiben. Wir können ihm eine Chance geben, Wiedergutmachung zu leisten.

ZHOU XIAOJIAN Aber er hat mir keine Chance gegeben!

HE DAMING Glaub mir, ich übernehme das, ich lasse ihn nicht gehen ...

ZHOU XIAOJIAN *(schaut ihn an, schüttelt den Kopf)* Ich glaube dir nicht. *(Er wählt eine Nummer.)*

He Daming dreht Zhou Xiaojian mit einer geübten soldatischen Bewegung den Arm auf den Rücken.

ZHOU XIAOJIAN *(schreit auf)* Mutter, komm schnell!

Guo Chunlan stürzt aus einem Zimmer herbei.

GUO CHUNLAN *(erschrickt)* Daming, was machst du da?

HE DAMING Ältere Schwester, entschuldige, frage nicht, ich erzähle dir später alles.

He Daming reißt Zhou Xiaojians Handy an sich und steckt es in seine Jackentasche. In diesem Moment kommt He Qiuju mit Chen Xuemei im Rollstuhl und He Guangming aus dem Hinterzimmer.

HE GUANGMING Daming, was ist hier los?

HE DAMING Vater, das geht dich nichts an!

HE GUANGMING *(wütend)* Das ist mein Haus! *(zu He Daming)* Lass ihn los!

He Daming lässt Zhou Xiaojian los.

ZHOU XIAOJIAN Großvater, er hat mich angegriffen.

HE GUANGMING Was soll das?

ZHOU XIAOJIAN *(bewegt seinen Arm)* Großvater, Onkel Xiaoming geht nach Amerika, er ist schon am Flughafen!

Alle sind fassungslos.
Kang Aiai und Diandian kommen mit ihren Koffern aus dem Hinterzimmer. Als sie die anderen sehen, sind sie wie vor den Kopf gestoßen.
HE GUANGMING Aiai, wohin gehst du?
Kang Aiai sagt nichts.
ZHOU XIAOJIAN Sie geht zum Flughafen, um Onkel Xiaoming etwas zu bringen.
HE GUANGMING Xiaoming will nach Amerika fliegen? Und sagt nicht einmal etwas?
KANG AIAI Vater, wenn ich zurück bin, erkläre ich dir alles ...
HE GUANGMING Das erklärst du mir jetzt auf der Stelle!
KANG AIAI Vater ... Es gibt Dinge, von denen du besser nichts weißt!
HE GUANGMING *(zu Zhou Xiaojian gewandt)* Warum fliegt Onkel Xiaoming so plötzlich nach Amerika, weißt du das?
ZHOU XIAOJIAN *(schaut alle an)* Ja, ich weiß es.
CHEN XUEMEI Sag es, dein Großvater will, dass du es sagst!
ZHOU XIAOJIAN *(zögert kurz)* Großvater ...
KANG AIAI Diandian, geh nach oben.
HE GUANGMING *(energisch)* Sprich!
ZHOU XIAOJIAN Großvater, Onkel Xiaoming setzt sich mit 280 Millionen unrechtmäßig erworbener Firmengelder ins Ausland ab.
HE GUANGMING *(schockiert)* Was sagst du da?
ZHOU XIAOJIAN Direktor Wang aus der Firma hat entdeckt, dass es Probleme mit den Konten gibt, und mich gebeten, das heimlich zu untersuchen.
HE GUANGMING *(unterbricht)* Unmöglich! Xiaoming ist zu so etwas nicht fähig!
ZHOU XIAOJIAN *(nimmt ein paar Dokumente aus der Aktentasche)* Großvater, es stimmt! Schau, das ist Material, das ich bei meinen Nachforschungen von der Bank bekommen habe.
HE GUANGMING *(blättert die Dokumente durch und wirft sie dann auf den Boden)* Das kann nicht sein! Mein Sohn ist zu so etwas nicht fähig! *(zu Kang Aiai)* Ruf ihn an, ruf ihn schnell an, er muss zurückkommen!
KANG AIAI Er wird nicht zurückkommen!
HE GUANGMING Und du darfst nicht zum Flughafen fahren!
KANG AIAI Vater, Xiaoming ist dein Sohn, du wirst ihn doch nicht zwingen, sich in eine ausweglose Situation zu begeben!
HE DAMING Blödsinn! Dass es mit Xiaoming so weit gekommen ist, ist deine Schuld!
KANG AIAI Meine Schuld?
HE DAMING Genau. Xiaoming ist mein jüngerer Bruder. Ich kenne ihn. Er war schon immer ein gutes Kind, ehrlich, mitfühlend. Als er klein war, hat er oft Dinge von

zu Hause seinen Mitschülern geschenkt. Aber seit er mit dir zusammen ist, hat er sein ganzes Geld für dich ausgegeben! Was bist du nur für ein Mensch? Für dich zählt nur Geld! Du bist eine echte Lebedame!

KANG AIAI Jetzt greifst du also mich an? Auch gut. Dann reden wir heute eben Klartext. Schauen wir, ob Xiaoming sein Geld wirklich ganz für mich verwendet hat. All diese Jahre wart ihr in Beijing und in Shanghai. Und wer hat sich um Vater und Mutter gekümmert? Wie es um Qiuju und ihren Mann vor ein paar Jahren bestellt war, das wisst ihr ja alle. Diese hohen Haushaltsausgaben – woher ist das ganze Geld gekommen? Von Xiaoming. Hat er je etwas dagegen gesagt? Und die neue importierte Hüfte, die Vater bekommen hat, wer hat die bezahlt? Xiaoming. Weil er Geschäftsmann ist, ist es also ganz normal, dass er alles zahlt? Und wisst ihr, wie er zu diesem Geld kommt? Nach der Universität war er Fremdenführer, er hat im Verkauf gearbeitet, er hat Leute reingelegt und ist reingelegt worden ... Bis zu dem Jahr, als die große Überschwemmung kam ... Da hatte meine Cousine von der Personalabteilung eine Menge Geld für Katastrophenhilfe bekommen. Damals mussten schnell Zelte an die Betroffenen verteilt werden und ich habe dafür gesorgt, dass dieser Auftrag bei Xiaoming landet. Xiaoming hat das Material aufgestellt, er hat die Fabriken kontaktiert und die Zelte dann letzten Endes an den Staat verkauft. Wisst ihr, wie viel er damit verdient hat?

Die Kosten für ein Zelt betrugen damals 70 bis 80 Yuan. Der Marktpreis lag bei 300 Yuan, aber Xiaoming hat sie um 900 Yuan verkauft. Innerhalb von fünf Monaten hat er 40 Millionen verdient! 40 Millionen! Danach hat einer seiner Angestellten das Gefühl gehabt, dass er zu wenig bekommen hat, und ihn nach oben gemeldet. Wenn damals der Fall tatsächlich untersucht worden wäre, dann gäbe es Xiaoming heute schon lange nicht mehr! ... Damals hat mir Xiaoming alles erzählt. Er hat geweint. ... Sagt, was hätte ich tun sollen? Ich bin seine Frau, Diandian war gerade erst zwei Jahre alt ... Damals bin ich selbst zu demjenigen gegangen, der ihn angezeigt hat, und habe ihm Geld gegeben, Schweigegeld. Und ich selbst bin zum Leiter der Personalabteilung gegangen und habe die ganze Sache ausgebügelt. Aber wisst ihr auch, was ich für einen Preis dafür gezahlt habe? Das sind Katastrophenhilfsgelder des Staates gewesen! Staatliche Hilfsgelder! Das ist also euer He Xiaoming! Das war das erste Geld von Generaldirektor He!

Stille.

HE GUANGMING *(nach einem Moment)* Und was hat es mit dem eingeworbenen Kapital zu tun?

KANG AIAI Die Firma handelt ihre Aktien noch immer nicht an der Börse und die Schuldeneintreiber lassen die Firma nicht in Ruhe. Und eines Tages hat Xiaoming so nebenbei einen Satz gesagt: Wenn sie mich in die Enge treiben, dann nehme ich das Geld und bin dahin ...

HE DAMING Das hat er auch nur wegen dir gemacht! Ihr habt euch scheiden lassen und du hast acht Millionen von ihm verlangt!

KANG AIAI Sind acht Millionen zu viel? Ich weiß, in euren Augen habe ich nur meines eigenen Vorteils wegen in eure Familie eingeheiratet! Um mich mit eurem Funktionärshintergrund zu schmücken! Ok, ich gebe zu, am Anfang habe ich tatsächlich so gedacht. Ich wollte mich mit eurem Familienhintergrund schmükken. Deswegen habe ich den Sarkasmus, den Spott ausgehalten, den ihr mir entgegengebracht habt. Ich habe euren Hochmut und eure Vorhaltungen ertragen. Und was ist das Ergebnis? Sagt, welchen Vorteil hat mir das über all die Jahre tatsächlich gebracht? Wie gesagt: Ich wollte, dass meine Mutter in eine größere Wohnung übersiedelt, aber haben sich Vater und Mutter darum gekümmert? Ich habe auch gesagt, dass ich die Arbeit wechseln möchte. Und, hat sich wer darum gekümmert? Aber ihr selbst? Hat nicht Mutter selbst mit Leuten geredet und alles arrangiert, damit Qiuju eine neue Arbeit findet?

HE QIUJU Was soll das heißen?

KANG AIAI Ich will endlich abrechnen! Eure Arbeit, euer Gehalt, eure Häuser, das kommt alles von der Partei. Alles zusammen ist das wohl auch ein paar Millionen wert? Daher sind die acht Millionen, die ich will, nicht zu viel verlangt, es ist die Entschädigung, die Xiaoming mir geben muss.

HE GUANGMING Entschädigung wofür?

KANG AIAI *(lacht auf)* Für meine verlorene Jugend!

HE GUANGMING *(stochert mit seinem Stock in ihre Richtung)* Jugend? Und das Leben – wer zahlt dafür eine Entschädigung?

Plötzlich beginnt He Guangming zu schwanken. Mit einer schnellen Bewegung hält er seinen Kopf mit den Händen. Juanjuan springt hin, um ihn zu stützen. Da schiebt er Juanjuan weg, hebt langsam den Kopf und blickt in einen Winkel vorne auf der Bühne. In dem Winkel vorne auf der Bühne erscheint der junge He Guangming. Er kniet auf dem Boden und ritzt Zeichen in einen Stein.

HE GUANGMING *(leidet wieder an Halluzinationen, er zeigt auf den jungen He Guangming)* Junger Mann, was tust du da?

HE GUANGMING ALS JUNGER MANN Ich berichte dem Anführer: Ich will meinen Namen in diese Stele ritzen.

HE GUANGMING Das ist eine Stele zum Andenken an Märtyrer. Aber du lebst doch noch?

HE GUANGMING ALS JUNGER MANN Anführer, im Kampf bei Xiaodongshan hätte ich das Opfer sein sollen.

HE GUANGMING Wie bitte?

HE GUANGMING ALS JUNGER MANN Damals hat der alte Politkommissar befohlen, die erste Kompanie aus dem Kampf abzuziehen. Der Funker hat das falsch verstanden: Als er den Befehl weiterleitete, hieß es, ich solle die siebte Kompanie aus dem Kampf abziehen. Später habe ich erfahren, dass alle Kameraden der ersten Kompanie gefallen sind.

HE GUANGMING Deshalb habe ich das Gefühl, dass ich mein Leben ihnen verdanke.

HE GUANGMING ALS JUNGER MANN Ich will, dass ich selbst weiß, dass ich schon tot bin. Ich will auf immer und ewig mit ihnen vereint sein. Ich hätte von Anfang an bei ihnen sein sollen. Ich will mich ständig daran erinnern: Egal was ich in Zukunft mache, ich werde immer überlegen, wie sie es beurteilen würden ...

HE GUANGMING Junger Mann, mein Name ist He Guangming, ritze ihn in die Stele ein.

Der junge He Guangming geht und verschwindet.

Stille.

GUO CHUNLAN *(räumt ihre Sachen auf)* Xiaojian, nimm deine Sachen und komm mit mir!

HE GUANGMING Chunlan, wohin gehst du?

GUO CHUNLAN Ich gehe nach Dabieshan zurück, ich gehe nach Hause!

HE DAMING Schwester, hier ist dein Zuhause.

GUO CHUNLAN Vater, Mutter, es ist alles nur, weil Xiaojian, dieses Kind, ja keine Ahnung hat. Ich hätte nicht mit ihm zurückkommen sollen. Lasst Xiaojian mit mir gehen!

ZHOU XIAOJIAN Mutter, ich gehe nicht mit!

GUO CHUNLAN Du Trotzkopf! Veranstalte nicht so einen Riesenwirbel! Großvater und Großmutter sind schon so alt. Musst du unbedingt so ein Chaos anrichten? Du kommst mit mir!

ZHOU XIAOJIAN *(einfühlsam)* Mutter, du darfst nicht gehen! Das ist dein Zuhause! In ihrem Testament haben Großvater und Großmutter dir schon das Haus vermacht!

GUO CHUNLAN *(weinend)* Mutter, ich kann nicht!

ZHOU XIAOJIAN Mutter, es kann doch nicht sein, dass dein ganzes Leben umsonst war! Du hast wahrlich genug durchgemacht, du hast alle Sünden abgebüßt. Also sollst du auch was vom Leben haben! Großmutter, Großvater, ihr dürft Mutter nicht gehen lassen! Sie ist nicht gesund, allein kann sie dort nicht überleben!

GUO CHUNLAN Xiaojian ...

CHEN XUEMEI *(weint)* Chunlan, du hättest schon früher zurückkommen sollen!

ZHOU XIAOJIAN Großmutter, meine Mutter wollte nicht, dass ihr erfahrt, dass es ihr nicht gut geht ... Mutter, Großvater und Großmutter geben uns das Haus, du darfst nicht zurückgehen! Schau doch, das ist dein Zuhause, du brauchst nur hier einziehen – und dein Sohn ist ab heute ein Stadtbewohner. Und auch die Kinder deines Sohnes werden Stadtbewohner sein. Wenn es dich und Großvater und Großmutter nicht gäbe, dann blieben wir für alle Generationen auf dem Land und kämen nur zum Arbeiten in die Stadt. Die Stadtleute würden uns „Wanderarbeiter" nennen. Weil ich hier aus dieser Familie stamme, will ich auch hier bleiben und ihr Zeug essen, ihr Zeug trinken – ich will mir alles zurückholen, was sie uns die ganzen Jahre schuldig geblieben sind!

HE DAMING *(klatscht in die Hände)* Ein vorzügliches „Manifest"! Allerdings kannst du nicht für die echten Wanderarbeiter sprechen, die sind nicht wie du. Wenn sie hier in der Stadt Fuß fassen, dann dank ihres eigenen Muts, ihrer eigenen Anstrengung. Hast du schon einmal vom „Kommunistischen Manifest" gehört? Hast du das gelesen? Kannst du es auswändig? „Die Proletarier haben in einer kommunistischen Revolution nichts zu verlieren als ihre Ketten. Sie haben eine Welt zu gewinnen." Aber du? Worauf verlässt du dich? Dir geht es nur darum, dein eigenes Schicksal zu verbessern. Alles, was du sagst, ist extrem egoistisch und Ausdruck eines verrückten Hasses auf die Reichen!

In diesem Moment läutet ein Telefon.

HE QIUJU *(hebt ab)* Xiaoming? ... Sprich ... Gut, warte einen Moment. (*Sie deckt den Telefonhörer mit der Hand ab.)* Xiaoming steigt gleich ins Flugzeug ein, er will Mutter und Vater etwas sagen ...

HE DAMING *(nimmt den Hörer)* Xiaoming, du hast mir versprochen, dass du nicht gehst!

CHEN XUEMEI Gib ihn mir!

He Daming gibt den Hörer an Chen Xuemei weiter.

CHEN XUEMEI *(nimmt den Hörer entgegen)* Xiaoming?

In einem Winkel vorne auf der Bühne erscheint He Xiaoming.

HE XIAOMING Mutter?

CHEN XUEMEI Xiaoming, ich habe dich immer wie ein Kind behandelt. Ich hatte immer das Gefühl, dass du noch nicht erwachsen bist. Ich hätte nie gedacht, dass du so etwas anstellen könntest. Bist du denn lebensmüde?

HE XIAOMING Mutter, jetzt ist es schon zu spät ...

CHEN XUEMEI Xiaoming, hör mir zu. Komm zurück, gib das Geld zurück. Wenn es nicht reicht, dann helfe ich dir, es zurückzuzahlen. Wir geben alles, was wir besitzen, um dir zu helfen.

He Xiaoming sagt nichts, verbirgt sein Gesicht in den Händen.

CHEN XUEMEI Xiaoming ...
HE XIAOMING *(schluchzend)* Ist Vater da?
He Daming hält das Telefon an He Guangmings Ohr.
HE XIAOMING Vater ...
He Guangming sagt nichts.
HE XIAOMING Vater ... Hier ist Xiaoming, hörst du mich? Vater, sag etwas!
He Guangming schweigt noch immer.
HE XIAOMING *(schreit ins Telefon)* Vater, hörst du mich? Hier ist Xiaoming, ich gehe jetzt ...
He Guangming schweigt, er leidet wieder an Halluzinationen.
HE XIAOMING ALS KIND *(leise)* Vater, Vater ...
HE GUANGMING *(vollkommen eingetaucht in die Erinnerungen an die Vergangenheit, spricht zum Fenster in der hohen Wand)* Xiaoming, ist die Schule schon aus?
HE XIAOMING ALS KIND Vater, haben sie dich heute geschlagen?
HE GUANGMING Nein.
HE XIAOMING ALS KIND Vater, ich habe dir etwas Gutes zum Essen mitgebracht! Hier! *(Er holt eine Süßkartoffel aus dem Ranzen und springt hoch, um sie ihm durchs Fenster zuzuwerfen.)*
HE GUANGMING *(fängt die Süßkartoffel auf, riecht daran)* Die riecht gut, Xiaoming! Hat Mutter sie dir gegeben?
HE XIAOMING ALS KIND Mutter ist auch von ihnen mitgenommen worden, ich weiß nicht, wo sie ist ...
HE GUANGMING Warst du die ganzen Tage allein zu Hause? Wer hat dir etwas zu essen gemacht? Was hast du gegessen?
HE XIAOMING ALS KIND Vater, mach dir keine Sorgen, ich finde schon etwas zu essen. Diese Süßkartoffel hat mir Onkel Ji vom Wärterhäuschen in der Schule geschenkt.
HE GUANGMING Xiaoming, dann hast du heute noch nichts gegessen?
HE XIAOMING ALS KIND Ich habe keinen Hunger! Vater, bevor Mutter gegangen ist, hat sie gesagt: Sag Vater, dass er diese zwei Worte nicht vergessen darf. Er weiß dann Bescheid.
HE GUANGMING Zwei Worte?
HE XIAOMING ALS KIND Vater, Mutter hat gesagt, du weißt, was mit „zwei Worte" gemeint ist ...
HE GUANGMING Ich weiß, Vater weiß Bescheid! Xiaoming, du bist ein kluges Kind. Diese beiden Worte musst du dir auch merken: Nicht aufgeben!
HE XIAOMING ALS KIND Nicht aufgeben?

HE GUANGMING Kind, weißt du, was das bedeutet?

HE XIAOMING ALS KIND Ja! Vater, keine Sorge, ich gebe nicht auf. Ich werde durchhalten. Ich werde dich jeden Tag besuchen kommen und mit dir reden. Bis du und Mutter wieder nach Hause zurückkommt ...

HE GUANGMING *(bewegt)* Xiaoming, du bist Vaters guter Sohn ...

HE XIAOMING ALS KIND *(ruft)* Vater, gib nicht auf!

HE GUANGMING Xiaoming, sing ein Lied, sing das Lied, das Vater am liebsten hört ...

HE XIAOMING ALS KIND *(singt)* Wir sind die Erben der Kommunismus ...

He Xiaoming als Kind singt „Wir sind die Erben des Kommunismus". Der Klang des Liedes kommt immer näher und ist sehr emotional.

He Xiaoming als Kind verschwindet.

Stille.

HE GUANGMING *(leiser)* Xiaoming, ein wahrer Mann übernimmt Verantwortung für seine Taten. Du hast etwas Falsches getan. Wenn du es wagst, die Verantwortung zu übernehmen, dann werde ich dir verzeihen. Und wenn du in die größte aller Höllen kommst, dann werden Vater und Mutter dich dort auf jeden Fall besuchen ...

HE XIAOMING *(weint leise)* Vater, Mutter, euer Sohn ist kein guter Sohn. Euer Sohn ist kein guter Sohn der Kommunistischen Partei. Tut so, als wäre ich nicht euer Sohn, Vater, lass mich gehen ...

HE GUANGMING Xiaoming, hör zu. Von jetzt an werde ich auf dich warten. Ich sitze bei der Tür und warte auf dich! Ich werde warten, bis du wieder zurück bist! Xiaoming, wenn du zurückkommst, werde ich dich nicht kritisieren. Aber du hast etwas Falsches getan, Vater hat auch etwas Falsches getan. Meine Generation hat nicht die Aufgabe der herrschenden Partei erfüllt. Dafür müssen wir die Verantwortung übernehmen!

HE XIAOMING *(leidend)* Vater!

He Xiaoming verschwindet langsam.

Man hört den Lärm eines startenden Flugzeugs.

Stille.

CHEN XUEMEI Ist er weg?

HE GUANGMING *(hebt den Kopf)* Nein, es kann nicht sein, dass er weg ist. Er kommt sicher zurück! ... Juanjuan, bring noch einmal unser Testament.

Juanjuan nimmt das Testament aus der Tasche.

HE GUANGMING Von heute an werde ich ordentlich leben, ich werde nicht sterben, ich kann nicht sterben. Ich warte, bis Xiaoming zurückkommt. Das habe ich ihm versprochen ...

He Guangming nimmt das Testament entgegen und einen Moment später beginnt er es zu zerreißen. Er zerreißt es langsam in tausend Stücke.

HE GUANGMING *(laut)* Genossin Juanjuan!

JUANJUAN Hier!

HE GUANGMING Meine Medizin!

JUANJUAN Da ist sie!

Juanjuan reicht He Guangming ein Glas Wasser und seine Medizin. He Guangming nimmt ritualmäßig seine Medikamente. Er schiebt Juanjuan, die ihn stützen will, weg, nimmt einen Stuhl und stellt ihn zum Eingang. Mit kerzengeradem Rücken sitzt er auf diesem Stuhl.

In der Ferne läutet die große Glocke des Glockenturms am Flussufer Mitternacht. Prächtige Feuerwerke erleuchten den nächtlichen Himmel.

HE QIUJU Mutter, jetzt beginnen die Feuerwerke. Gehen wir schauen?

Juanjuan nimmt ihr Handy heraus und sendet eine SMS.

HE QIUJU *(leise)* Juanjuan, wem hast du die SMS geschickt?

Juanjuan lacht verlegen.

HE QIUJU *(mitleidig)* Juanjuan, der Schichtführer am Wachposten hat gesagt, er kann sich nicht mit dir treffen. Er wird in diesem Jahr demobilisiert und muss nach Hause zurückgehen. Er sagt, er hat dir nicht die Wahrheit gesagt: Er kommt vom Land ...

JUANJUAN *(erschrickt)* Das ist nicht wahr ...

Diandian geht schnell in Richtung großes Tor.

HE DAMING Diandian, wohin gehst du?

DIANDIAN *(zeigt ein paar Batterien)* Ich muss der alten Frau die Batterien im Radio auswechseln.

HE DAMING Diandian, weißt du, was mit deinem Vater passiert ist?

DIANDIAN *(nickt)*

HE DAMING Ich möchte dich um einen Gefallen bitten ..

DIANDIAN Mich?

HE DAMING Gib mir dein Handy.

Diandian gibt He Daming ihr Handy.

HE DAMING *(wählt)* Jetzt kannst nur noch du deinen Vater zum Zurückkommen bewegen. Erfinde einen Grund, irgendetwas, womit du ihn aufhalten kannst. *(Er gibt Diandian das Handy.)*

DIANDIAN *(reißt ihm das Handy aus der Hand)* Papa! *(Fängt plötzlich zu weinen an.)* Papa, mir ist etwas passiert ... Ich ... Ich hatte einen Autounfall, ich bin jetzt im Krankenhaus, mein Bein ... vielleicht müssen sie es amputieren ... Papa, ich will nicht mehr leben ... du ... komm schnell... *(weint)* *(Sie legt das Handy weg.)*

HE DAMING Und?

DIANDIAN *(unterdrückt ein Schluchzen)* Er sagt, er kommt sofort zurück!

HE DAMING *(stößt einen schweren Seufzer aus)* Danke, Diandian, ich danke dir!

In diesem Moment ist der Himmel von Feuerwerken erleuchtet, von überall ist der Lärm zu hören.

Im Wohnzimmer befindet sich nur He Guangming. Er sitzt unbeweglich da. Er beginnt leise die „Internationale" zu singen.

HE GUANGMING *(singt)* Völker, hört die Signale! Auf zum letzten Gefecht! Die Internationale erkämpft das Menschenrecht!

ENDE

AUTORINNEN UND AUTOREN

Foto: Li Xinmo

Guo Shixing, geboren 1952 in Peking, 1978 journalistische Ausbildung, danach Rezensent bei der „Beijing Evening News", wo er großes Interesse am Theater entwickelte. Zurzeit ist Guo Shixing fester Autor am „National Theatre of China" (*Zhongguo guojia huajuyuan*). Beeinflusst von Friedrich Dürrenmatt, ist er einer der bedeutendsten und zugleich umstrittensten Dramatiker des zeitgenössischen chinesischen Theaters.

Zu seinen wichtigsten Stücken zählen: die „Trilogie der Müßiggänger" – *Fischmenschen* (*Yuren*, 1989), *Vogelmenschen* (*Niaoren*, 1991) und *Der Go-Mensch* (*Qiren*, 1995) –, *Die Frösche* (*Qingwa*, 2006 in Japan aufgeführt), *Das Testament* (*Yizhu*, 2006 in Norwegen aufgeführt), *Die Toilette* (*Cesuo*, 2007 Aufführung in Israel, 2009 Lesung am Schauspielhaus Düsseldorf). Vor allem *Vogelmenschen* war ein großer Publikumserfolg und wurde über einhundert Mal aufgeführt, darunter 1995 in Taiwan, und 2004 als Lesung an der „Comédie Française". Die Universität Oxford nahm es in ihre „Anthology of Contemporary Chinese Drama" auf. Stücke von Guo Shixing wurden ins Französische, Deutsche, Japanische, Hebräische und Koreanische übersetzt.

Foto: Meng Jinghui Studio

Liao Yimei, geboren 1970 in Beijing, ist Dramatikerin und Schriftstellerin. Bis 1992 Studium der Schauspieldichtung an der Zentralen Theaterakademie in Beijing.

Ihr erstes Stück *Rhinoceros in Love* (*Lianai de xiniu*) wurde 1999 uraufgeführt und seitdem in China und weltweit über 1.800 Mal gespielt. Es ist damit das erfolgreichste Stück des zeitgenössischen chinesischen Theaters und wurde als „die Liebesbibel der jungen Generation" bezeichnet.

Zu ihren wichtigsten Werken zählt die „Pessimismus-Trilogie", deren zweiter und komplexester Teil *Bernstein* (*Hupo*, 2005) ist. Weitere bekannte Stücke sind *Soft* (*Rouruan*, 2010), *The Affair* (*Yanyu*, 2007) und *Magic Mountain* (*Mo shan*, 2005). Sie verfasste außerdem den Roman *Blumen des Pessimismus* (*Beiguan zhuyi de huaduo*) und die Essaysammlung *Ein unbeholfenes Leben wie meines* (*Xiang wo zheyang benzhuo de shenghuo*).

Liao Yimei ist auch als Drehbuchautorin tätig. Ihre Filme und Serien, darunter *Gone with the Bullets*, *Stolen Life*, *Flying Like a Chicken Feather* und *Dancing Girls*, gewannen zahlreiche Preise.

Foto: Pei Chao

Meng Bing, geboren 1956 in Beijing. Nach seinem frühen Eintritt in die Armee wurde Meng Bing aufgrund seiner Leidenschaft für das Theater für die Weiterbildung im Fach Theater an der Zentralen Theaterakademie in Beijing vorgeschlagen. Im Anschluss an sein Studium wirkte er ab 1983 als Dramaturg, Leiter einer Theatertruppe und Vizevorsitzender der China Theatre Association.

Sein Stück *Feste der Freude, Feste der Trauer* (*Hong bai xi shi*, 1983) gilt als repräsentativstes Werk des zeitgenössischen chinesischen Theaters. Zu seinen wichtigsten Arbeiten zählen *Ballade der gelben Erde* (*Huang tu yao*, 2004), *Land des weißen Hirsches* (*Bai lu yuan*, 2005), *Fusheng* (Ko-Autor, 2006) und *Auf zum letzten Gefecht* (*Zheshi zuihou de douzheng*, 2007). Meng Bing ist ein sehr produktiver, allgemein anerkannter zeitgenössischer Bühnenautor und gilt als wichtigster Vertreter des Realismus im chinesischen Theater. Seine Werke wurden in China mit zahlreichen Preisen ausgezeichnet. Neben seiner Tätigkeit als Theaterautor verfasst Meng Bing auch Hörspiele, Film- und Fernsehstücke.

Foto: Jiang Jianzhong

Sha Yexin, 1939 in Nanjing in der Provinz Jiangsu geboren, Angehöriger der Hui-Minderheit. 1956 begann er, Gedichte, Romane und kurze Theaterstücke zu veröffentlichen.

Nach seinem 1957 begonnenen Studium der chinesischen Literatur an der Pädagogischen Universität Ostchinas in Shanghai wechselte er an die Shanghaier Theaterakademie, wo er 1963 seinen Abschluss in der dortigen Singspielgruppe machte. Im gleichen Jahr begann er, als Autor am Shanghaier Volkskunsttheater zu arbeiten, welches er von 1985 bis 1993 auch leitete.

Zu seinen wichtigsten Stücken zählen *Wenn ich echt wäre* (*Jiaru wo shi zhende*, 1979), *Die geheime Geschichte des Karl Marx* (*Makesi mishi*, 1982), *Der Vorhang ist geöffnet* (*Damu yijing lakai*, 1982), *Auf der Suche nach dem Mann* (*Xunzhao nanzi han*, 1986), *Jesus, Konfuzius und John Lennon* (*Yesu, Kongzi, Pitoushi Lienong*, 1987). Neben Theaterstücken schreibt Sha Yexin auch Drehbücher und Romane und hat eine große Zahl weiterer Prosawerke und Essays veröffentlicht.

RECHTENACHWEISE

DIALOG – Zeitgenössische Dramatik aus aller Welt

DIALOG 23
Falk Richter
SMALL TOWN BOY
und andere Stücke

DIALOG 22
Zwischen Orient
und Okzident
Theaterstücke
aus Georgien

DIALOG 20
Machtspiele
Neue Theaterstücke
aus Rumänien

DIALOG 19
Christian Martin
Vogtländische Trilogie
und andere Stücke

DIALOG 18
Eisbilder
Neue Theaterstücke
aus Finnland

DIALOG 17
Michael Peschke
Von Hauptbahnhof bis
Kalaschnikow

DIALOG 16
Fritz Kater
5 morgen
5 stücke

DIALOG 15
Young Europe
Europäische Dramatik
für junges Publikum

DIALOG 14
Stadt der Zukunft
Kurzdramen

DIALOG 13
Lutz Hübner
Frau Müller muss weg
und andere Stücke

DIALOG 12
Volker Ludwig
Linie 1 und
Linie 2 – Der Alptraum

DIALOG 11
Phillipp Löhle
Die Überflüssigen
Fünf Theaterstücke

DIALOG 10
Neue Theaterstücke
aus Katalonien

DIALOG 9
Voices from
Undergroundzero
Neue Theaterstücke
aus New York City

DIALOG 8
Plattform II+III
Gegenwartstheater

DIALOG 7
Dimitris Dimitriadis
„Lethe" und
andere Texte

DIALOG 6
Lutz Hübner
Vier Theaterstücke

DIALOG 4
Fritz Kater
Ejakulat aus
Stacheldraht

DIALOG 2
Roter Reis
Vier Theatertexte
aus der Schweiz

DIALOG 1
Plattform I
Gegenwartstheater

www.theaterderzeit.de